D0879608

MENTES

CRIMINALES

MENTES
CRIMINALES

El crimen en la cultura
popular contemporánea

Francisco Pérez Fernández

nowtilus

Colección: Biblioteca del crimen
www.nowtilus.com

Título: Mentes criminales
Autor: © Francisco Pérez Fernández

© 2011 Ediciones Nowtilus S. L.
Doña Juana I de Castilla 44, 3º C, 28027 Madrid
www.nowtilus.com

ISBN: 978-84-9967-230-4
Fecha de publicación: Enero 2012

Impreso en España
Imprime:
Depósito legal:

Para Héctor, Gloria y Luis Manuel.
Si alguien os dice que «eso no se debe hacer»,
no miréis acríticamente hacia aquello que os señala.
Miradle directamente a los ojos y preguntadle por qué.

Cada generación de padres siente terror cuando su pequeño Johnny, de catorce años, con la sangre hirviéndole en una repentina oleada de hormonas, se vuelve malhumorado. Observen cuántos «amantes de la libertad» de la generación *baby boom* se obsesionan con el sexo, la violencia televisiva o los videojuegos. La libertad de expresión es un oasis, tan frágil y breve como los períodos de entreguerras. La naturaleza humana es inalterable.

Frank Miller

Índice

INTRODUCCIÓN

Por más que el cine, la literatura o los videojuegos han convertido la figura del criminal, sea cual sea su variante, en todo un fenómeno de masas, no es el crimen un invento del presente. En todo momento y época pueden encontrarse testimonios y relatos, más o menos imbuidos de leyenda, que nos hablan de personas que por muy diversas razones han delinquido de todas las formas imaginables. Tal vez por esto, a pesar de los éxitos —y fórmulas triunfales— de la actualidad, el criminal ha cautivado al imaginario colectivo desde tiempos remotos, haciéndose protagonista real o figurado de millares de historias que han trascendido las fronteras del tiempo. En algún caso, incluso ha gozado de la consideración de auténtico héroe popular, tal cual muchos bandoleros desde Robin Hood a José María el *Tempranillo*. Sucede, sin embargo, que la modernidad ha erradicado el misterio —cuando no el romanticismo— de buena parte de los rincones del pasado para enfrentarnos a una realidad bastante más prosaica y, por qué no decirlo, mucho más dura: los criminales, sea cual sea su forma y condición, son personas como todas las demás, guiadas por idénticas motivaciones y tal vez nada divertidas.

Hace poco más de cien años que el crimen ha comenzado a ser un objeto de estudio propiamente científico. Es cierto que los resultados obtenidos, en algún caso, se han mostrado limitados pero no es menos verdad que empezar a conocer al criminal y sus variantes ha permitido idear estrategias para anticiparse a sus movimientos, desarrollar nuevos métodos para capturarlo y, en definitiva, comprender sus motivaciones y acortar su carrera delictiva. Por supuesto, el propio estudio del crimen o la aplicación de las nuevas metodologías policiales se han convertido, asimismo, en pretexto para la creación artística y la extensión de nuevos ámbitos creativos que han hecho las delicias del público. Así, para el espectador de hoy resultan tan convincentes los argumentos apoyados en evidencias criminalísticas y forenses —*CSI*, *Bones*, *Dexter*, etcétera— como lo eran para el espectador del siglo XIX los basados en fantasmas y rituales espiritistas.

Es verdad. El crimen ha sido un tema tabú durante largo tiempo. Víctima de un extendido prejuicio intelectual. Una afición para pervertidos, devoradores de noveluchas enfermizas y amantes de lo macabro o de la mala vida. Indigno de mentalidades refinadas. Tradicionalmente, los detalles que han rodeado a buena parte de los crímenes han hecho de los criminales poco más que «malvados indeseables» a los que solo cabía castigar por cualquier medio —a menudo tanto o más brutal que el propio crimen cometido. Subhumanos que, tal vez, sólo podrían resultar aceptables como atracciones de circo para personalidades vulgares e insensatas. Por esto, el crimen ha pasado mucho tiempo en el lumpen de la cultura popular, sometido a los designios de la creación de segundo orden, anónima y mal pagada, víctima de toda clase de censuras, críticas sociopolíticas y vejaciones ético-morales. Desde los escritores de novelitas de «a duro» a los autores de cine de género, pasando por los creadores de cómics e incluso algún que otro guionista de radio o televisión, el seudónimo, la personalidad disfrazada, ha sido una herramienta común en todo aquel que pretendía metas mejores y más elevadas y que, por ello, entendía que eso de las historias criminales era tan sólo algo con lo que matar el hambre temporalmente.

También, desde un punto de vista netamente intelectual, los prejuicios referidos han motivado que el crimen y sus vicisitudes, obviamente, hayan permanecido en el desconocimiento, envueltos en tópicos ridículos y atrapados en soluciones de refranero. Afortunadamente, esto ha cambiado gracias a la aparición de los medios de comunicación de masas, las mejoras educativas y la necesaria revisión de los vetustos —ocasionalmente muy torpes— tabúes morales y los argumentos pseudocientíficos que han atravesado de manera transversal nuestra cultura. El simple castigo o la detestable tortura no funcionan y nunca lo hicieron. Al fin se ha comprendido que conocer con precisión al criminal y sus variables es la mejor forma de controlarlo y, por cierto, que esto puede llegar a ser incluso un buen entretenimiento, una inmejorable vía creativa y un mejor negocio.

Pero el móvil económico, a menudo, también puede ser un obstáculo en sí mismo. Otra verdad insoslayable es la de que en demasiadas ocasiones se ha hablado —y se habla— del crimen con escaso conocimiento, desde tribunas poco respetables, escasamente sensatas y, por cierto, casi nada respetuosas con los hechos o con el propio público al que pretenden alimentar. Guiadas de un afán morboso y amarillista que no esconde otra cosa que un incuestionable interés mercantil —o el simple e interesado desgaste del partido político de turno— por la vía de la consigna, la propaganda y el ascenso rápido y coyuntural de las audiencias. Esto, que ha conducido a muchos al tremendismo, el alarmismo y toda otra suerte de «ismos», ha contribuido sobremanera, y por simple exceso, al desprestigio generalizado de estos asuntos. Jamás ha sido buena cosa el extremismo para casi nada.

Así, y sin fundamentos, se ha hecho común asociar con el delito muchas de las manifestaciones de la cultura popular: libros de especial temática, juegos de rol, estilos musicales, videojuegos, cine de género. Un discurso atrabiliario y torpe que resulta tan infundado en términos argumentales como insinuar que los trenes son malos para la humanidad porque alguno descarrila. El hecho, lo veremos, es que no existe hasta la fecha ningún estudio serio y riguroso, alejado de cualquier atisbo de sesgo, que permita sostener el argumento de que ver cierto tipo de cine, leer una u otra literatura, jugar con una videoconsola, tirar unos dados o ser aficionado al *rock* duro sean actividades que puedan transformar a un sujeto cualquiera en un delincuente. Bien diferente es que el criminal de turno seleccione la lectura de un libro u otro porque se ajuste más o menos a sus delirios.

A esta clase de amarillismo, simplista, ignorante y absurdo nos referimos. En lo que a la dinámica mental respecta, el medio no parece ser el mensaje. Por ejemplo, este sensacionalismo hizo que cuando se descubrió el perfil que Jared Lee Loughner —autor confeso del famoso tiroteo de Tucson en 2011— mantenía en una conocida comunidad de internet, los medios de comunicación destacaran que entre sus libros favoritos se encontraban *Mi lucha*, de Adolf Hitler, y el *Manifiesto comunista*, de Marx y Engels. Obviando la extraordinaria contradicción ideológica, lo que tampoco se dijo, en un deliberado intento por conducir al espectador hacia cierto posicionamiento intelectual sobre el tema, es que en ese mismo listado aparecían otros textos como *La República* (Platón), *El mago de Oz* (L. Frank Baum), *Fahrenheit 451* (Ray Bradbury), *Peter Pan* (James Matthew Barrie) o *Siddhartha* (Herman Hesse). En otras palabras: la supuesta motivación ideológica de Loughner tenía muy poco de consistencia y mucho de indigestión.

Anthony Burgess y Stanley Kubrick, cada uno a su modo, explicaron al público de forma inigualable lo precedente. Alex, el protagonista de *La naranja mecánica*, ponía fin a sus violentas salidas nocturnas con la audición del cuarto movimiento de la *Novena Sinfonía* de

Beethoven. Sorprendente. Mientras que los versos de la *Oda a la alegría* de Schiller sirven para despertar el sentimiento místico y fraterno de buena parte de los mortales, en la mente de Alex vinieron a operar en la dirección inversa: obraban como colofón a una orgía de gamberrismo, sadismo, apaleamiento, violación y pillaje. Nadie en su sano juicio diría que Beethoven compuso la obra con aquellos fines —y si lo hiciera muy probablemente sería objeto de escarnio: la maldad no reside ni en la forma ni en el fondo de aquello que se transmite, sino en el uso particular que cada cual haga de lo transmitido.

No podemos condenar al cine o al videojuego de que haya delincuentes, del mismo modo que no podemos culpar al dinero de que existan los ladrones. Lo incomprensible es que si lo segundo nos parece intelectualmente tonto, no nos lo parezca igualmente lo primero. Existe una especie de mecanismo mental que nos hace imaginar extrañas correlaciones entre hechos y cosas que nada tienen que ver entre sí pero, sorprendentemente, una vez que establecemos tales conexiones también nos cuesta mucho convencernos de que son meras ilusiones racionales. Monstruos de la razón que dijo Goya. Lo interesante es que estas simplificaciones burdas son bases a partir de las cuales pretendemos explicarnos fenómenos complejos que, simplemente, no alcanzamos a discernir en toda su magnitud.

El descrito es un proceso psicológico muy torpe y ajeno al conocimiento, desde luego, pero es muy común. Se repite tan a menudo entre la gente y se extiende con tanta facilidad que en muchos casos la mentira se transustancia en verdad. Así, todos parecemos estar de acuerdo en el hecho de que la violencia en los medios de comunicación es un grave problema del que hemos de protegernos y, asimismo, tratar de proteger a los que estimamos más débiles psicológicamente. Pero nos cuesta entender que la anterior es una cuestión multivariable que no debiera ser confundida alegremente, ni mezclada sin más, con acontecimientos aledaños como la expansión del crimen en el seno de la cultura popular, su valor artístico y su significado antropológico.

De hecho, tanto legos como especialistas suelen sumarse a una tendencia, a todas luces excluyente y absolutista, que iguala toda violencia difundida para empaquetarla bajo las etiquetas de la maldad y la perversión. Pero las cuestiones relevantes permanecen siempre al margen del debate en la medida en que lo complican: ¿coincidimos todos en la misma percepción de la violencia? ¿La violencia es siempre violencia y nada más que violencia? ¿Decide el sujeto qué es —y qué no es— violento para él? La historia que enseñamos en los colegios a nuestros hijos, por ejemplo, nos dice sin ningún recato que hay «buena violencia» y «mala violencia» en función de quien la ejerza y con qué fines. Y la gente que grita contra la violencia no lo hace contra todas sus formas, sino contra ciertos aspectos de ella que considera molestos para sus intereses… Personalmente, yo no pondría mi seguridad personal en manos de muchos de los supuestos enemigos de la violencia que claman contra ella tras una pancarta. La honestidad debe llevarnos a concluir que, en efecto, la violencia es algo social y culturalmente definido que incluye, en última instancia, una buena porción de subjetividad.

Lo anterior propicia situaciones paradójicas —y extrañas— en las que individuos pacíficos, que se dicen y piensan «ajenos a la violencia», se muestran sumamente comprensivos con la invasión de un país de Oriente Medio, con la tortura, el asesinato en un exceso de celo policial de un pacífico ciudadano o con la pena de muerte. Por el contrario, no están dispuestos a tolerar en ningún caso la violencia terrorista o el asesinato discrecional ejecutado por particulares. Desde luego, la violencia y sus manifestaciones no son algo cerrado y conciso. Parece tener colores y en ello, qué duda cabe, también influye la reconstrucción de la realidad que se realiza en los diversos cauces de difusión de la cultura. Sin embargo, estas reflexiones no alcanzan el sustrato último de un problema que sigue resultando esquivo: ¿Cuál es el sentido último de la violencia audiovisual y escrita? ¿Cómo se manifiesta? ¿Qué efectos tiene sobre el espectador? ¿Por qué los medios de control ideológico se articulan en torno a la violencia y sus manifestaciones? Deberíamos situarnos en posiciones que nos permitieran distanciarnos de aquellos que intentan magnificar los efectos que los contenidos culturales violentos causan en el ciudadano, pero también de aquellos otros que pretenden considerarlos como simples e inocuas fuentes de información y entretenimiento. Simplificar equivale a no conocer.

La violencia en la cultura no es la simple representación más o menos realista de actos violentos o criminales que suelen ofrecernos los diversos medios de transmisión y reproducción cultural. Si el asunto fuera tan sencillo, igualmente sencilla sería su resolución. Bastaría con cambiar de canal, de película o de periódico, o simplemente con limitar legalmente la difusión de tales contenidos. En no pocas ocasiones ocurre que el mandamás de turno cae en esta idea pedestre del problema para olvidar que las dificultades van mucho más allá, pues la violencia es en la mayor parte de los casos presentada de manera implícita. Obviamente, para un padre sería relativamente fácil proteger a sus hijos de los contenidos explícitamente violentos de la televisión, pues son reconocibles con facilidad y basta con oprimir el botón del mando a distancia en el justo momento en el que se presentan o, sencillamente, con restringir el uso del aparato a los niños en determinadas franjas horarias.

Pero no es menos cierto que esto, a pesar de todo, no siempre se hace, ya que el asunto está sometido a una completa discrecionalidad: es común que los propios medios ignoren los reglamentos que se autoimponen farisaicamente. También que muchos padres decidan que un programa, una película, un tebeo o un videojuego con contenidos explícitamente violentos son perfectamente asumibles por los críos siempre y cuando no aparezca la sangre, se trate de dibujos animados, etcétera. Argumentan para justificarse que lo más fácil es decir a los chavales que «eso es de mentira». Por otro lado, no todos los niños están sometidos a los mismos patrones socializadores y educativos, por lo que no todos son capaces de racionalizar e integrar psíquicamente esa violencia criminal con la misma eficacia, ni se muestran resistentes a ella en igual medida.

Para algunos críos los dibujos animados violentos, o los videojuegos que parecen estimular patrones cognitivos y conductuales de agresividad, son un mero entretenimiento sin más. Entretanto, para otros pueden convertirse en modelos de acción sólidos. En los mismos términos podríamos referirnos a muchos contenidos de y para adultos. Precisamente por ello, el discurso relativo a la protección de los supuestamente «más débiles» está vacío y forma parte del debate político más que otra cosa, al igual que otros no menos huecos como el del supuesto interés general. Palabrería destinada simplemente a suscitar batallas ideológicas y delimitar libertades. En la mayor parte de los casos el medio no es el mensaje y la subjetividad del individuo toma un papel fundamental como intérprete y canalizador de los contenidos violentos.

Dada esta infinidad de matices, se asume desde los medios que la violencia explícita y fácilmente identificable de ciertos contenidos tan solo debe ser anunciada o limitada a ciertas edades: «esto puede herirle, queda avisado». Por lo demás, no es probable que la violencia directa sea tan peligrosa como se pretende, puesto que todos nos damos cuenta de que, sencillamente, «eso es violento», lo cual nos permite tomar partido ante ella e integrarla en la conciencia de un modo preciso y concreto. Las dificultades se nos presentan más claramente cuando nos referimos a la violencia implícita, pues no es reconocible con facilidad y no suele crear por ello alarma de especie alguna entre el gran público. Es subrepticia y ajena a la crítica. Podemos recurrir a la autoprotección —o la de aquellos que estimamos «psicológicamente débiles»— de cambiar de canal cuando las noticias nos muestran las crudas imágenes de los cadáveres desmembrados por un coche bomba en Tel Aviv. Pero la otra violencia, la implícita, es aviesa, suele pasar inadvertida y penetra en nosotros sin que obre sobre ella filtro psicológico alguno. No es identificable con facilidad y, en general, queda al criterio no siempre definido del espectador determinar si esos contenidos son peligrosos e inasumibles, o no. Así, por ejemplo, muchos podrían contemplar la agresión de un famoso ofuscado sobre un periodista como un ejercicio de la violencia, mientras que otros justificarían el acto como una razonable defensa del derecho a la intimidad.

En efecto, hablamos de esa violencia estructural y simbólica, consustancial al tejido de nuestras sociedades que se reviste de ideología, cultura, tradición o costumbre y en la que nos socializamos y resocializamos constantemente sin que nadie la critique o señale porque sus contenidos no hablan a las claras del crimen, por ejemplo. Es evidente que esta clase de violencia implícita no es difundida en exclusividad por los medios de comunicación de masas, puesto que se presenta de manera horizontal y vertical en todas las instituciones y, por supuesto, todas ellas trabajan para su legitimación. Sin embargo, los medios no pueden ser cínicamente exculpados como mero «reflejo» de la sociedad en la misma medida en que sus tentáculos llegan a todas partes y operan como correa de transmisión y poderoso catalizador de esa violencia simbólica.

Un hecho está meridianamente claro: el crimen y la violencia forman parte de nuestra concepción cultural del mundo —del ser social— y no van a desaparecer por mucho que nos esforcemos en defender un inocente optimismo antropológico. Antes bien, en tanto que fenómeno de entretenimiento masivo el crimen y el criminal tienen vida propia y, por cierto, cada vez más estética, ficticia, y por ello mismo alejada del crimen y del criminal reales. Este es precisamente uno de los primeros malentendidos que a menudo me veo obligado a zanjar ante mis alumnos casi en el primer día de clase: «el crimen real no tiene nada que ver con el crimen del cine o de la televisión, de modo que olvidaros de todo eso si queréis aprender algo». No se puede negar que la representación artística del crimen ha generado muchas nuevas vocaciones, pero tampoco que la mayor parte de los alumnos y alumnas que estudian criminología se muestran confusos cuando comienzan a descorrer el telón de lo real, que no es menos apasionante pero sí bastante diferente.

Y no obstante, en tanto que aficionado desde la juventud a estas manifestaciones culturales, no puedo negar que el crimen de ficción me resulta, en sí mismo, extraordinariamente apasionante en lo que tiene de nosotros, de explicación de lo que somos como seres humanos, de discurso creativo estéticamente perfecto y cerrado. Vivo y en evolución permanente. Ello justifica el esfuerzo de escribir este libro que ofrece una panorámica dinámica del asunto que, espero, resulte al lector tan interesante como a mí me lo parece.

Muchos han sido los amigos que me han ayudado con sus sugerencias y apoyo a lo largo del recorrido que ha culminado con la construcción de esta obra. Casi todos me advirtieron que me embarcaba en una tarea imposible por lo que tenía de enciclopédico, pero siempre rehuí este obstáculo diciéndome a mí mismo que este sería más un trabajo reflexivo que de carácter erudito o simplemente acumulativo, y espero haberlo conseguido tal y como me lo propuse. Sea como fuere, aún a riesgo de dejarme a muchos sin mencionar, no puedo eludir un recuerdo para David G. Panadero, por sus siempre amables sugerencias en materia de novela negra y *giallo*; Juan Ramón Biedma y Joanne Mampaso, quienes nunca pararon de animarme; Frank G. Rubio, cuya necesidad de sospechar de todo y de todos me hizo cuestionarme muchas cosas; a los compañeros y amigos del Departamento de Criminología de la Universidad Camilo José Cela por sus interesantísimas aportaciones y, por supuesto, a Francisco Pérez Abellán, quien comprendió —y suscribió— lo que pretendía hacer prácticamente desde que escribí la primera línea.

Sin embargo, y sin obviar el incondicional apoyo que siempre encuentro en mi familia y a todos los niveles, reconozco que el principal estímulo que me ha llevado a culminar este tortuoso proyecto —el más especial cuando menos— han sido mis hijos. En cierto modo siempre entendí que este trabajo debía ser una especie de camino de Pulgarcito. Un sendero de miguitas de pan. Una guía para que ellos, si alguna vez lo estimaban conveniente, pudieran adentrarse seguros, sin miedo a extraviarse, en el frondoso y oscuro bosque de la cultura popular por el mismo camino tenebroso por el que hace décadas lo hizo su padre.

De ellos depende.

1

MENTE CRIMINAL
Y CULTURA POPULAR

Cuando en 1919 ve la luz *El gabinete del doctor Caligari*, de Robert Wiene, no sólo está naciendo una joya del cine expresionista, sino que también se alumbra al cinematógrafo un nuevo tipo de criminal: el de Cesare, asesino contra su voluntad, hipnotizado, que mata sin querer preso de irresistibles fuerzas internas que no puede controlar. Es el primer modelo en celuloide del psicópata moderno: ese asesino terrible, temible, con el que es imposible razonar y al que nada conmueve porque no es dueño de sí, sino presa de indescriptibles diablos interiores que le inducen a la destrucción sistemática y despiadada de sus congéneres.

La idea, por supuesto, aunque efectista no era ni mucho menos novedosa o exclusiva en el mundo del arte y la cultura popular. Con el devenir de los años y el desarrollo de los modelos científicos en la comprensión de la vida psíquica hemos entendido, al fin, que las leyendas de monstruos sedientos de sangre (vampiros, hombres lobo, ogros, quimeras, minotauros, etc.) son mucho más reales de lo que suponíamos. De hecho, como muestra la antropología contemporánea, toda leyenda, al igual que todo mito, no es otra cosa que la explicitación del pensamiento mágico del ser humano: la invención de una respuesta, primero individual y colectiva, por cultural y compartida después, de carácter «racionalizador», para dar cuenta de aquello que no se comprende o se explica por los medios convencionales. No es que la respuesta en sí sea cierta, pero el hecho de que exista reconfigura la realidad, la fija, sitúa cada cosa en un lugar bien definido y le da un aspecto ordenado y, por tanto, tranquilizador para el sujeto. Precisamente por ello, toda leyenda en su fondo tiene un poso de verdad, un sedimento de hechos que deben ser encontrados y analizados para que pueda ser comprendido el papel que la historia, que se construyó para explicarlos, desempeña en el seno de una cultura.

DE EMPALADOR A VAMPIRO

Pensemos en el célebre príncipe de Valaquia, Vlad III, conocido en el mundo entero como el Empalador —Tepes— o como Drácula —'dragoncito' o 'dragoncillo', al heredar el apodo de su padre, Vlad Dracul, el

Dragón. Se estima que nació en Sighisoara, al sur de Bistrita, en noviembre de 1431, si bien unos meses después la familia se trasladaría a Tirgoviste, sede del principado. La amenaza constante de los turcos sobre Valaquia se cobró precio en la adolescencia de Vlad y uno de sus hermanos, Radu, pues a partir de 1442 fueron rehenes del sultán Murad II en Gallípoli, y empleados para mantener bajo control a su padre. Fue en estos años, durante los que pasó gran parte de su tiempo custodiado por los temibles jenízaros del sultán, cuando Vlad presenció cientos de torturas, adquirió gran habilidad con la espada y se forjó su terrible personalidad. No menos afectado de la experiencia salió Radu —apodado el Hermoso—, pues se haría afín a la causa de los turcos.

Valaquia, por otro lado, vivía enfrentada a otros peligros no menores que la amenaza turca, pues junto al peligro que suponían los húngaros el reino hervía de nobles sajones y boyardos que conspiraban por el poder con enorme ferocidad. Así, la trágica muerte del padre de Vlad, se dice que asesinado por orden del rey de Hungría, Yanos Hunyadi, en 1447, y la posterior tortura y asesinato a manos de los boyardos de Mircea, tío de Vlad y heredero legítimo del trono, puso a Drácula del lado de los turcos, ya que estos eran adversarios tanto de húngaros como de sajones y boyardos. De este modo, puesto en libertad, se trasladó a Moldavia con sus parientes y reclutó un pequeño ejército con la finalidad de recuperar el trono. Sorprendentemente, traicionó a los turcos para aliarse con Hunyadi, librando diferentes batallas a su lado. Después de la muerte del monarca húngaro en 1456, tras la epidemia que sucedió a la batalla de Nandorfehervar[1], Drácula regresó a Tirgoviste en olor de multitudes siendo coronado entonces como *voivod* o 'príncipe'. A partir de ese momento, y para consolidarse en el trono, inició una campaña de limpieza étnica y venganza contra los sajones y boyardos valacos, arrasando ciudades como Sibiu o Brasov, torturando, mutilando y empalando personas por millares.

Tras ello, ya conocido como el Empalador, reemprendió su guerra soterrada contra los turcos, a quienes no pagaba los tributos desde hacía años. En 1462 el sultán Mehmet II decidió dar un escarmiento a Vlad Tepes y envió su ejército contra la pequeña Valaquia. Drácula solicitó ayuda a varios monarcas europeos, pero pronto descubrió que se encontraba solo ante la invasión. Fue tras vencer en varias batallas y adentrarse en Serbia y Bulgaria, que en una carta dirigida al soberano húngaro, Matthias —hijo menor de Yanos Hunyadi—, le informó de haber acabado con más de veinticuatro mil enemigos.

Preso de la cólera, negándose a aceptar que un pequeño reino como Valaquia le propiciara semejante humillación, Mehmet dispuso un gran ejército y una flota presta a remontar el Danubio. No obstante, la suerte acompañó a Tepes de nuevo, pues una intempestiva epidemia de peste ocasionó tantas bajas entre los

---

[1]Nombre que recibía en antiguo húngaro la actual ciudad de Belgrado, capital de Serbia.

Vlad Tepes, *el empalador*. Imagen que la inspiración
lejana de Bram Stoker, la admiración del tirano Ceaucescu
y la cultura popular han asociado de manera indeleble
al vampiro. Lamentablemente, no lo era.

hombres del sultán que no les quedó otro remedio que
emprender la retirada. Sin embargo, Tepes subestimó la
habilidad estratégica de los otomanos. Así, fue traicionado por su propio hermano Radu, quien al frente del
grueso del ejército turco invadió Valaquia y se sentó en
el trono de Tirgoviste. Tal y como Mehmet esperaba,
Vlad se negó a combatir contra su propia sangre. Así, se
refugió en Brasov y pidió refuerzos al rey de Hungría.
Matthias sólo tenía dieciocho años, pero advirtió una

ocasión propicia para eliminar a alguien de quien no se fiaba y prestó a Drácula una ayuda tardía y engañosa, pues al mismo tiempo que firmaba un tratado con los otomanos, utilizó los supuestos refuerzos para tomarle prisionero y confinarle por varios años en el castillo de Visegrado.

No se sabe muy bien qué razones personales o políticas tenía el joven Matthias para desconfiar de un azote de los turcos como Tepes que, en todo caso, recibió tratamiento de monarca durante su cautiverio. A menudo, Matthias lo presentaba en las recepciones oficiales, pues su persona y su leyenda causaban gran impresión entre los visitantes. De hecho, se cree que el único retrato que se conserva de Drácula fue pintando precisamente durante su cautiverio. Más aún, se convirtió al catolicismo y llegó a tomar en matrimonio a Ilona, una prima del rey de Hungría, lo cual era provechoso para todo el mundo en tanto en cuanto Valaquia y Hungría se emparentaban por lazos reales y las desconfianzas mutuas se disipaban.

Tepes abandona Visegrado en 1473, trasladándose a Transilvania con un pequeño ejército. Por entonces Radu ya había fallecido y Valaquia estaba en manos de un gobernante títere. Drácula se instaló primero en Sibiu, desde donde siguió realizando diversas incursiones de castigo contra los turcos, como por ejemplo la batalla de Vaslui, acaecida en enero de 1475, junto al ejército del príncipe transilvano, Esteban Báthory. Lo cierto es que el Empalador recuperó su trono en Curtea de Arges, en noviembre de 1476.

Hay dos versiones acerca del final de Tepes y ninguna de ellas ha podido probarse. La primera dice que semanas después de su nueva coronación, un contingente turco le cogió desprevenido, con una pequeña escolta y logró darle muerte. Según esta versión, su cuerpo fue enterrado en algún lugar del monasterio de Snagov, pero su cabeza fue enviada a Constantinopla como regalo para el sultán y exhibida públicamente. La segunda explicación alude a una rebelión de sus propios hombres que, instigados por una traición y hartos de su crueldad, le asesinaron. Sea como fuere, los restos de un hombre que podría ser Drácula fueron exhumados de la iglesia del citado monasterio y trasladados al museo arqueológico de Bucarest, de donde desaparecieron tiempo después sin que se conozca su paradero, si bien se cree que fue por orden del dictador Ceaucescu, quien admiraba profundamente al personaje —¿vidas paralelas?— y se empeñó en publicitar sus andanzas hasta elevarlo al rango de héroe nacional, que fueron sacados del museo y enterrados en algún lugar de su villa de vacaciones en el mismo Snagov.

El temor reverencial que inspiró en sus enemigos y el fervor popular que suscitó en Hungría y Rumanía, unidos al hecho de que no se localizó el supuesto paradero de su cadáver hasta siglos después de su muerte, dieron pie a historias extrañas posteriores a la muerte de Vlad Tepes. Muchos dijeron haberle visto tras su defunción, otros arguyeron que no podía morir puesto que era inmortal, idea alimentada por el hecho de que su vida fue en gran parte tan oscura que parecía aparecer y desaparecer a su antojo, incluso cuando muchos le pensaban muerto desde hacía años. Sea como fuere, estas historias alimentaron exponencialmente las leyendas alrededor de la figura de Tepes. Ha sido no obstante la supuesta vinculación entre el novelesco conde Drácula, personaje creado por el dramaturgo irlandés Bram Stoker, y no su propia vida, la que lo ha transformado en un mito. De hecho, su crueldad no fue necesariamente mayor que la de cualquier otro gran mandatario de su época: el empalamiento, la quema y la decapitación, en ocasiones masivas, eran modalidades de ejecución muy comunes en la Centroeuropa del Medievo. No es razonable pensar, por tanto, que Vlad Dracul fuera por principio un monarca más violento, brutal, dogmático, tiránico, conspirador o agresivo que cualquier otro de su época.

En efecto, se insiste hasta el hastío en que el irlandés Bram Stoker se inspiró en el príncipe valaco para construir el personaje del vampiro por antonomasia, pero no parece que sea verdad más allá de las similitudes físicas y nominales. De hecho, Tepes fue un tirano homicida y brutal, pero jamás practicó el vampirismo ni existe constancia documental alguna de que así fuera. Lo cierto es que la conexión parece menos estrecha de lo que se presume y es, básicamente, una leyenda urbana difundida y acrecentada, más por apasionamiento que por malicia, por muchos de los seguidores y críticos de su obra. Hasta donde puede afirmarse sin caer en especulaciones difícilmente justificables, el dramaturgo irlandés era miembro de la orden ocultista conocida como Golden Dawn, siendo allí que se le da a conocer la existencia del personaje. Seguramente acicateado por la preexistente leyenda popular construida en torno a la vida del Drácula real, Stoker se limitó a utilizar poco más que el nombre y la apariencia física de Tepes para dar forma a su personaje. No olvidemos que el escritor jamás estuvo en Rumanía, conocía el país únicamente a partir de los escasos testimonios de unos cuantos libros de viajes, y las referencias históricas en torno a Vlad Dracul en la literatura científica de la época eran vagas, harto confusas y a menudo especulativas.

La verdad es que una vez madurado el personaje central, puede que con la ayuda de un misterioso catedrático de la Universidad de Budapest llamado Arminius Vambery, Stoker construyó su novela desde la antropología, prestando suma atención a las leyendas y mitos del folclore centroeuropeo, en las que la figura del vampiro y el sinfín de cuentos populares que protagoniza son una piedra angular. Se presume también que fue capital en la conformación final de la figura del celebérrimo vampiro de la ficción la historia de otra terrible asesina en serie real, esta sí estrechamente relacionada con la sangre y cercana en el tiempo a Vlad Tepes: Erszebeth Bathory. Además, una de sus inspiraciones literarias fundamentales, pues cuando Stoker comienza a escribir su novela en 1890 el tema de los vampiros no suponía ni mucho menos una novedad, fue *Carmilla*, de Sheridan le Fanu. Por supuesto, los propios rumanos no han hecho nada por deshacer esta singular cadena de equívocos a fin de montar un impresionante —y comprensible— negocio turístico alrededor de Tepes, sus nebulosos castillos y su oscura historia de crueldades y empalamientos masivos.

Los primeros eslabones literarios que conducen a la mitificación literaria —y cultural— del vampiro se producen a partir de 1797, cuando Goethe escribe *La novia de Corinto* y, casi de inmediato, Samuel Taylor Coleridge escribe el poema titulado *Christabel*. Sin embargo, puede decirse que el relato de adoradores de la sangre que inaugura la modernidad —titulado como no podía ser de otro modo *El vampiro*— fue creación de John Polidori, si bien estuvo atribuido durante mucho tiempo, de forma errónea, a Lord Byron. En la línea de los relatos góticos alemanes en los que se inspira, la historia de Polidori vio la luz en 1819, en las páginas del *New Monthly Magazine*, y obtuvo un éxito notable que influyó enormemente en muchas creaciones literarias posteriores sobre el tema del vampirismo, como las de Nicolai Gogol, Nathaniel Hawthorne o del antes referido Sheridan le Fanu. Así, este tipo de personajes e historias se hicieron enormemente populares y demandados por el público. Lo interesante es que los protagonistas de los relatos de Polidori y Le Fanu adquieren ya el proverbial aspecto de maldad y diabolismo que se hará tópico en relación a la figura del vampiro.

Era, por tanto, cuestión de tiempo que apareciese la primera novela de vampiros contemporánea, y no fue precisamente la de Bram Stoker, sino un folletín de creación literaria británica, editado por entregas, que se hizo muy popular y que con toda probabilidad el propio Stoker conocía muy bien: nos referimos a *Varney, the vampire or the feast of blood*, creación del escritor James Malcolm Rymer —aunque también mal atribuida por algunos especialistas a su coetáneo Thomas Preskett Press— que vería la luz entre 1845 y 1847. Un texto vastísimo que cuando se editó finalmente reunido en formato libro en 1847 demostró tener proporciones ciclópeas: doscientos veinte capítulos y más de ochocientas páginas a dos columnas. Muchos son los relatos de vampiros posteriores, e incluso contemporáneos, cuyos protagonistas adoptan características físicas y psíquicas muy similares a las de Varney, por lo que puede decirse que con él eclosionó el vampiro de ficción tal cual se ha popularizado en la cultura occidental. Además, *Varney* introduce un detalle que ha terminado siendo muy relevante en las historias de vampiros contemporáneas: el vampiro es un ser con conciencia moral, que se sabe maldito y sufre tanto por ello como por sus actos.

Sin embargo, es un hecho que en todas las culturas, con características definitorias y preferencias depredadoras muy particulares, existen vampiros. No hay lugar en el mundo en el que este tipo de leyenda —seres que chupan sangre, que absorben el alma, que parasitan la energía vital de sus víctimas, etcétera— no exista en alguna forma. Y no podemos atribuir este hecho a la casualidad sino, en todo caso, a la necesidad de razonar determinados sucesos que han tenido lugar y que nadie ha sido capaz de explicar o comprender: al pensamiento mágico al que antes aludíamos y que es parte intrínseca de la condición humana.

Los pueblos eslavos, origen de la visión propiamente occidental del mito vampírico, distinguían entre dos tipos de muertos: los puros, que fallecían por causas enteramente naturales, y los impuros. Mientras que el muerto puro alcanzaba el rango de influencia benéfica y protectora para la familia y el clan, el impuro, que era resultado de fallecimientos violentos, prematuros o habían sido en vida practicantes de la brujería, personas malvadas, alcohólicas, perversas o simplemente de poco fiar, se convertían en origen de toda suerte de calamidades y desgracias para sus allegados vivos. Se les atribuían las enfermedades, las epidemias, las muertes del ganado. Estos fallecidos malditos recibían el nombre de *upir* o *nav*, y se les creía capaces de mostrarse en forma de aves, como el cuervo, que a menudo chupaban la sangre de los vivos y cuyo graznido presagiaba la muerte. De hecho, el *upir* era un auténtico muerto viviente ya que el folclore eslavo anterior a la llegada del cristianismo no era animista y, por tanto, estimaba que era el propio cadáver del fallecido maldito el que volvía de la tumba y trataba de retornar al hogar. Por consiguiente, la única defensa posible cuando se sospechaba que un vampiro rondaba a la familia durante la noche tomaba la forma de todo aquello que impedía al muerto acercarse físicamente, como el encierro en el hogar, el fuego, las corrientes de agua o toda suerte de remedios disuasorios de índole físico-química, como los ajos o los amuletos.

Sin embargo, con el tiempo hemos asumido que, en efecto, los vampiros existen más allá de las creencias o la ficción. Cierto que no como en las historias de campamento o en los cuentos infantiles, pero sí de un modo mucho menos literario y tal vez por ello más descarnado y aterrador: pensemos en Richard Trenton Chase, el conocido como *Vampiro de Sacramento*, un demente que asesinó a cuatro personas para beberse su sangre y curarse —según él— de una inexistente dolencia que diluía sus vísceras y convertía su propia sangre en polvo. Antes se había hecho experto en degollar pájaros, conejos, ovejas e incluso vacas para mantener su angustiosa dieta… Si nos retrotraemos a épocas pasadas de nuestra historia, momentos en los que la ciencia era un ideal antes que una realidad, en los que el analfabetismo, el misticismo, los ritos esotéricos y las supersticiones eran norma de vida, comprenderemos perfectamente que estos vampiros, por incomprendidos, en realidad siempre fueron tipos como Chase. No es que con esta constatación se pretenda destruir la magia de los viejos mitos, entiéndase bien, pues descubrir la verdadera naturaleza del monstruo sólo ha servido para cambiar el misterio de sitio, para alumbrarlo con nuevos focos. Ahora la magia simplemente es otra porque lo desconocido ha cambiado de aspecto.

El ladrón de cadáveres y el lobo feroz

Pensemos en este momento en el ambivalente Viktor Frankenstein, uno de los antihéroes favoritos de nuestra cultura en la medida en que es un hombre que, obsesionado por la búsqueda del bien mayor, crea un espanto del que para su desgracia se convierte en la primera y más apetecida víctima. Casi un arquetipo que explica en buena medida lo que somos como civilización. El Frankenstein de Mary Shelley es también el Fausto de Goethe: la paradoja que se alcanza en la cima de la ilustración en tanto que triunfo radical de la mente sobre la materia y de la ciencia sobre la moral. Saber es poder, en efecto, pero tal vez haya cosas que sea mejor no conocer jamás, porque no todo conocimiento tiene necesariamente que sernos benéfico. Viktor Frankenstein, ese hombre sediento de ciencia que, pretendiéndose un dios, se convierte en un necrófilo profanador de tumbas, en un ladrón de cadáveres y en un maltratador del descanso de los muertos.

También en los excepcionales relatos góticos de Robert Louis Stevenson —como *El ladrón de cadáveres*, posteriormente versionado para el cine en la extraordinaria película homónima de 1945— y otros autores aparecen estos personajes que saltan tapias de cementerios en mitad de la noche y excavan tumbas a la luz mortecina de viejos faroles. ¿Una simple invención? ¿Una parte más del juego de alegorías en el que se apoya toda ficción? Por supuesto que no. A finales del XVIII, en las islas británicas, se produjo una auténtica ola de asaltos a cementerios que llegó a preocupar muy seriamente a las autoridades. Las bandas de profanadores de tumbas se multiplicaban por todo el país a tal punto que los familiares de los fallecidos que podían permitírselo empezaron a proteger las sepulturas de sus seres queridos con cancelas y jaulas. Los motivos de este inusual proceder criminal no tenían que ver con lo religioso o lo esotérico, a veces ni tan siquiera con el robo de las posibles joyas con que se había enviado a los finados a su último reposo, sino fundamentalmente con la investigación médica.

En Gran Bretaña existía un problema científico de primer orden al no poder practicarse disecciones con cadáveres en las facultades de medicina, pues estaba prohibido legalmente proceder de tal manera con los restos de un ser humano a causa de la llamada *Acta Médica*. De hecho, incluso la práctica de autopsias era extraordinariamente rara por motivos religiosos y morales. Habitualmente se utilizaban para la enseñanza cuerpos de vagabundos o sujetos no identificados, que nadie reclamaba y que eran hurtados de la fosa común mediante pequeños sobornos a los funcionarios públicos. Pero cuando la persecución de estas prácticas se hizo más severa y los cadáveres comenzaron a escasear, el tráfico de muertos se convirtió en un pingüe y bien remunerado negocio que se extendió por media Europa: cuanto más fresco el cuerpo, mejor pagado por estudiantes y docentes. Y en Edimburgo, Escocia, a la sombra de esta historia truculenta, apareció otro inopinado Frankenstein, el doctor Robert Knox, quien se hizo especialmente interesante para los ladrones de cadáveres porque pagaba cada pieza excepcionalmente bien y sin hacer preguntas molestas. Un perfecto reclamo para el crimen. Cuando obtener muertos frescos se hizo harto complicado a causa de la contumaz prevención de los familiares y la obsesiva persecución policial, Robert Burke y William Hare, los Vampiros de Edimburgo, utilizaron la posada del segundo para asesinar a más de una decena de personas cuyos cuerpos vendieron puntualmente al cirujano Knox.

Como vemos, también aquí hay mucho más que literatura o leyenda, al punto de que la historia forma parte del folclore popular británico y se canta en coplas tabernarias, siendo la más conocida de ellas la que lleva el título de *The ballad of Robert Burke*. Y más lejos aún puesto que el modo en que Burke y Hare terminaban con la vida de sus víctimas se ha integrado de forma activa en el inglés popular de las islas británicas mediante la palabra *burking* —o «burkear»[2].

Homólogo al de los vampiros es el mito del hombre lobo tanto en su origen como en sus manifestaciones folclóricas. No obstante, aunque actualmente convertido en un hermano menor del vampiro por razones de índole meramente comercial, el hombre lobo es un personaje mucho más antiguo y exitoso en la cultura occidental que el vampiro, pues su rastro literario es sondeable hasta las mismas bases de la civilización grecolatina y la idea de la metamorfosis, esto es, la conversión física de un ser de determinada especie en otro de especie diferente. Rica es la cultura occidental en leyendas de licántropos que

---

[2] *Burking*, cuya primera acepción según el Diccionario Oxford significa «matar a la manera de Burke» en la medida en que fue el inventor del método, es una forma de asesinato a dúo. Un sujeto rodea el torso de la víctima previamente sedada o adormecida con los brazos, desde atrás, y le oprime el pecho con fuerza; entre tanto el otro, situado delante, le tapa la boca y la nariz con las manos.

ya eran particularmente populares en Grecia y Roma, y es precisamente por ello que los textos grecolatinos son una de las fuentes más antiguas y amplias a este respecto. No podemos olvidar, en tal sentido, que Rómulo y Remo, los supuestos fundadores de Roma, fueron según la tradición amamantados por una loba. Pero este tratamiento extensivo no se circunscribió tan solo al punto de vista de lo legendario o lo mitológico. Ya una figura en absoluto sospechosa como Heródoto de Halicarnaso (484-425 a. C.) fue uno de los primeros autores en tratar con tintes netamente legendarios el tema de la transformación de hombres en lobos, al narrar la incursión de castigo que el persa Darío realizó en Escitia.

Muy conocida, especialmente desde su representación cinematográfica[3], es la historia de la *Bestia de Gévaudan*, supuestamente ocurrida en la región francesa de Auvernia y que funde y confunde lo real con lo ficticio al punto de que ambas cosas son ya indiscernibles: lo que fue descrito como un «lobo gigantesco» asoló a los habitantes de esta zona del macizo central galo hasta que el animal fue supuestamente cazado, pero nunca quedó claro que la resolución del hecho fuera este y los lugareños prefirieron seguir creyendo que la bestia era, en realidad, un hombre capaz de transformarse en lobo. Y no son pocos los asesinos que, alimentados por la superstición y las leyendas confusamente digeridas, se han creído

---

[3]Nos referimos a la irregular superproducción francesa del año 2001 *El pacto de los lobos*, dirigida por Christophe Gans.

capaces de convertirse en lobos para ejecutar sus correrías. Célebre es nuestro Manuel Blanco Romasanta, pero no el único ni el primero en ser juzgado por su condición de *lobishome*. Así, Jacques Roulet, el llamado Hombre Lobo de Angers, un mendigo juzgado y condenado por los tribunales de dicha localidad francesa en 1598 por canibalismo y licantropía. En su caso la debilidad mental era tan obvia que el parlamento parisino, en un gesto de inusitada modernidad, revocó la sentencia a muerte original para determinar que Roulet terminara sus días en un asilo para dementes. Y todavía antes, curiosamente en 1589, Peter Stubbe —puede que Stumpf, Stumpp, Stube o Stübbe, pues depende de las fuentes que se consulte— fue acusado y condenado a muerte por canibalismo y licantropía en la pequeña localidad alemana de Bedburg, culpándosele del asesinato de dieciséis niños, mujeres y hombres. Cabe destacar, no obstante, que en los dos casos referidos las confesiones de los acusados fueron extraídas mediante terribles torturas y, consecuentemente, no cabe esperar que resulten tampoco demasiado fiables.

De hecho, ya en fecha tan temprana como 1584, autores como Reginald Scot sostenían que la licantropía era un trastorno mental, atribuyendo a la superstición popular la idea de que realmente un ser humano pudiera transformarse en lobo o cualquier otro animal. Lo cierto es que los testimonios históricos de verdaderas epidemias de esta locura son variopintos y pueden ser rastreados en la literatura desde el siglo XVI hasta, prácticamente, finales del XIX. Sirva un dato: tan sólo en el período comprendido entre 1520 y 1630 los historiadores han podido registrar hasta treinta mil supuestos casos de licantropía sólo en Francia. Esto es interesante desde un punto de vista antropológico. Parece que mientras el este de Europa era el hogar de los vampiros, los bosques franceses se habían transformado en el territorio de los hombres lobo. Lo cual nos indica que el ser humano necesita de referentes socioculturales hasta para perder el juicio y que, a menudo, resulta más sencillo inventar una leyenda para explicar las razones por las que la gente enloquece que tratar de profundizar en el asunto por vías más áridas.

La idea de Scot fue posteriormente ampliada por otros autores ingleses como Robert Burton, quien en 1621 sostuvo que algunos llaman a la licantropía una especie de melancolía; pero él prefería denominarla locura. Nada tiene de sorprendente para la época este racionalismo británico al respecto del tema, pues en Inglaterra los lobos se habían extinguido muchos años antes de que ambos textos fueran escritos. De hecho, es fácil encontrar relatos de hombres lobo en el trabajo de los ensayistas de las islas si nos remontamos al período comprendido entre los siglos X y XIII. Ahora bien, a partir del siglo XVI, este tipo de historias tan sólo sobrevivió allí como argumento literario.

Pero, precisamente a causa de la abundancia de lobos en el continente, estos animales, en sus más feroces manifestaciones, coparon con su imagen la cultura europea hasta bien entrado el siglo XX. No es casual que la bestia que, según Perrault, trata de «comerse» a su Caperucita Roja sea un lobo, como tampoco es fruto del

Jacinto Molina, alias Paul Naschy, fue durante décadas la imagen del hombre lobo patrio. Por desgracia, y pese a hacer por la difusión de nuestro cine más que muchos autores tenidos por «serios», siempre fue más admirado y reconocido fuera de España.

azar que lo sea también el monstruo que asedia al bueno de Pedro en el cuento popular ruso que luego haría mundialmente famoso en forma de poema musical el compositor Sergei Prokofiev. Al fin y al cabo, los lobos eran unos bichos peligrosos, tenidos por malos, encarnación del diablo, que mataban al ganado, esquilmaban los cotos de caza y, a la postre, llegaban a ser un peligro para los caminantes despistados[4]. No sorprende, por consiguiente, que las batidas contra ellos a fin de mantener controlada su población y mantenerlos alejados de las zonas habitadas se convirtieran en una costumbre que a punto estuvo de conducir a la especie a su extinción en todos los ecosistemas... ¿Cómo no creer que eran el peor de los monstruos? ¿Cómo no pensar que un hombre singularmente malvado y alejado de la mano de Dios pudiera acabar tomando su forma?

NACE EL CONCEPTO DE «MENTE CRIMINAL»

Lo cierto es que la irrupción de la ciencia en el ámbito de lo psíquico, cosa que comenzó a ocurrir de forma

---

[4]Interesantísima, por esclarecedora desde el punto de vista antropológico, es la leyenda del santo irlandés san Columbano (559-615), quien fuera un gran caminante y fundador de monasterios en diversos lugares de Europa. El más importante de ellos fue el de Luxeuil (Francia), en el que pasó unos veinticinco años de su vida. Parece que una de las costumbres de Columbano era pasear sin rumbo fijo por los bosques adyacentes al monasterio recogido en oración. Durante uno de estos paseos se vio, de repente, rodeado por un grupo de doce lobos. Dice la leyenda que en ese momento se encomendó a Dios y los lobos, simplemente, se limitaron a olisquearle antes de marcharse. Por ello, una de las representaciones más habituales de san Columbano es la que le muestra rodeado por los lobos como ejemplo de cómo la gracia de Dios somete a las bestias por malignas que sean (*La leyenda de oro para todo el año. Vidas de todos los santos que venera la Iglesia*. Tomo III. Madrid: Librería Española, 1853, p. 429-432).

sistemática en el siglo XVII con la aparición de un nuevo tipo de médico, el alienista, provocó un giro radical en la cultura popular en la misma medida en que arte, cine, literatura y ciencia han seguido caminos paralelos. Las leyendas que se habían constituido como verdades populares pasaron a convertirse en supercherías ignorantes, pero lo que nunca se dijo es que la propia explicación científica de tales leyendas correspondía a una nueva mitología: la de la civilización moderna, ilustrada, apoyada sobre las ideas del progreso sin fin y del conocimiento ilimitado. La verdad es que nunca se ha podido explicar con exactitud qué es la «mente criminal» si es que tal cosa existe y con toda certeza se trata de otra leyenda, aunque en este caso científico-jurídica como corresponde a una cultura que, como la nuestra, ha convertido a la ciencia, la tecnología y el orden público en el centro esencial de su existencia y de su dinámica.

Siempre podemos preguntarnos por qué ha sido necesario crear el mito científico-cultural de la «mente criminal», y las respuestas que se suscitan prácticamente de inmediato a la cuestión son dos: En primer lugar, hemos comprendido tras una larga historia de persecución del crimen que la lucha contra el mismo es descorazonadora e ineficiente en sus propios términos. Siempre hay alguien dispuesto a delinquir por más duramente que se castigue el delito en la medida en que el crimen viene predefinido por la misma ley que trata de combatirlo. Y las razones por las que se cometen crímenes son variopintas y variables en función del fenómeno inherente a la estructura misma del sistema bajo el que se vive y los reglamentos que se establecen en su interior... Si hay reglas, siempre habrá quien las transgreda y esto es algo difícil de aceptar para quienes rigen los destinos del mundo, de una sociedad, de una institución, de una asociación o de una simple comunidad de vecinos.

En segundo término, aunque no menos relevante, nos encontramos con la consideración de que nos resulta ética y moralmente obsceno asumir la existencia de personas que conviertan el crimen en un modo de vida e incluso que lleguen a gozar con él. Consecuencia: preferimos creer que existe una «mente criminal», panacea sociológico-moral que explica el ser mismo del delito y justifica su persecución a ultranza antes que comprendernos y aceptarnos como seres potencialmente criminógenos... Preferimos creer que hay sujetos «naturalmente» criminales antes que asumir que todos podemos cometer crímenes en un momento dado, lo cual implica que en buena medida hemos fracasado científica y legalmente en la persecución del crimen. Bien manifestaba Foucault que es más sencillo criminalizar al individuo que asumir la imperfección incorregible —sostenida interesadamente en algún caso— de la sociedad.

Lo cierto es que aún no sabemos a ciencia cierta qué clase de entidad es eso a lo que llamamos «mente», y estamos lejos de saber cómo funciona con exactitud más allá de su base fisiológica en la medida en que sabemos poco acerca del modo en que tales procesos se convierten en «fenómenos mentales», así como de la manera en que lo propiamente mental —si es que existe más allá de su denominación— reconduce y reajusta lo fisiológico.

De la misma manera parece una obviedad indicar que el crimen es algo definido socioculturalmente al punto de que ni en todas las sociedades, ni en todas las culturas, se comete el mismo tipo de crímenes ni los criminales siguen las mismas motivaciones e intereses. Y, en último término, la verdad es que no sabemos en qué cosa es el criminal distinto del resto de las personas, salvo por sus actos, que no son propiamente mentales. Sin embargo, ninguna de estas fallas científicas ha impedido el diletantismo pseudocientífico en torno a la «mente criminal», ni que la cultura popular a través de sus manifestaciones artísticas y culturales de masas se haga cargo de esta clase de explicaciones, las difunda y las integre en la comprensión que cada uno de nosotros tiene de la realidad: las leyendas cambian, pero la necesidad de explicaciones también permanece.

2

MALOS Y DEFORMES

Cuando Mary W. Shelley publica en 1818 *Frankenstein o el moderno Prometeo*, no sólo ha nacido uno de los grandes monumentos de la literatura gótica, sino también la primera novela que podría calificarse propiamente de contemporánea, en la que los problemas filosóficos de siempre son tratados desde un punto de vista netamente moderno, radicalmente científico. No es extraño, pues, el rápido predicamento que el libro alcanzó en nuestra cultura y a todos los niveles, ni sorprenden las múltiples versiones en diferentes formatos, imitaciones, pastiches e incluso plagios de los que llegó a ser objeto, al punto de que la historia de la criatura de Frankenstein se convirtió en uno de los primeros clichés de la cultura de masas contemporánea.

Tópico perfectamente identificable tanto por su monstruosidad física —la que sólo es posible cuando uno está construido a partir de pedazos de otros seres humanos— como por su tremendismo moral, religioso e intelectual, pues si el monstruo está creado desde cero y por otro hombre, ya no es propiamente humano, sino un ser desdichado y sin esperanza: «Debiera ser vuestro Adán y, sin embargo, me tratáis como al ángel caído y me negáis, sin razón, toda felicidad»[5]. El juego de analogías no puede detenerse ahí pues, evidentemente, la pregunta que surge de inmediato, y tiene no pocas resonancias platónicas, es la que se refiere a nuestro propio origen. Si en verdad hay un dios que nos ha creado a su imagen y semejanza a partir del barro, ¿qué ha hecho entonces?, ¿un ejército de criaturas que son imperfectos émulos de la divinidad? ¿Es el doctor Frankenstein un imitador de Dios? ¿Y quién es entonces el propio Dios?

Tanto es así que, pasado prácticamente un siglo desde la primera aparición de la obra, esta seguía pesando tanto en la mentalidad colectiva de Occidente que se convirtió en uno de los primeros temas del recién nacido cinematógrafo. De hecho, el primer cortometraje homónimo y basado en el personaje, dirigido por J. Searle Dawley, data de 1910 y pronto se vería seguido de otros dos largometrajes mudos: *Life without soul* (Joseph

---

[5] SHELLEY, M. W. *Frankenstein*. Madrid: Ediciones Orbis, 1989, p. 140 (Trad.: Manuel Serrat Crespo).

W. Smiley, 1915) e *Il mostro de Frankenstein* (Eugenio Testa, 1921). No obstante, el icono popular en torno a la figura del monstruo no es otro que el encarnado por Boris Karloff en la primera versión sonora, un auténtico clásico del cine repleto de momentos inolvidables, realizada por Universal Pictures en 1931 y dirigida por James Whale, quien a la sazón inspiró con sus bocetos el soberbio maquillaje que Jack Pierce diseñó para la criatura. Tan grande fue el éxito cosechado por ella que el mismo equipo creativo, en 1935, repetiría con una continuación, *The bride of Frankenstein,* que sin alterar los efectistas patrones visuales de la primera, trataba de profundizar con escaso éxito en los entresijos dramáticos y filosóficos de la historia.

No ha perdido fuerza la idea de Mary Shelley en el presente, si bien se ha readaptado, en la misma medida en que la ciencia, tras el descubrimiento del ADN y el aporte de la investigación genética, ha establecido que los elementos básicos de la vida son otros diferentes. Los «frankenstein» del presente son hombres que manipulan códigos genéticos, crean quimeras y, cual nuevos dioses, juegan con los misterios últimos de la vida. E incluso pretenden resucitar a los muertos. Así, allá donde Viktor Frankenstein, en un brutal ejercicio de casquería, trataba de coser los pedazos de los cadáveres que robaba en los cementerios, mucho después el Herbert West de *Re-Animator* (1985) pretendió lo mismo inyectando a los cadáveres un extraño fluido fosforescente en el tronco encefálico. Y donde el pueblo enardecido ante la monstruosidad trataba de incendiar el torreón en el que el científico alojaba su laboratorio, los héroes inexpresivos de la serie B cinematográfica, como Chuck Norris, terminaron por enfrentarse a la bestia resucitada a trastazo limpio en películas como *Furia silenciosa* (1982). Diferentes coberturas, diversos mensajes, distintos medios, la misma idea. Siempre idéntico mito cultural una vez tras otra: la fascinación

La productora Universal, al adquirir los derechos cinematográficos de Drácula, Frankenstein, La Momia o el Hombre Lobo, hizo uno de los más pingües negocios de toda su historia. El éxito de estas producciones de bajo presupuesto –pero excelente realización– fue tan grande que incluso llegó a ponerlos en pantalla por parejas.

ante la muerte, ante la finitud, ante la evidencia inasumible de la nada.

Sea como fuere, a la par que el hombre crea al monstruo, comienza a triunfar otro mito literario: el del hombre que por su ambición creativa potencia al monstruo que todos llevamos dentro fomentando el lado más oscuro y oculto de la propia personalidad. La tragedia, por supuesto, se desencadena cuando ese terror interno escapa al control del lado luminoso, gana terreno y se adueña por completo del ser mismo del individuo. Nos referimos, por supuesto, a *El extraño caso del doctor Jekyll y Mr. Hyde*, novela de Robert Louis Stevenson aparecida en 1886 y que también, muy pronto, caló en la cultura popular para hacerse un hueco propio e inmortal. Al poco tiempo de publicarse el libro de Stevenson, ya estaba siendo representado con fulgurante éxito en los teatros londinenses, irónicamente en las mismas fechas en las que el terrible Jack el Destripador cometía sus famosos crímenes, por lo que no es extraño —nada es casual— que a menudo la representación en el imaginario popular de la figura de Jack, impulsada desde los rotativos de la época, sea coincidente con la que se ha otorgado al personaje bipolar de Jekyll-Hyde.

En cualquier caso Stevenson, y quizá ahí resida la clave de su éxito, propone la primera lectura netamente moderna, en clave psíquica, del conflicto entre el bien y el mal que reside en el interior de cada uno de nosotros, explorando la idea del hombre como un ser capaz al mismo tiempo de las mayores bondades y de las más terribles atrocidades. Lectura muy influyente, también sobrerrepresentada con posterioridad, y cuya primera versión cinematográfica considerada fidedigna[6], de enorme carga icónica, apareció en 1931 de la mano de Rouben Mamoulian en la dirección y de un excepcional Fredric March en el papel del doctor. Una parafernalia filosófica la del binomio Jekyll-Hyde que encaja a la perfección con el naciente género detectivesco que eclosiona en aquel Londres de finales del siglo XIX, y cuyo paradigma indiscutible, seña de identidad universal, es el gran personaje de Arthur Conan Doyle, Sherlock Holmes, que se presenta al público en 1887 con la publicación de *Estudio en escarlata*, y que asienta un modelo de novela detectivesca posteriormente reeditado, a lo largo del siguiente siglo, en otras versiones de investigador criminal cerebral que también gozaron de gran popularidad como sucedió con el Hércules Poirot concebido por Agatha Christie, el Harry Dickson de Jean Ray o el Maigret de Georges Simenon.

---

[6]Las primeras versiones cinematográficas de 1912 y 1920 no se consideran «auténticas» al tratarse de versiones de las diversas adaptaciones teatrales del libro de Stevenson que a menudo integran elementos de otras obras y personajes. Del mismo modo, la conocida versión de 1941, dirigida por Victor Fleming y protagonizada por Spencer Tracy, a menudo es considerada por los especialistas una simple revisión fílmica de la película de 1931.

JACK Y HOLMES: LA VIDA COMO IMITACIÓN DEL ARTE

Como señalábamos, resulta singularmente interesante que, a la par que Hyde ejecuta sus correrías sumergido en el *smog* londinense y que Sherlock afina su Stradivarius en la madrugada silenciosa de Baker Street, en 1888, Jack el Destripador aparezca como el paradigma del asesino en serie moderno. No es ni lejanamente el primero de la historia, por supuesto, pero posee rasgos que lo hacen tan único como inquietante: es un asesino sistemático urbano, de sociedad industrial y avanzada, que emplea estrategias criminales creativas inéditas, capaz de poner en jaque a las autoridades obligándolas a realizar inusitados despliegues de medios para facilitar su captura, que copa los medios de comunicación con sus andanzas y que, con sus cartas, canaliza el interés masivo de la opinión pública en un sentido propiamente moderno, despertando una ola de admiración, sorpresa, indignación e imitación mediática.

No menos relevante es que apenas cuatro años después aparezca un depredador terriblemente parecido al otro lado del Atlántico, en Chicago, de la mano del tremendo H. H. Holmes (sobrenombre escogido —¿casualmente?— por Herman Webster Mudgett). La realidad supera a la ficción. En ambos casos, el asesino inició un modelo creativo impenetrable para sus perseguidores, jugó con los cuerpos policiales y el sistema de justicia a su antojo y todos se vieron desbordados por los acontecimientos… Y si Mudgett fue capturado por haber cometido varios errores de bulto y bien pudo escapar impune de haber controlado su ambición, Jack lo logró realmente de modo que nunca se pudo poner una cara y un nombre reales al asesino de Whitechapel.

No puede sorprendernos que esta nueva tipología de asesino generase, de súbito, un nuevo enfoque de la cultura de masas y provocase un golpe de timón en la ciencia. La sociedad ávida de las historias morbosas de este tipo a las que se había acostumbrado tras los larguísimos culebrones periodísticos que provocaron estos casos —y otros, no olvidemos que el periodismo de sucesos está germinando y creciendo con gran vigor—, comenzó a demandar un nuevo género de entretenimiento del que son resultado directo relatos como *The Lodger*, una libre adaptación de los crímenes del Destripador publicada en 1913 por Marie Belloc-Lowndes. Piénsese que Jack ha mantenido un singular pulso epistolar con Scotland Yard que ha dado pie a la proliferación de cientos de falsas cartas que periódicos y semanarios publicaron con extraordinaria avidez a fin de prolongar el tenebroso y lucrativo serial, o que Mudgett, desde su celda y asistido por un editor, ha sido capaz de editar y vender sus memorias, *Holmes' Own Story* (1895), que luego se verían complementadas y debidamente aquilatadas por el libro sobre el caso que publicó Frank Geyer, el detective que siguió su pista por medio Estados Unidos: *The Homes-Pitezel Case* (1896).

Pero falta redondear el género. Dar una forma final, cerrada, al formato narrativo que impactará en la mentalidad colectiva y la marcará durante décadas. Eso es lo que aporta —recordemos— la excepcional novela de Bram Stoker, *Drácula*, que ve la luz en 1897. Una historia estilísticamente muy novedosa al tratarse de una pieza de estructura *collage* en la que el lector avanza y retrocede constantemente a lo largo y ancho de un rompecabezas de cartas, anotaciones de diarios y recortes de prensa que, una vez recompuesto, ofrece una panorámica completa de la historia. Una novela, en suma, escrita utilizando técnicas y procedimientos estrictamente contemporáneos que han sido reconvertidos y utilizados miles de veces con posterioridad. Pero con su personaje, el terrible vampiro depredador procedente de los Cárpatos, Stoker ha prefigurado también el modelo del antihéroe moderno por antonomasia: audaz, amoral, castigador, perverso, implacable y omnipresente en la vida de los personajes a pesar de que prácticamente no aparezca personalmente en la historia. Exactamente igual que ese nuevo tipo de asesino que encarnan tipos como Jack el Destripador o H. H. Holmes y cuyos rasgos la prensa de la época subrayó hasta la extenuación.

A todo esto, la aparición de estos tipos, los *serial-killers*, en el centro mismo de la cultura occidental, erróneamente considerada por los etnocéntricos antropólogos de la época como la cima de la civilización humana, ha hecho a muchos científicos del momento entender que no comprenden absolutamente nada y que sus explicaciones de la mecánica del crimen —o de la «mente criminal» como a muchos les gusta decir de manera bastante absurda e injustificada— son baladíes y escasamente operativas. Vayamos a un caso concreto: si existe un personaje, y una historia, que encarne con precisión todos los elementos que la ciencia del momento ha aglomerado en torno a la idea de la mente criminal, del ser generado para el crimen, ese no es otro que *El fantasma de la ópera*, nacido de la mano de Gaston Leroux en 1910. Nada tiene esto de raro si se recuerda que Leroux fue periodista antes que escritor, conocía bien el tema de los sucesos y sus clichés periodísticos más habituales, había realizado interesantes reportajes sobre las cárceles francesas y estaba perfectamente familiarizado con las explicaciones pseudocientíficas del crimen de aquel momento.

Tales explicaciones, en realidad, son reformulaciones de teorías antiquísimas y devaluadas que van y vienen cíclicamente y de las que nunca ha terminado Occidente de liberarse, pues reaparecen una y otra vez con la misma base argumental, pero enmascaradas tras nuevos envoltorios. Así, Johann Kaspar Lavater, en sus *Fragmentos fisiognómicos*, editados entre 1771 y 1773, recuperó la vieja teoría hipocrático-galénica de los *cuatro temperamentos*, que vendrían determinados por el predominio de uno de los cuatro humores (sangre, bilis amarilla, bilis negra o atrabilis y flema) sobre el resto. De este modo, el sujeto *sanguíneo* sería vital y despreocupado; el *colérico* —aquel en el que predomina la bilis amarilla—, se mostraría voluntarioso e iracundo; el tipo *melancólico* —predominio de la bilis negra— tendería a la tristeza y el ensimismamiento; y el *flemático* sería por lo general tranquilo. La gran aportación de Lavater a esta teoría, a todas luces pseudocientífica pero de enorme éxito cultural (la cara es el espejo del alma), fue la de estimar que podía determinarse no sólo qué clase de temperamento poseía un individuo examinando su apariencia externa, sino también los patrones básicos de su personalidad y, por tanto, elaborar así predicciones certeras acerca de su conducta.

Los planteamientos de Lavater influyeron sobremanera en el anatomista germano Franz Joseph Gall. El punto de partida de Gall es la afirmación, elaborada desde un punto de vista opuesto a cualquier clase de dualismo, de que el cerebro humano es el órgano productor del espíritu. Un órgano peculiar conformado por el agregado de otros muchos, cada uno de los cuales poseía una facultad psicológica concreta. Sostenía, así, que las diversas facultades mentales de los órganos cerebrales se encontraban en relación directa con el tamaño de los mismos. Este tamaño quedaba reflejado en la constitución ósea del cráneo y, por consiguiente, podía relacionarse la personalidad de los individuos con su estructura craneal. De esta manera, la frenología procuraba, a través del examen concienzudo de la superficie craneana (*craneoscopia*), diagnosticar la personalidad. De hecho, Gall, quien llegó a trabajar intensamente con población carcelaria, es señalado como el primer antecesor claro de la Antropología Forense moderna.

La falsa idea de que los cráneos de los criminales tenían ciertas particularidades especiales, enraizó con enorme vigor en la psiquiatría decimonónica y fue tenida en cuenta incluso por neurólogos y patólogos de primer nivel como el célebre Pierre-Paul Broca. De tal modo, en 1869, Wilson realizaría un estudio sistemático sobre 464 cráneos de criminales convictos. También Thomson, un médico de prisiones escocés, quien en 1870 publicó el resultado de sus observaciones sobre la configuración craneana de más de cinco mil presos. No fue menos el propio Cesare Lombroso, quien basaría en el análisis craneoscópico buena parte de su influyente teoría acerca de la mentalidad criminal.

La vuelta de tuerca definitiva en esta dirección fue proporcionada por un burócrata parisino, Alphonse Bertillon. Escribiente en la prefectura de París, Bertillon tenía una noción clara de qué estaba hablando al plantear su sistema de medida corporal (la antropometría), que comenzó a utilizar masivamente a partir de 1882 en el seno del Departamento de Identificación Judicial, fundado y dirigido por él mismo tras no pocas vicisitudes, para la identificación y catalogación de los delincuentes. Al fin y al cabo, era hijo y hermano de fisiólogos y, por consiguiente, un estrecho conocedor de las técnicas fisiológicas, médicas y estadísticas más comunes, así como de los principales elementos teóricos de la fisiognomía y la frenología. Pero Bertillon fue mucho más lejos que sus predecesores al cruzar el límite impuesto por el mero análisis craneoscópico y proponer un examen integral del individuo, para lo cual se ayudó de técnicas fotográficas.

La idea de partida era sencilla: existen ciertas partes del cuerpo humano que no sufren alteración alguna durante el curso completo de la existencia adulta del sujeto y, por tanto, si se catalogan concienzudamente, el individuo queda perfectamente identificado con respecto al resto. Cada una de las medidas corporales y su relación de proporcionalidad con respecto al resto, así como el color de los ojos, la forma de las circunvoluciones de los pabellones auditivos y cualquier otro elemento imaginable de la apariencia externa del delincuente, eran así cuidadosamente recogidos en una ficha personalizada a la que, obviamente, se adjuntaban fotografías de frente y de perfil del individuo. Con el tiempo, y gracias a la inestimable aportación del trabajo en el campo de la dactiloscopia de pioneros como William Herschel y Francis Galton, las fichas personalizadas de Bertillon incluyeron también las huellas dactilares de los detenidos, convirtiéndose en uno de los elementos centrales de la práctica policial moderna[7]. Así, la aportación de Bertillon al quehacer policial fue tan apreciada que muy pronto el método se extendió por todo el continente y cruzó el Atlántico. Su utilidad, por lo demás, resultaba incuestionable en la medida en que permitía un exhaustivo control de la población delincuente y penitenciaria, evitando el anonimato del que en épocas anteriores se ha-

---

[7] El interés de Galton por el método fotográfico-antropométrico de Bertillon fue tan grande que, a lo largo de 1894, es muy probable que viajase a París para conocer al investigador francés y recibir información de primera mano. En todo caso, ni Galton ni Herschel fueron capaces de encontrar un sistema aceptable para la catalogación de las huellas dactilares, hallazgo conseguido por uno de los discípulos de Galton en materia dactiloscópica, el criminólogo inglés Edward Henry (SCOTT, H. [comp.]. *Enciclopedia del crimen y los criminales*. Barcelona: Editorial Ferma; 1964, p. 64, 75-76).

bían servido muchos criminales sistemáticos a quienes, simplemente, les bastaba cambiar de ciudad o de provincia para continuar en el desempeño de sus actividades delictivas[8].

Lo cierto es que el método Bertillon sólo comenzó a ser remodelado o reemplazado cuando las técnicas de observación y clasificación dactiloscópica fueron plenamente perfeccionadas, proceso que concluyó alrededor de 1914. Fue este triunfo el que debió de animar a Bertillon a publicar en 1896 su *Signaletic instructions, including the theory and practice of anthropometrical identification*, obra que, sin embargo, despertó enorme controversia científica en la medida en que se hacía eco de un buen número de elementos tomados de las, ya entonces discutidas por parte de la comunidad científica, aportaciones de Lavater y Gall. Lo cierto es que en aquella obra, construida desde los cientos de miles de datos estadísticos que Bertillon había podido reunir a lo largo de años, se establecían conclusiones que iban mucho más allá de la incuestionable utilidad práctica del sistema de

---

[8]Con anterioridad a la propuesta de Alphonse Bertillon, los delincuentes de cualquier especie eran marcados como el ganado con toda suerte de tatuajes por la propia policía a fin de tener una especie de control del individuo en el caso de ser reincidente. Esta es una de las razones de que la práctica del tatuaje a fin de cubrir las marcas policiales proliferase entre los criminales y, con ello, el tatuaje en sí mismo se convirtiera en un estigma social y un indicativo de la criminalidad [Pérez Fernández, F. *El atavismo en el albor de la psicología criminal: Cesare Lombroso y los orígenes del tatuaje*. Revista de Historia de la Psicología, 2004; 25, 4: 231-240.].

medida antropométrica, al sostenerse la tesis de que entre los criminales existía una taxonomía de rasgos físicos específicos que permitía diferenciarlos de entre el resto de las personas «de bien» y, más aún, que en función de dichos rasgos se podía determinar hacia qué tipo de delitos sentía el sujeto especial propensión en cada caso.

La piedra angular de esta y otras pseudociencias afines fue el célebre concepto de *índice cefálico*, tenido durante mucho tiempo como un término de entidad científica incuestionable. A partir de él se elaboraron las premisas centrales de la craneometría, cuyo motor y principal artífice fue el sueco Anders Retzius (1796-1860). Este indicó que midiendo la anchura de un cráneo que pudiera considerarse normal o tópico en una raza, luego multiplicándola por cien y al fin dividiéndola por la longitud, se identificaba el anteriormente reseñado índice cefálico de la raza analizada en cuestión. Retzius, cuya valoración científica como anatomista no fue cuestionada durante décadas, diseñó mediante el estudio de cráneos conceptos célebres como los de «dolicocéfalo» y «braquicéfalo». A partir de sus trabajos, muy influyentes, dividió las razas en función de su índice cefálico. Sus teorías, que contaron con incontables seguidores en todo el mundo, algunos de la talla del antes citado neurólogo francés Pierre Paul Broca, se vinieron abajo cuando se probó que no es posible identificar a un pueblo con un cráneo, porque el propio concepto de «cráneo tipo» es absurdo y que, más aún, dentro de una misma familia las formas craneales más básicas no sólo no son hereditarias sino que además cambian de una generación a la siguiente.

La maldición de Lombroso

Pero mucho antes de que el fin de la credibilidad científica de la craneometría fuese una realidad, llegó Cesare Lombroso. Médico, darwinista y conocedor de estas metodologías precoces empleadas en la detección y examen del delincuente, comenzó a pensar hacia 1871 en las bases de lo que luego sería su popular teoría criminológica. En el transcurso de ese año pudo observar con detenimiento el cráneo de Villella, un celebérrimo bandido y asesino, perseguido durante décadas por la justicia transalpina. En el transcurso de su trabajo, determinó que aquel hombre mostraba obvias deformidades craneanas, así como ciertos rasgos anatómicos propios de los simios. Villella era un ser atávico, primitivo, deforme... Y quizá por ello también criminal. El hallazgo comparativo resultó casual en la medida en que Lombroso estaba buscando criterios de base que permitieran establecer relaciones y diferencias entre el delincuente, el hombre salvaje, el sujeto normal y el enfermo mental, y no había pensado todavía en considerar una teoría criminogenética. En todo caso, dio un giro a sus primeros planteamientos para manifestar en sus *Memorias sobre los manicomios criminales* (1872) que existen preclaros puntos de contacto entre delincuentes y locos, si bien cabría considerar a los primeros como seres claramente *deformes* y *anormales*, cercanos al hombre primitivo e incapacitados para la vida en sociedad, por lo que el Estado debiera plantearse la creación de instituciones especiales para criminales que permitieran no mezclarlos arbitrariamente junto con otros enfermos mentales y, al mismo tiempo, estudiarlos con detenimiento y precisión a fin de prevenir sus actos.

El perfecto ejemplo de cómo funcionaban en la práctica esta clase de argumentaciones teóricas lo tenemos aquí mismo, en España, donde nos encontramos con el caso Juan Díaz de Garayo y Ruiz de Argandoña, el afamado Sacamantecas de Vitoria, a quien su aspecto lo elevaba al rango de paradigma del criminal por naturaleza, de nacimiento y sin posibilidad de eludir un destino prefigurado por fuerzas cósmicas. Su cráneo era deforme y brutal. Rostro ancho, frente abombada, cejas prominentes, occipucio muy retrasado y puntiagudo, mandíbulas enormes, pómulos exageradamente marcados, ojos hundidos… Piénsese que por aquel entonces el mero hecho de tener las cuatro muelas del juicio era considerado un rasgo de primitivismo y tendencia criminal, de suerte que poco más que el garrote vil podía esperar a un individuo deforme como Garayo. Quienes llegaron a verle tras su detención, sin duda instalados ya en el prejuicio inevitable de los malsanos crímenes que había cometido, miraban a un hombre pero no veían otra cosa que a un animal. Tal fue el caso del afamado doctor alicantino José María Esquerdo y Zaragoza, convencido seguidor de Morel, quien lo visitó varias veces en la cárcel. Su visión del reo se cimentaba sobre juicios del estilo: «Hemos dicho, señores, que Garayo es imbécil. […] Mientras nuestra desgraciada especie ofrezca monstruosidades como la que nos ocupa, fuerza es atemperarse a los hechos»[9]. Sobre apreciaciones de este estilo se pavoneaba Esquerdo en los círculos del saber, conferenciando por doquier, con argumentaciones a menudo rayanas en la más completa demagogia, sosteniendo que un tipo como Díaz de Garayo le podía parecer completamente normal a cualquiera sin experiencia psiquiátrica o demasiado pacato y moralista.

Pero es que, además, Lombroso era un firme partidario de la eugenesia, también muy en boga entre los intelectuales de su tiempo y defendía, por tanto, que las conductas y patologías psicosociales también se heredan. Por ello dedicó gran parte de su tiempo a visitar prisiones a fin de estudiar craneológicamente a diversos delincuentes, vivos o ya ejecutados, para posteriormente cotejar los resultados obtenidos con la anatomía craneana de simios y fósiles humanos prehistóricos, o informes acerca de la vida y costumbres de los hombres primitivos que arrojaban las expediciones antropológicas tan populares en

---

[9] El concepto de *alienación* o *imbecilidad moral* fue acuñado en 1835 por Prichard para referirse a aquellos individuos que carecen de sentimientos, autodominio y sentido ético. Esta denominación perduró durante prácticamente todo el siglo XIX hasta que, finalmente, Koch creó para describir a estos sujetos notoriamente antisociales la acepción de *inferioridad psicopática*. En Estados Unidos la clasificación tomó la forma de *personalidad psicopática*, que fue finalmente la que se impuso hasta mediado el siglo pasado. (Para más detalles véase, ESQUERDO Y ZARAGOZA, J. M. *Locos que no lo parecen. Garayo el Sacamantecas:* Conferencia [primera y segunda] dada en la Academia Médico-Quirúrgica Española. Madrid: Imprenta del Hospicio. Imprenta y Estereotipia de *El Liberal*, 1881).

la época. Llegó con ello a la conclusión de que el delincuente era, básicamente y con total independencia de su sexo, un individuo dotado de rasgos morfológicos y conductuales arcaicos, aquejado de un síndrome hereditario al que dio en llamar *atavismo*. Es decir: no era la sociedad quien hacía al delincuente, ni tan siquiera la enfermedad mental como tal, sino que el criminal nacía ya para serlo.

Según las estimaciones de otros fervientes eugenesistas como Galton, a lo largo de las generaciones los caracteres sufrían a menudo una fase involutiva en la media de las poblaciones. La selección natural deficiente propiciada por la artificiosidad de las sociedades humanas, que al no estar sometidas al control de la naturaleza permitían la supervivencia de los no aptos, daba pie a la perpetuación de rasgos indeseables y empobrecedores de la calidad genética de la especie que, cada cierto tiempo y por deriva génica, se popularizaban en una población dada. Esto permitía explicar, en su opinión, por qué entre los seres humanos de cualquier lugar, clase y condición, predominaba la mediocridad física e intelectual sobre el talento. Los individuos más aptos eran siempre una inmensa minoría. Desde este punto de vista, Galton entendía que los procesos de herencia debían ser manipulados mediante una adecuada política eugenésica, a fin de incrementar la aparición de los rasgos genéticos más adaptativos y deseables, y propiciar una disminución de aquellos otros que empobrecían la herencia. Precisamente, la investigación de Lombroso se centró en el estudio de aquellos rasgos que Galton pretendía erradicar puesto que en ellos, sostenía, se encontraba el fundamento de la conducta criminal. De hecho, estimaba que en cualquier población humana sobrevivía una minoría de sujetos en los que estas taras filogenéticas se manifestaban de modo más preclaro y que, en puridad, podía considerarse que aquellos individuos no eran otra cosa que indeseables efectos involutivos del proceso de selección natural.

Lo cierto es que Cesare Lombroso presentó el grueso de su aportación a la comunidad científica con la publicación de su célebre *L'Uomo Delinquente* (1875). Una obra que goza del relevante reconocimiento historiográfico que la eleva a origen de la Criminología y la Antropología Forense modernas, y que sigue vigente gracias al inestimable concurso del arte, la literatura y el ensayo, que asumieron en muchos casos sin reservas los argumentos en ella expuestos. Sirva como ejemplo la presentación que de Bray y Sempau realizaron del general Mercier, a todas luces el «malvado nato» de la historia, en su reconstrucción del célebre *Caso Dreyfus*: un hombre al que se califica nada menos que de acartonado, con cara de vieja octogenaria y ojillos de ratón ocultos entre los pliegues de párpados enormes. O las descripciones que los novelistas afines al género negro componían al referirse a los criminales de sus novelas:

> Cuando vi por primera vez a Domingo —continuó Syme— sólo le vi la espalda y comprendí que era el hombre más malo del mundo. Su cuello, sus hombros, eran brutales, como los de un dios simiesco. Su cabeza tenía cierta inclinación, propia más que de un hombre, de un buey. Y al instante se me ocurrió

que aquello no era un hombre, sino una bestia vestida de hombre.[10]

Sea como fuere, la supervivencia en el presente del ideario lombrosiano no es atribuible a su mero contenido científico, a todas luces superado desde hace décadas aunque existan todavía contumaces interesados en resucitar el cadáver, sino a sus sugestivos elementos ideológicos que, de un modo u otro, ya sea dentro de la misma ciencia, pasando por la consideración política y educativa, o sobreviviendo en la mera tradición popular, permanecen todavía entre nosotros. No lo olviden: la cara es el espejo del alma, los malos siempre lo parecen y, además, no pueden evitar ser malvados porque estaría en su naturaleza.

Eso es precisamente lo que ocurre con el fantasma que Gaston Leroux diseñó para destruir en la ficción el encanto de la ópera Garnier. Contra la falsa opinión difundida —y aceptada por la mayoría del público— en la primera adaptación cinematográfica sonora del personaje realizada por Arthur Lubin en 1943, y que muestra al fantasma como una trágica víctima del destino que se vuelve malo porque «es herido» física y moralmente, la obra de Leroux plantea que Erik es un monstruo de nacimiento, hijo de un albañil de Rouen que le detesta y una madre que le teme por su fealdad y su crueldad, al punto de que pronto se ve obligado a abandonar el hogar familiar. Tras correr diversas peripecias, habiéndose revelado como un prodigio

---

[10]CHESTERTON, G. K. *El hombre que fue Jueves*. Madrid: *El País*, 2003.

musical durante el tiempo que trabaja como monstruo circense, el deforme Erik se instala en los sótanos de la ópera de París, desde los que chantajea a sus gerentes para ver cumplidos sus planes por siniestros que estos puedan llegar a resultar. El personaje de Gaston Leroux, como corresponde a un malvado monstruoso y pervertido por naturaleza, a un malo lombrosiano de manual, no se redime, no desea eludir su destino sino que, antes al contrario, hace del defecto una virtud y un estilo de vida porque su naturaleza le predestina: esa misma biología adversa escrita en su rostro es, vuelta hacia adentro, corrupción espiritual.

Más fieles al original, y creadoras de un cliché del personaje más perdurable en el cine posterior, fueron las dos primeras versiones mudas de la historia de Leroux: *Das Phantom der Oper* (Ernst Matray, 1916), y *The phantom of The Opera* (Rupert Julian, 1925). Muy destacable en la segunda es la excepcional y estremecedora imagen que Lon Chaney Sr. creo del personaje, otro icono de la cultura popular por derecho propio. Resulta curioso, por lo demás que las adaptaciones teatrales de la ficción de Gaston Leroux, generalmente en la forma de tediosos musicales que pretenden emular con escaso éxito el tópico de la bella y la bestia, hayan optado por seguir el esquema romántico y en gran medida pervertidor del espíritu original de la obra de Leroux que exhibe la versión de Lubin. Excluiremos de la lista de fiascos musicales, sin embargo, a la peculiar cinta de Brian de Palma, *El fantasma del paraíso* (1974), no sólo por la calidad de su banda sonora, sino también por su vibrante concepción artística y cinematográfica que la convierte en una joya visual que actualiza el clásico de manera más que digna y lo introduce en la mentalidad y el concepto de las nuevas generaciones. Una de las mejores películas del siempre discutido De Palma. De hecho, muchas de las visiones músico-teatrales del fantasma de la ópera montadas a partir de 1980 tienen más que ver con la percepción de Brian de Palma que con la de Lubin.

Lo cierto es que el cine muy a menudo se ha decidido por el esquema de la versión de Rupert Julian, más fiel y consecuente con la idea del binomio maldad-monstruosidad que palpita en el original. Así por ejemplo, el fantasma de la ópera Garnier pronto se reconvirtió en el escultor y asesino despiadado de *Mistery of the Wax Museum* (Michael Curtiz, 1933), historia más conocida entre el público gracias a la inolvidable versión de 1953 dirigida por André de Toth y protagonizada por el colosal Vincent Price. Paradójicamente, y como curiosidad añadida, digamos que esta película fue una de las primeras realizadas en 3D de la historia, pero como De Toth era tuerto, no podía experimentar en primera persona el efecto que trataba de conseguir con sus planos. Sea como fuere, ambas reeditan la historia del asesino deforme que mata más allá de la mera venganza, precisamente, porque su deformidad no aceptada e incapacitante le ha convertido en un ser desgraciado, amargado e inmoral, lo cual le impulsa al crimen irremediablemente.

Lo cierto es que estas imágenes solidificaron y se impusieron en la cultura popular de la primera mitad del siglo xx con una fuerza inusitada, al punto de que muchos malos, asesinos, criminales e incluso delincuentes comunes de la ficción comenzaron por hacerse un hueco en el mundo del espectáculo, en la literatura y en el corazón de los espectadores a través de sus deformidades físicas más o menos tremendas. Así, proliferaron por todas partes los hampones marcados con cicatrices, los delincuentes cojos, mancos, quemados o tuertos e incluso, por qué no decirlo, los actores y actrices que se vieron abocados al limbo de los papeles secundarios, o al rol de «malos de la película» —los célebres «actores de carácter»—, a causa de sus físicos singulares, vulgares, dotados de ciertos conjuntos de rasgos o particularmente poco agraciados.

Cabe decir que con toda probabilidad la más interesante, por psicodélica y revisionista, variante del personaje del monstruo asesino vino de la mano de Robert Fuest y sus dos películas sobre el terrible doctor Phibes (1971 y 1972), un monstruo criminal encarnado de nuevo por Vincent Price y situado a medio camino entre la fealdad intolerable del fantasma de la ópera de Leroux, las arteras estratagemas manipuladoras del doctor Mabuse y el artista atormentado de *Los crímenes del Museo de Cera.* Como curiosidad, indiquemos que Phibes tuvo mejor suerte que sus antecesores pues introdujo un elemento tan novedoso como insólito en la historia de los monstruos: el triunfo. El plano final de *El retorno del doctor Phibes,* en un émulo perfecto de Caronte cruzando la laguna Estigia, muestra cómo el protagonista se pierde en la oscuridad de un misterioso y negro río subterráneo, remando sobre un bote para no regresar, tras haber consumado su venganza. Tan sorprendente como impagable.

3

MALOS Y PERVERSOS

La alusión a la figura de Mabuse que realizamos al final del capítulo precedente nos conduce a otro elemento importantísimo en la gestación de la imagen que la cultura popular contemporánea tiene del criminal, y no es otro que el heredado del psicoanálisis. Miremos un momento hacia atrás y recapitulemos: El mundo ha pasado por la impresión de Jack, por la sorpresa de H. H. Holmes e incluso por algún que otro caso que ya comienza a salpicar los diarios nacionales y locales de muchos países. Y digo que «ha pasado» en el sentido de «ha sido masivamente difundido e informado». Hemos comprendido por fin que los cuentos son reales y que los monstruos viven entre nosotros. Pero hay más: el mundo ha entendido que la mera explicación de la maldad como deformidad no basta porque, simplemente, muchos de estos criminales que empiezan a copar titulares y a sumir en la estupefacción a la policía de medio mundo, no tienen taras físicas observables e incluso pueden llegar a resultar sugerentes y atractivos para sus propias víctimas... Landrú, sin ir más lejos, era todo un Casanova y seductor impenitente de señoras maduritas a las que, metódico y riguroso, esquilmaba económicamente antes de quitarlas de en medio. Tal vez por ello resulta tan subyugante la adaptación de su historia que Chaplin realizó en *Monsieur Verdoux*, precisamente porque si algo resultaba inimaginable al espectador era ver el rostro del querido Charlot en el cuerpo y la persona de un terrible criminal... Su problema, el de estos criminales sistemáticos y retorcidos, se piensa entonces, debe de ser otro. Un hándicap moral. Una tara de conciencia que la ciencia no ha sabido ni podido explicar y que, por tanto, está más allá del conocimiento de las leyes y de sus márgenes de aplicación.

Víctimas del trauma

Freud resultó ser en buena medida, junto con Cesare Lombroso, uno de los grandes responsables de que las ideas populares acerca de la mente criminal trascendiesen la barrera de final de siglo y llegaran hasta nosotros en la forma que hoy las conocemos. Pero es necesidad historiográfica que el nombre de Freud aparezca vinculado al de Jean-Martin Charcot pues, de hecho, Freud llegó al hospital parisino de La Salpêtrière siendo un médico dispuesto a ampliar su formación y, tras pasar por las lecciones de Charcot, salió convertido en otra cosa muy diferente gracias no sólo al influjo de las enseñanzas del *Napoleón de la Neurosis*[11], sino también al peso que ejerció sobre la juventud del estudiante la arrolladora personalidad del maestro. Un héroe de la ciencia, un dandi, un auténtico *showman*.

Comentaristas reputados como Louis Breger señalan que «[las teorías de Charcot] no sobrevivieron sin la fuerza de su personalidad y el control que ejercía sobre La Salpêtrière. De hecho, pocos años después de su muerte, ocurrida en 1893, ya nadie lo tomaba en serio. Por otra parte, no desarrolló ningún método eficaz de tratamiento»[12]. Nadie salvo el joven Freud. De hecho, fue gracias a las enseñanzas de Charcot y a sus experiencias con el hipnotismo que a Sigmund Freud se le ocurrió la idea a todas luces revolucionaria del fundamento inconsciente de la dinámica mental. O, por mejor decir, es gracias a Charcot que Freud establece las bases para esa refundación de la consideración de la mente patológica que supuso el psicoanálisis.

---

[11]Charcot guardaba cierto parecido físico con Napoleón Bonaparte que él mismo se empecinaba en cultivar (incluso posaba en la tópica actitud napoleónica en los retratos). Por ello, muchos de sus alumnos, colegas y detractores le otorgaron este apodo. A unos les sirvió como expresión de admiración. A otros como pretexto para la burla.

[12]BREGER, L. Freud. El genio y sus sombras. Buenos Aires: Ediciones B Argentina, p. 118, 2001.

Sigmund Freud en la época en que comenzó a concebir
y desarrollar el grueso de la teoría psicoanalítica.

Partamos de un principio elemental expuesto por
el propio Freud: «Que la tendencia agresiva es una disposición instintiva, innata y autónoma del ser humano; además [...] constituye el mayor obstáculo con que
tropieza la cultura»[13]. El hecho es que, al parecer, los

---

[13]Freud, S. *El malestar en la cultura*. Madrid: Alianza, 1970, p. 63.

instintos de vida parecen querer imponer al ser humano la idea aristotélica de lo social y empujan a los individuos a unirse en grupos cada vez mayores en un proceso de constante crecimiento civilizatorio. El altruismo, la necesidad de ser amados y aceptados desde la más tierna infancia, sostiene Freud, nos impelen a integrarnos en una sociedad y una cultura, pero al mismo tiempo, los instintos agresivos y hostiles hacia quienes nos rodean son inevitables y contrarían esta iniciativa biológica. Así, en las sociedades humanas se produce un constante enfrentamiento entre *Eros* (o impulso de vida) y *Tánatos* (o impulso de muerte). En gran medida, es una expansión a escala general del mismo conflicto que todo individuo vive en el plano particular. Y el enfrentamiento virtualmente es irresoluble, pero no inocuo para la persona que debe pagar un precio psicológico por afrontarlo. Progresemos:

> ¿A qué recursos apela la cultura para coartar la agresión que le es antagónica, para hacerla inofensiva y quizá para eliminarla? [...] La agresión es introyectada, internalizada, devuelta en realidad al lugar de donde procede: es dirigida contra el propio *yo*, incorporándose a una parte de este, que en calidad de *superyó* se opone a la parte restante, y asumiendo la función de «conciencia» [moral], despliega frente al *yo* la misma dura agresividad que el *yo*, de buen grado, habría satisfecho en individuos extraños. La tensión creada entre el severo *superyó* y el *yo* subordinado al mismo la calificamos de *sentimiento de cul-*

pabilidad; se manifiesta bajo la forma de necesidad de castigo. Por consiguiente la cultura domina la peligrosa inclinación agresiva del individuo debilitando a este, desarmándolo y haciéndolo vigilar por una instancia alojada en su interior, como una guarnición militar en la ciudad conquistada.[14]

Entendiendo que el Bien y el Mal no son ideas de sustrato biológico, la verdad es que tampoco existiría una capacidad natural para separar *lo bueno* de *lo malo*. Son abstractos culturales que ni tan siquiera guardan relación con el propio yo en la medida, dirá Freud, que a veces *lo bueno para el yo* es precisamente *lo malo para el mundo*, y viceversa. Y si la inmensa mayoría de los sujetos se somete a esta tiranía de lo social es precisamente en virtud al otro mandato biológico, del Eros, que nos incita a ser queridos, a no quedar desamparados y expuestos a los peligros que implican la soledad y la exclusión del colectivo. Más todavía: nos sometemos por miedo a «ser castigados» por otros más poderosos que nosotros (aquí se encuentra el sentido de las leyes). Es en este dilema en el que nos vemos obligados a vivir que se presentan la mala conciencia y el sentimiento de culpa que, generalmente, nos evitan males mayores en la medida en que basta tan sólo con pensar algo inapropiado culturalmente o socialmente inaceptable, para que de inmediato desestimemos la idea de ponerlo en práctica.

---

[14] *Ibíd.* anterior, p. 64-65. La cursiva es del original.

¿Quiénes son entonces los criminales? ¿Qué les ocurre? Obviamente, desde el punto de vista freudiano el delincuente siempre es un sujeto patológico física o psíquicamente. Si no padece de alguna lesión que le imposibilite para comprender el mandato moral que la cultura ha introducido en él, entonces se trata de un individuo cuya personalidad no se ha generado y establecido adecuadamente a causa de circunstancias disfuncionales sufridas en algún momento del desarrollo. En efecto, el psicoanálisis freudiano introdujo en el estudio de la mente criminal el recurso a la comprensión de la infancia y la adolescencia del delincuente y, muy especialmente, la idea del *trauma*. Una idea, por cierto, que se ha transformado en un recurso intelectual, político e incluso artístico extremadamente popular con el paso de los años, al punto de que ya nos parece imposible comprender el mundo interno de las personas sin ella. Como se observa, no sólo por su éxito sino también por su eficacia interpretativa, el psicoanálisis freudiano introdujo una revisión ciertamente más inteligente, efectista y productiva de la idea clásica de la *imbecilidad moral*.

En efecto. Freud, desde el presupuesto de la gestación de la vida mental en instancias inconscientes y no controlables por el propio yo, permitió la cristalización definitiva de la imagen *estructural* de la personalidad y de un notorio determinismo psicológico. Cierto que la idea de la personalidad individual como estructura no era suya en lo elemental, pero fue con su novedoso punto de vista que encontró un excelente anclaje. De este modo, la personalidad del individuo se va gestando a lo largo del desarrollo, de suerte que, una vez alcanzado el estado adulto, esa estructura de personalidad se consolida como *básicamente normal* o *básicamente patológica*. Las diferentes conductas criminales, que en este sentido son contempladas siempre y en todo caso como «desviaciones» (o faltas de autocontrol motivadas por una mala génesis y asentamiento del superyó), se gestan por tanto en la interacción sujeto-ambiente durante las diversas fases del proceso de desarrollo. Esto implica que el crimen no es filogenético (el criminal no nace), pero sí ontogenético (el criminal se hace). Tal punto de vista destruye por completo los planteamientos eugenésicos y biologicistas, matiza el valor de las penas como afrontamiento de las actividades delictivas y enfatiza los aspectos preventivos para combatir el crimen.

Si no deseamos sufrir el azote de los delincuentes, se nos propone, lo coherente es que tratemos de luchar contra las condiciones que sabemos a ciencia cierta que pueden dar lugar a su aparición. Del mismo modo, el psicoanálisis anula la imagen del criminal irredento al que debiera encerrarse bajo siete candados —o algo peor—, reconociendo que bien puede ser responsable de sus crímenes, pero también que en la mayor parte de los casos puede ser recuperado para la sociedad mediante un seguimiento y tratamiento adecuados de su caso particular. En suma: una perfecta articulación del derecho moderno ilustrado y sus ideales humanitarios con un punto de vista médico-psiquiátrico.

Por supuesto, el posicionamiento de Freud y sus seguidores también es muy criticable y de hecho ha sido golpeado con extrema dureza y desde muy diversos frentes[15]. La primera gran crítica reside en lo meramente teórico y no deja de ser la misma que recibió en su día el maestro Charcot: ¿Existe «el inconsciente» tal y como Freud lo concibe? ¿Y funciona exactamente así? ¿No estamos simplemente jugando con las palabras para elaborar una teoría que no es más que sofistería? Luego vienen las dificultades prácticas en la medida en que, desde el psicoanálisis y otras posiciones psicológicas y psiquiátricas afines, la responsabilidad del individuo ante sus actos parece diluirse de forma inevitable y es poco dada, en este sentido, a sostener que el delincuente nace o que se hace. ¿Podemos decir que un asesino es responsable de sus crímenes si previamente hemos definido su personalidad como estructuralmente deformada? ¿Quién es *culpable* entonces? ¿Es el delito una resultante de las circunstancias que le han convertido en un ser mentalmente deforme o, por el contrario, depende del autor? ¿A quién debiera condenarse en tal caso?

Es evidente que en semejante tesitura la justicia decidió avanzar por la calle de en medio para proseguir, y así hasta el presente en la mayoría de los países democráticos, con la idea más práctica de M'Naghten;

---

[15]Quizá la más dura de todas ellas proceda de la propia psicología. Autores de reputado prestigio como Hans Eysenck o Bhurrus Skinner —catalizadores de la corriente crítica contra el psicoanálisis— lo han calificado, entre otras cosas, de ambiguo y vago, de circularidad conceptual, de carencias insolubles en lo relativo a su control metodológico e incluso de ineficacia terapéutica.

determinemos si el acusado es capaz de distinguir entre el Bien y el Mal (si es «psicológicamente competente», en suma) a fin de poder emitir un veredicto acerca de aquello que se le acusa. Ya se le tratará psicológicamente en prisión si es necesario y, claro está, si se dispone de los medios y recursos apropiados para afrontar dicho tratamiento[16].

---

[16] «Recuerdo —escribe un policía— al hijo de un profesor de música de Granada que asesinó a su padre clavándole una estaca en el corazón porque "una voz interior le había dicho que se trataba de un vampiro". O a aquel muchacho que mató a su hermano porque "del televisor había salido una voz que le ordenó acabar con su vida". Pero lo peor es que en España se cerraron los manicomios porque eran sitios "vergonzantes" y poco "progres", y ahora muchos dementes pagan sus acciones, más o menos imputables, en psiquiátricos penitenciarios, a menos que la familia sea eso que se llama "pudiente" y pueda ingresarlo en una institución adecuada y, por supuesto, de pago. ¡Poderoso caballero!» (Giménez, M. «Por mandato divino». En: Así son las cosas, n.º 118. Agosto de 2004).

4

El asesino programado

El primer autor contemporáneo en sucumbir a la idea anteriormente reseñada del «vacío moral» para reflexionar acerca de la conducta malvada —no es casualidad que fuera también judío como el propio Freud, ni que la idea en sí misma se le ocurriera a un judío— fue Gustav Meyrink, quien tomó un viejo mito de la tradición hebrea, el del golem, para elaborar una de las primeras grandes obras de la literatura contemporánea, en la que se retratan las andanzas de un monstruo sin conciencia que mata, ya no por ser malo, perverso, enfermo o netamente criminal, sino simplemente porque vive impulsado por fuerzas internas que él no domina ya que no es dueño de sí, y tampoco puede querer ser o hacer cualquier otra cosa. El golem de Meyrink es un monstruo

Fotograma de *El golem*, película que elevó al monstruo desalmado al rango de mito de la cultura popular.

programado e implacable que no puede detenerse porque, sencillamente, no puede «querer» detenerse hasta haber cumplido con su propósito. Una idea de aspecto moderno, pero de factura antiquísima, que casi se remonta a los orígenes mismos de nuestra cultura.

Entiéndase que uno de los eventos centrales para el judaísmo, que constituye una de sus bases principales, es el éxodo de Egipto, pues junto con su significación nacionalista es también testimonio de la intervención divina en el quehacer humano y constatación de que Dios no se desentiende ni se despreocupa de su creación. Al contrario, interviene en la historia y por lo tanto tiene sentido elevarle oraciones, pues Dios responde a ellas cuando así lo dispone. Y esto, que es el fundamento de los principios éticos del judaísmo —y posteriormente del cristianismo— se contiene en los Diez Mandamientos. En ellos se condensa la ley natural que regula las relaciones del hombre con Dios y con sus semejantes. El eje sustancial de tal ley natural se apoya en el amor a Dios y en el amor al prójimo. Las relaciones humanas, por consiguiente, tienen que estar presididas por la solidaridad, el altruismo y la comunión fraterna entre los miembros de la comunidad, porque la persona sólo se realiza como tal cuando pone su centro fuera de sí misma. Consecuencia inmediata: el hecho de que existan individuos ajenos por completo a este «llamado natural» inserto en el hombre por la misma divinidad, elemento central en el seno de la cultura judía, no puede ser menos que chocante para alguien formado en la misma en la medida en que pone en entredicho el plan mismo de la naturaleza diseñado por Dios.

MONSTRUOS SIN ALMA

La novela de Meyrink, *El Golem*, aparecida en 1915, es un monumento literario cumbre en la evolución del género fantástico moderno, pero también se convirtió en una poderosísima fuente de inspiración que atravesó la cultura popular de parte a parte con la fuerza de un rayo. Del golem de Meyrink, llevado al cine posteriormente en la obra maestra homónima de Paul Wegener, son hijos más o menos legítimos el Cesare hipnotizado al que manipula sin piedad el doctor Caligari, las maquinarias criminales que diseña Gaston Leroux, de nuevo, para *La muñeca sangrienta* y su continuación, *La máquina de asesinar* (ambas de 1923), y el robot asesino que Fritz Lang y Thea von Harbou ponen a funcionar en su colosal *Metrópolis* (1927). Hijos, discípulos y herederos que se han ido multiplicando a lo largo del siglo xx hasta culminar en su versión más pulida, perfeccionista, obra de culto perfecta para especialistas, fanáticos y profanos: el *Terminator* de James Cameron (1984).

Piénsese que a partir de 1909 ese irrelevante —por desconocido— médico vienés que es Sigmund Freud, cuya obra había pasado prácticamente desapercibida en un primer momento, empieza a ser un referente en Europa gracias al éxito tardío, inesperado, pero imparable de *La interpretación de los sueños* (1899). A partir de su gira por Estados Unidos en 1911, Freud se ha convertido en un personaje de renombre internacional cuya teoría resulta subyugante e inspiradora en extremo, por lo que acumula seguidores casi a la misma velocidad que suma detractores. Es inevitable, por tanto, que el psicoanálisis estalle en los entornos médico-científicos y que su reflejo inunde la cultura popular en todos los formatos imaginables para matizar y reajustar los modelos eugenésicos que ya comienzan a ponerse en entredicho tras marcar toda una época y una mentalidad.

El criminal ciego, impulsado por relés, poleas y engranajes que responde a un programa pervertido e inalterable (inconsciente) que le empuja hacia la destrucción de otras vidas humanas sólo es la visión más mecanicista, incluso darwiniana si se quiere, del legado freudiano cuando se cruza con el lombrosianismo... Lo que antes era el hombre nacido para el crimen ahora es el hombre programado para él. Quizá sea la visión más insensata y manida por obvia, pero se ha convertido en un principio elemental de la cultura popular a la hora de comprender el crimen y la maldad, en la medida en que posee una inevitable veta mística: expresa la imperfección de lo creado, lo que es corrupto por naturaleza, lo que nace torcido, aquello que san Agustín consideraba como «carente de ser». No es extraño que muchos hayan querido, tras el advenimiento de la genética, convertirla en un hecho que lo explica todo y tranquiliza moralmente al mundo. La perversidad de estos malos automáticos reside en su imperfección intrínseca, en sus fallos de fabricación, en sus programaciones corruptas, y ello los hace radicalmente diferentes de nosotros, de la gente normal que ha sido bien tocada, amasada, construida por la divinidad al igual que se modeló el barro primigenio para generar al primer hombre. Se trata, como vemos, de una maldad metafísica y por ello mismo tranquilizadora y liberadora en la misma medida en que no podemos transformarnos en ella, contaminarnos por ella; que somos radicalmente diferentes de ella y ajenos a su influjo.

En efecto: se trata del tópico del «no puedo evitarlo». De la idea, asumida por muchos asesinos sistemáticos reales, de que algo no funciona dentro de ellos y por esto mismo han de ser sometidos a «tratamiento». Célebre en nuestro país es el caso de Joaquín Villalón, quien no dudó en solicitar a sus captores un tratamiento psiquiátrico que arreglase aquello que supuestamente le conducía a matar. Lo propio pidió hasta la extenuación Cerveto, el conocido como Asesino de Pedralbes[17]. Una imagen, por supuesto, muy novelesca, pero no por ello menos efectista e influyente en la vida real al punto de que a muchos criminales les ha conducido al error de pensarse diferentes a sus actos, ajenos a sí mismos, no dueños de su voluntad, capaces por ello de dejar en los escenarios de sus atroces crímenes toda suerte de mensajes como el que William Heirens pergeñó con el lápiz de labios de su víctima en la escena de uno de sus crímenes: «por favor, deténganme antes de que mate más. No puedo controlarme».

El caso de un criminal real, Peter Kürten, el Vampiro de Düsseldorf, al que su época simplemente se mostró incapaz de comprender, ayudó sobremanera a consolidar esta idea del asesino programado para la destrucción de sus semejantes, imparable y movido desde algún lugar recóndito y desconocido de sí mismo, carente de voluntad propia. Sobre todo tras el espeluznante y detallado relato del caso que publi-

---

[17] Sobre Cerveto es muy recomendable el visionado del documental dirigido por Gonzalo Herralde en 1978 y titulado *El asesino de Pedralbes*.

có el psiquiatra que le trató en prisión, Karl Berg[18]. No en vano, Kürten se cuenta entre los asesinos en serie más ávidos de sangre de todos los tiempos y, desde luego, es un criminal de manual no sólo por la precocidad de sus primeros asesinatos, sino también porque a lo largo de su vida pasó por todas las fases críticas que la estadística atribuye al asesino en serie: víctima de abuso infantil, maltratador de animales y pirómano. Feroz torturador y violador, Kürten nunca desdeñó una buena oportunidad o medio para ejercer sus terribles vicios. Mató al menos a nueve niños, mujeres y hombres, pero atacó con enorme brutalidad a muchos más. Asimismo, en el Vampiro de Düsseldorf convergen todos los argumentos que alimentan el debate moderno acerca de la psicología del asesino sociópata. Si hemos de prestar atención a las propias palabras con que se refería a sus acciones e ideas —así lo hizo Berg—, habría que pensar en que se trataba de una especie de monstruo amoral y despiadado. Una máquina programada para asesinar.

---

[18] La bibliografía original acerca de Peter Kürten, así como de otros asesinos sociópatas de la Alemania de las primeras décadas del siglo XX como Fritz Haarmann, es reducida. No parece extraño que así sea cuando nos enfrentamos a un momento en el que la criminología aún estaba creciendo como ciencia. Por suerte, Karl Berg elaboró basándose en los testimonios del asesino la obra *The sadist* (Londres, Heinemann, 1945). Contamos también con el trabajo de George Goodwin (*Peter Kürten. A Study in sadism*. Londres, Acorn Press, 1938). Ambos trabajos, difíciles de conseguir en el presente de manera independiente, han sido publicados de forma conjunta en un tomo titulado *Monsters of Weimar* (Nemesis Books, 1993).

Quienes se enfrentaron a la molesta responsabilidad de juzgarle se limitaron únicamente a escuchar sus tremendos discursos sin ir más allá por obvias razones: los crímenes de Kürten, incomprensibles de todo punto para la ciencia, la cultura y la moral de su época, generaron una indignación pública en Alemania como no se recuerda en la historia del crimen teutón, si se exceptúan, tal vez, el caso de Fritz Haarman y el mucho más cercano de Armin Meiwes, el Caníbal de Rotenburgo. Sin embargo, los estudios clínicos de que el Vampiro de Düsseldorf fue objeto mostraron a las claras que tras el individuo incapaz de sentir bondad, frío, enigmático e impasible que se reflejaba en el brillo acerado de sus ojos de un azul intenso, se ocultaba una mente distorsionada, patológica y anormal. No obstante, fue examinado intensamente por varios especialistas que le encontraron perfectamente responsable de todos y cada uno de sus actos, y su competencia psíquica jamás fue puesta en entredicho. Peter Kürten argumentó, como justificación de sus delitos, que toda su obra era una gran venganza ideada contra la sociedad por las maldades que había sufrido a lo largo de una vida de delitos, entrando y saliendo sin solución de continuidad de las cárceles alemanas.

Mecánico en sus reacciones hasta las últimas consecuencias, el reo no mostró debilidad alguna cuando el juez le condenó a nueve penas de muerte, y tan sólo hizo notar que los testimonios de algunos de los testigos mostrados por la fiscalía no parecían muy fiables. Asimismo, arguyó que las observaciones de los supuestos expertos no le habían resultado dignas de consideración y que, en su opinión —creo que acertada—, no estaban cualificados para el trabajo que se les había encomendado. Se le ejecutaría el 2 de julio de 1932 en el patio de la prisión Klingelputz. Cuando la guillotina terminó su trabajo sólo había acuerdo unánime en una cosa: las autoridades alemanas podían suspirar tranquilas pues se habían quitado de en medio un problema realmente peliagudo.

No puede sorprendernos que fuese de nuevo el Lang de la anteriormente referida *Metrópolis* quien se preocupara de profundizar artística y críticamente en el caso de Peter Kürten. El resultado de ello fue *M, el Vampiro de Düsseldorf*, una estremecedora y descarnada película que no sólo descubre a un extraordinario Peter Lorre, sino que también es una cinta realmente visionaria y muy adelantada a su tiempo en el modo de afrontar un tema terrible y candente. Sobre todo porque Fritz Lang, barruntando ya las primeras marejadas de lo que luego sería el ascenso por aclamación de los nazis al poder, se olvidaría del tópico del monstruo máquina, del asesino robotizado, para ir mucho más allá e introducirse en cuestiones que el cine y la literatura sólo se atreverán a afrontar con rigor y eficiencia a posteriori, décadas después y tras haber pasado por otra guerra mundial: ¿cómo puede la sociedad generar monstruos así? ¿Tiene un mundo enloquecido e inmoral por principio el derecho a juzgar a los «locos»? ¿Dónde están los límites de la maldad y de la locura? ¿Con qué derecho nosotros, capaces de las peores depravaciones morales llegado el caso, nos atrevemos a calificar de monstruos a tipos como M?

5

EL MODELO DEL «VILLANO TOTAL»

La otra perspectiva abierta por Freud, mucho más interesante que su simplificadora lectura en clave médica por lo que tiene de tenebroso, netamente psicológico e indefinible, es la que se expresa a través de Tánatos, el impulso de muerte, el principio de destrucción inherente a nuestra naturaleza, que puede convertirse en una inesperada fuente de placer y gozo para aquellos que ceden a su llamado y lo exploran a fondo sin importarles las consecuencias. Estos seres a los que llamamos «sádicos» y de los que empezamos a tener noticia escalofriante en los renovados medios de comunicación del cambio de siglo. Los que delinquen, violan, matan por placer. Los que son malos porque gustan de serlo y que se han constituido por sí mismos, y por propio derecho, en uno de los grandes clichés de la cultura popular contemporánea. También estos tienen un primer modelo artístico cinematográfico en el personaje del doctor Caligari, pero cabría decir que su primera versión redonda, completa y cerrada, luego mil veces reformulada e imitada, no es otra que la ofrecida por villanos como Fantômas, Fu Manchú o, de nuevo, el doctor Mabuse.

Los tres terminarán convirtiéndose en personajes de capital importancia para la cultura popular contemporá-

Boris Karloff, el primer Fu Manchú del celuloide,
con las manos en la masa.

nea en la misma medida en que suponen una transición artística y argumental que reemplaza a la vieja tipología de malvado decimonónico, diseñada por la tradición literaria gótica, al criminal de la ficción moderna. Y era un paso necesario. Si con el terror metafísico de autores como Bierce, Poe, Lord Dunsany, Blackwood, Arthur Machen o Lovecraft muere ese relato de fantasmas tradicional que ya no asustaba a nadie porque el mundo real, tras una guerra mundial, había terminado por dar mucho más miedo y generar mucha más inseguridad, con Fantômas y Mabuse muere el malo trágico del goticismo que, sencillamente, ha sido superado por los acontecimientos y ha dejado de resultar creíble. El sonido de las cadenas fantasmales y los goznes de los ataúdes en las mazmorras de los castillos provoca ya hilaridad cuando se compara con las atrocidades que son capaces de poner en práctica los monstruos de carne y hueso. Los malos atrapados por las circunstancias, por la fuerza del destino, que presentan las viejas ficciones, resultan increíbles a la vista de lo desmedidamente absurdas e incomprensibles que se muestran las brutalidades que muchos hombres cometen en la vida real.

Malos porque sí

Fantômas es una creación, al alimón, de los prolíficos Marcel Allain y Pierre Souvestre, quienes entre 1911 y 1914, año en el que falleció el segundo, publicaron nada menos que treinta y dos novelas sobre el personaje. Tras la muerte de Souvestre, y a causa del enorme impacto editorial que las historias de Fantômas alcanzaron en Francia, Allain escribió y publicó otras once entregas. Es cierto que muchos han subrayado la inevitable inspiración que Arsenio Lupin, el personaje de Maurice Leblanc, provocó en los creadores de Fantômas, pero no es menos verdad que el último supone una vuelta de tuerca completamente nueva y que abre caminos creativos otrora inexplorados. Así, mientras Lupin vive como un coetáneo más de Sherlock Holmes —Leblanc y Conan Doyle también lo fueron— y ambos reflejan una realidad en transformación, pero aún muy impregnada del espíritu del caduco romanticismo, Fantômas es un hombre diferente que vive y opera en una realidad radicalmente distinta. Un mundo que ha cambiado irremediablemente y en el que no queda tiempo para devaneos románticos, cuestiones de honor, buenas costumbres, guiños aristocráticos, vetustos patrones económicos o teorías sociopolíticas sobrepasadas por los hechos.

Consecuentemente, si Lupin es un «ladrón bueno», de guante blanco, que detesta la violencia y sólo la aplica cuando es absolutamente imprescindible y con total proporcionalidad al rango de la amenaza, que seduce y rescata a damiselas en peligro antes de robarles las joyas mientras caen rendidas a sus encantos, Fantômas es un villano despiadado, terrible, desleal y sociópata que no conoce límites a la hora de alcanzar un objetivo. Igual que lo serán luego el doctor Mabuse y, muy posteriormente, el ya citado doctor Phibes.

El éxito de crítica y público de Fantômas fue tan desorbitado que su influencia en la cultura francesa de las dos primeras décadas del siglo XX es realmente incuestionable. No en vano, influyó de manera notoria entre los representantes del surgente movimiento surrealista, que se reconocieron en su mayor parte devotos lectores de sus historias y no dudaron, en algún caso como el del pintor René Magritte o el poeta Robert Desnos, en introducir referencias explícitas al personaje en sus propias obras. Así, como es lógico, la primera serie de cinco películas de Fantômas, consideradas todas ellas clásicos del cine mudo, se rodaron entre 1913 y 1914 bajo la dirección de Louis Feuillade. Por supuesto que no serían las últimas, pues muchos fueron los directores y productores básicamente galos que insistieron posteriormente en el personaje, pero lamentablemente ninguna de las siguientes adaptaciones ha alcanzado el prestigio de las primeras. Resulta destacable, en todo caso, la trilogía filmada a partir de 1964 por André Hunebelle en la misma medida en que supone, desde un enfoque más desenfadado y humorístico, un interesante intento por relanzar al personaje al tratar de introducirlo en una estética más cercana a la historia de espías en clave James Bond.

La literatura *pulp* británica aportó su granito de arena a la configuración de un nuevo molde para el arquetipo colectivo de la maldad criminal con la extravagante creación de Sax Rohmer, Fu Manchú, cuya primera novela aparece en 1913. La idea de Rohmer era estrambótica sin lugar a dudas, pero tenía gancho en la misma medida en que aunaba criminalidad con exotismo de una manera realmente elegante y sugestiva para el lector, pues Fu Manchú es un villano y genio criminal de origen chino que odia la cultura occidental y a la raza blanca con todas sus fuerzas, por lo que constantemente trata de urdir planes terribles para fomentar su decadencia y exterminio. Por fortuna, el siempre dispuesto y eficiente detective Sir Dennis Nayland Smith encuentra la manera de desbaratar sus planes en el último momento y para frustración del malvado.

Sorprende al lector que este émulo de mandarín pueda manejar medios, recursos y personal en cantidades ilimitadas sin que jamás se haya explicado con claridad de dónde obtiene los fondos para tales empresas, pero quizá el éxito de la ficción Fu Manchú radique precisamente en el sinfín de misterios intrínsecos a la historia que jamás se aclaran y que, por lo demás, tampoco tendría sentido esforzarse en esclarecer. De hecho, uno de los resortes más básicos que Rohmer emplea, tal vez sabedor del éxito que tiene entre el gran público, es el de la idea recurrente de la conspiración, la sugerencia constante de que la tramoya de la realidad es bien diferente a como la imaginamos y que mientras que la mayor parte de los mortales desarrollan sus vidas anónimas con total tranquilidad, pensando que todo está bien atado y en su lugar, la verdad resulte ser que todo depende de equilibrios inestables, precarios, que siempre se encuentran amenazados y al borde del colapso. ¿Les suena la música? En efecto, es una vieja y recurrente historia, la de la eterna cuestión y la permanente sospecha: el planteamiento mismo de la modernidad tal y como fue establecido por el propio René Descartes.

Es interesante señalar que, pese a su éxito editorial y a que otros muchos autores de novela, cine y cómic han introducido al personaje en sus propias historias ya sea de manera directa, imitada o simplemente sugerida, el impacto de Fu Manchú en el epicentro de la cultura popular es más tardío, por la sencilla razón de que llegó más tarde a la gran pantalla y con irregular suerte. Así, mientras que las primeras adaptaciones del personaje, al que encarnó en primera instancia Boris Karloff durante la década de 1930, son ciertamente interesantes, resultan bastante menos acertadas, incluso caducas y crepusculares, a causa de las limitaciones presupuestarias de la serie B, que las protagonizadas por Christopher Lee a partir de 1960. No obstante, su influencia se hizo palmaria en la gestación de otros «malos» integrales de novela, cómic, cine y televisión, como es el caso de la organización Spectra ideada por el irregular novelista británico Ian Fleming; un colectivo criminal cuyos planes para el control de la humanidad debía desbaratar incesantemente el excesivo agente británico 007, James Bond, siempre al servicio de Su Graciosa Majestad. También, décadas más tarde, uno de los grandes revitalizadores del negocio del cómic, Stan Lee, pensó en otra organización similar a la precedente —Hydra— para enfrentarla al gran superagente de Marvel Comics: el coronel Nick Fury, director de la sorprendente organización SHIELD[19].

---

[19] «James Bond, con sus bellas mujeres, sus vehículos de lujo, sus *gadgets*, sus misiones secretas y sus enemigos variopintos, así como la popular teleserie *El agente de CIPOL* (*The Man From UNCLE*), estrenada en 1964, inspiraría, en cierta forma, a Stan Lee y Jack Kirby, a la hora de cambiar el estatus de uno de sus personajes. Se trataba

Francisco Pérez Fernández

Mabuse, por su parte, fue en origen una creación del escritor luxemburgués Norbert Jacques, notablemente inspirada en un Fantômas con el que guarda un gran parecido, pero también notables diferencias, sin embargo. Aparecida en 1921 y de un escaso éxito editorial, la primera novela protagonizada por Mabuse habría pasado completamente desapercibida a la opinión pública de no ser por el concurso, de nuevo, de la visionaria pareja Fritz Lang-Thea von Harbou, quienes tras leerla deciden llevarla a la gran pantalla en el filme de 1922: *Dr. Mabuse, der Spieler*. El triunfo de la versión cinematográfica relanzó no sólo a la novela de Jacques, sino también su carrera como escritor y guionista. Y ayudó lo suyo a Fantômas y Fu Manchú, por cierto, en la refundación del malvado en la ficción, pues a partir de este momento cientos de malos y antihéroes de novela, cine, cómic y muy posteriormente videojuegos van a ser versiones más o menos fieles de esto que podríamos denominar modelo del «villano total».

Tal modelo se reduce a una serie de premisas muy elementales y primarias pero, quizá por eso mismo, de gran capacidad evocativa para el espectador: razones a menudo no demasiado claras que motivan sus actos; gran

de Nick Furia, que durante los primeros años sesenta había protagonizado una colección de divertido título, *El sargento Furia y sus comandos aulladores*, que narraba las aventuras durante la Segunda Guerra Mundial de un puñado de soldados americanos y su líder» (CLEMENTE, J. M. «Por qué el mundo necesita a Nick Furia». En: *Marvel Héroes, 10. Nick Furia, Agente de SHIELD*, 2010, p. 4-5).

carisma personal combinado con una alta capacidad de manipulación; elevada inteligencia que permite elaborar planes complejísimos o diseñar ingenios de inusitada sofisticación, así como sobreponerse a cualquier adversidad; y una serie de habilidades especiales muy singulares que convierten al personaje en alguien único en su género y probablemente irrepetible. En el caso concreto de Mabuse tales habilidades son la telepatía, la hipnosis y el disfraz. En el caso de Fantômas su inteligencia superlativa también se mezcla con una camaleónica capacidad para disfrazarse y una capacidad desbordante para la crueldad. Fu Manchú era especialista en venenos, máquinas y explosivos, siendo capaz de pergeñar extraordinarias conspiraciones y manejar con eficacia ilimitados recursos. No obstante, una vez establecido el cliché de la «villanía total» hay miles de posibles combinaciones. Tantas como posibilidades para el ejercicio de la maldad que los inopinados creadores de turno sean capaces de diseñar.

Lo más interesante, en todo caso, es que el modelo funciona una y otra vez a pesar de su simplicidad y ha sido capaz de romper toda suerte de barreras generacionales. Prueba de ello es su reiteración cinematográfica que si al referirnos a Fantômas o Fu Manchú, como ya se vio, resulta notable, no lo es menos en el caso de un Mabuse cuyas tres primeras películas fueron realizadas por Lang, la última nada menos que en 1960. Y tras ellas todo un rosario de adaptaciones por parte de cineastas de procedencia variopinta: Harald Reinl en 1961 y 1962, Werner Klingler en 1962, Paul May en 1963, Hugo Fregonese en 1964, Jesús Franco en 1972 y por fin

Thomas Honickel en 1985. Y todo ello sin mencionar a la Spectra de Bond, que sólo desapareció del imaginario colectivo cuando fue capaz de matar de aburrimiento a los incondicionales de la saga del agente británico, o a los miles de malvados, terrestres e incluso extraterrestres, que han urdido conspiraciones cinematográficas, novelescas, televisivas y radiofónicas para hacerse con el dominio de la humanidad y sus recursos. Una idea implantada con tal fuerza en la mentalidad colectiva de Occidente que motivó incluso la histeria colectiva al otorgar credibilidad, en 1938, a la famosa emisión de Orson Welles[20]. No extraña que en un mundo repleto de aficionados a este tipo de historias de malos absolutos —a veces incluso atontados—, crecidos y nacidos en ellas, proliferen los amantes, amigos y diletantes de las teorías de la conspiración.

---

[20]El 30 de octubre de 1938, Welles y el Teatro Mercurio, con el apoyo del sello CBS, adaptaron la novela *La guerra de los mundos*, de H. G. Wells, a la radio. Los hechos se relataron en forma de noticiario, narrando la caída de meteoritos contenedores de las naves marcianas que luego derrotarían a las fuerzas norteamericanas usando un «rayo de calor» y gases venenosos. La introducción del programa explicaba que se trataba de una dramatización de la obra de H. G. Wells, pero un cuarto de hora después de que terminase el programa, el propio Orson Welles hubo de intervenir para explicar que se trataba de una ficción, pues mucha gente llegó a pensar aterrada que, en efecto, el país estaba siendo invadido por los marcianos.

CUIDADO CON EL BROMISTA

El sadismo y la ilimitada capacidad para el mal. Un deseo irracional, injustificado e incluso absurdo a menudo de destrucción. Tánatos freudiano desatado, en estado puro, básico y carente de matices. Esta es la clave fundamental de la villanía total y por ello, precisamente a causa de su universalidad pues todo ser humano con independencia de sus orígenes es capaz de comprenderlo en su elementalidad, esta clase de malvado en la ficción resulta tan universal que ha llevado, a menudo, a la caricaturización de los verdaderos criminales. A una simplificación absurda e injustificada de sus actos que ha conducido a imaginarlos como simples émulos reales de los villanos de ficción. Al malo de la película, al malo de la novela o al malo del tebeo se le comprende porque es plano, es mecánico, es simple y a menudo ni tan siquiera necesita justificarse. Y esto gusta porque es sencillo. Nada de ello, claro está, funciona o es aplicable al «malo» real, pero la cultura popular pesa y ejerce un influjo tan fuerte en nuestras vidas, en nuestras cosmovisiones de la realidad, que a menudo nos resulta imposible deslindar el tópico del hecho y la realidad de la ficción.

Pensemos por ejemplo en el Joker, el archienemigo de Batman. Su primera aparición se produjo en el número uno de la serie *Batman* (1940), presentándose como un tipo de singular aspecto *freak* —que refleja precisamente y con sumo acierto su disparatada psicología—, cuya creación conceptual fue concebida por el asistente de arte Jerry Robinson y luego rediseñada por el guionista

Bill Finger y el dibujante Bob Kane, quien basó el aspecto final del personaje en las fotografías del actor Conrad Veidt que Finger le entregó. Veidt había protagonizado la adaptación fílmica de *El hombre que ríe* (1928), producción muy exitosa que adapta la novela homónima que Victor Hugo publicó en 1869, y cuyo argumento sirve como una ácida y tremenda crítica a la aristocracia de su época. El hecho es que Veidt adoptó un trágico y estremecedor aspecto muy similar al que luego sería el planificado por Kane a la hora de representar a su villano.

El Joker ha pasado décadas hostigando al murciélago sin descanso, sembrando el caos en Gotham City por simple placer. Como si de un juego se tratara. No le importa el dinero, la riqueza o el poder. Sólo la destrucción. Es el villano total, el malo mecánico incapacitado para cualquier otra cosa que no sea la maldad en sí misma y al que, precisamente por ello, no se puede vencer o reducir. Pero lo más interesante es que este tipo de malo ficticio e imposible funciona excepcionalmente bien de cara al público y se convierte en el resorte necesario al que han apelado tradicionalmente los diferentes editores de *Detective Comics* cuando las ventas de los cómics de Batman han descendido. No en vano, el Joker ha sido nombrado el octavo mejor personaje de cómics por prestigiosas publicaciones especializadas como *Empire Magazine*, así como el quinto por la *Wizard Magazine*. Asimismo, en el año 2008, alcanzó el puesto número uno en la lista de los cien mejores villanos del tebeo de todos los tiempos, clasificación también publicada por Wizard.

Sin embargo, la personalidad del Joker ha pasado por diversas fases que reflejan diferentes momentos históricos bien definidos. La imagen original, como corresponde a su tiempo y a las innegables influencias culturales que posee el personaje, fue la de un brillante criminal sociópata y sádico, pero dotado de un extraño sentido del humor, impactante, de intenciones claramente amorales. Se trata, en suma, de la representación preclara del caos, el crimen y la destrucción, en contraposición al orden, la moralidad y la justicia que encarna el personaje de Batman. Pero la otra representación del Joker —muy influida por el peso del Comics Code, del que hablaremos algo más adelante—, es la de aspecto *camp*[21] que fue la popularizada en las décadas de 1950 y 1960. Aquí adoptó la forma de un excéntrico ladrón de opereta, algo torpe a veces, infantil, falto de cariño y con un especial aprecio por los chistes horteras, tontorrones y la parafernalia bufonesca. Sería esta segunda versión inocentona y absurda del personaje la que se popularizó mundialmente. Este Joker desvirtuado, el villano total descafeinado, sería lentamente atenuado a

---

[21] El *camp* es una forma estética que basa su atractivo en la ironía y un punto de mal gusto cercano a la horterada. El término apareció en 1909 y se utilizaba para referirse a las conductas afectadas, exageradas, histriónicas, teatrales o afeminadas. Durante la década de 1960 el concepto redibujó sus contornos para definirse como banalidad, artificio y mediocridad tan extremos como para provocar la atracción. La escritora norteamericana Susan Sontag, en su ensayo publicado en forma de libro en 1966, *Notes on Camp* (Nueva York: Farrar), enfatiza el artificio, la frivolidad, lo naíf y la presuntuosidad.

mediados de la década de 1970 para regresar paulatinamente a la inspiración originaria de sus creadores.

El Joker resucitado, oscuro, de los setenta ha ido ganando en efectismo visual, chismorreo psiquiátrico y parafernalia pseudofilosófica con el paso del tiempo, pero también perdiendo en lo relativo a la autenticidad de sus orígenes. En efecto, se ha terminado convirtiendo en esa simplificación del crimen, de la villanía, a la que antes aludíamos:

> No sé en qué pensaba, o si pensaba en algo. Lo del Joker, por lo que estaba descubriendo, no era pensar... sino actuar. Y siempre en persona. Supongo que podría decirse aquello de «si quieres un trabajo bien hecho...» ¿O quizá disfrutaba del «trabajo»? Incluso se enorgullecía como un artista. No es que yo entienda de arte, pero como reza otro dicho, «uno sabe lo que le gusta».[22]

Un malo plano y sin sutilezas, porque sí, extenuante y a menudo rayano en el más completo absurdo, pero sorprendente, sin embargo, atractivo y cautivador de cara al espectador a causa de su faceta monstruosa y pervertida. Su homólogo cinematográfico y literario más obvio quizá sea el psicópata favorito de todo el mundo: Hannibal Lecter, el psiquiatra asesino creado por Thomas Harris. Tal vez suceda que la realidad nos resulte a todos tan extremadamente aburrida que sea necesario rehacerla, bien sea mediante falacias.

---

[22]Azarello, B. y Bermejo, L. Joker. Barcelona: Planeta DeAgostini, 2009 (Traducción: Diego de los Santos).

6

Nace el «cine negro»

Tras la espectacularidad creativa del primer tercio del siglo XX en Europa: el viejo continente está a punto de sumergirse en la catarsis total de la Segunda Guerra Mundial. Una conflagración que no sólo va a tener consecuencias radicales en el ámbito de la política y la economía, sino también en el de la cultura. Y del mismo modo que nuestra Guerra Civil terminó en el exilio masivo y la deconstrucción de buena parte del panorama intelectual español, el conflicto europeo, desde su misma génesis, va a provocar una fuga masiva de cerebros artísticos y literarios al otro lado del océano Atlántico.

Ha quedado claro que las diferentes visiones del crimen y de los criminales, ya sea en el ámbito científico, ya en el cultural, son un invento propiamente europeo y que la sociedad estadounidense, en general más puritana y sumida en otras preocupaciones y tendencias, raramente se ocupó de estos problemas en el ámbito de la cultura hasta bien entrado el siglo xx. Durante la década de 1920, el crimen, allá, será en general un problema de orden público y social que se ha de regular, perseguir y castigar, y no un motivo propiamente estético —salvo raras excepciones— o una preocupación propiamente intelectual. De hecho, sólo a causa de las masivas olas migratorias de europeos que buscan fortuna al otro lado del Atlántico, y con la llegada de muchos pensadores y especialistas europeos a las universidades norteamericanas, el delito y sus manifestaciones se convertirán en un objeto de estudio más y comenzará a recibir las debidas atenciones académicas. Es cierto que los estadounidenses parecen haber comerciado con la idea de que ellos inventaron los estudios criminológicos, la criminalística, la perfilación criminal, la novela negra o el cine protagonizado por delincuentes, pero esto no es más que una distorsión de la realidad impuesta por la capacidad expansiva de su poderosa industria del entretenimiento y aceptada a menudo acríticamente por el europeo medio, e incluso por una prensa a menudo poco formada.

Este silencio generalizado no se debe a una falta de creatividad o de interés por parte de los creadores del otro lado del Atlántico sino, antes bien, al criterio censor de una sociedad expansiva, fuertemente industrializada y muy conservadora que vive una prosperidad creciente tras superar con éxito el impacto de una guerra civil y un origen tan extremadamente violento como sólo puede serlo el de la colonización de un continente prácticamente a la carrera y por parte de personas venidas de las miserias de los cuatro puntos cardinales, la mayor parte de ellas simplemente con lo puesto. Será lógico que, a fin de mantener el nuevo orden, se desee eludir cualquier referencia explícita a los problemas inherentes a este tipo de sociedad y, en consecuencia, toda forma abierta de conflictividad sociocultural. El Nuevo Mundo tiene enormes problemas —especialmente de carácter anómico—, pero se mueven en la sombra, se debaten a escondidas, salvo estallidos de violencia puntuales que son reprimidos sin miramiento alguno, y se mantienen bien lejos de la luz pública[23].

---

[23] Proverbial en este sentido fue la situación de explosividad sindical y la enorme violencia de los sindicatos estadounidenses en sus protestas, animada por «el Estado decretando draconianas leyes antiobreras, como la prohibición de realizar huelgas bajo penas de cien dólares o seis meses de prisión y la confección de «listas negras» donde se incluía a los trabajadores multados. [...] En 1885 se organizó, con la participación activa de los partidos Republicano y Demócrata, el Comité de Seguridad Pública, con el objeto de sostener una lucha abierta frente a los obreros. Todo esto dio lugar a congresos anuales de empresarios [...] donde se discutían y hacían públicas las listas negras y se instituía el denominado «juramento de hierro», que consistía en que el obrero se «obligaba» mediante un escrito a no ser miembro de ninguna organización obrera. Aun, si todo ello no fuese suficiente, podría siempre utilizarse la célebre policía secreta de Pinkerton» (RODRÍGUEZ, M. L. *Contribuciones para una historia del 1.º de mayo en Magallanes*. En: http://www.archivochile.com/Homenajes/1mayo/1may0005.pdf, recogido en octubre de 2010). Desde este punto de vista es sencillo comprender la facilidad con la que el crimen organizado penetró en el epicentro mismo del movimiento sindical estadounidense.

Arte *versus* negocio

Ocurre, además, que en Estados Unidos un vehículo de comunicación de masas de primer orden como es el cine no es considerado una expresión artística fidedigna —al mismo nivel que la literatura o la pintura—, sino como una forma de entretenimiento y una industria más, lo cual motiva que esté fuera de la cobertura de la primera enmienda. Existía incluso un dictamen emitido en 1915 por la Corte Suprema, basado en el caso de la Mutual Films Corporation contra la Industrial Comission of Ohio, que ratificaba legalmente este punto de vista. Esto motivaba, por tanto, que los productores, guionistas y directores fueran muy cautelosos a la hora de llevar determinadas historias, casos y cosas a la gran pantalla. En cuanto a la literatura y la prensa, existía una serie de códigos y normas no escritos entre autores y editores que trataban de minimizar en la medida de lo posible los relatos, formas y expresiones que atentasen de manera manifiesta contra las «buenas costumbres» y, como es lógico, el relato de crímenes entraba claramente dentro de esta línea de autocensura.

Claro está, semejante línea de trabajo no impidió los precoces escándalos con el sexo, las drogas y el alcohol de artistas de primera línea como el actor cómico Fatty Arbuckle[24], lo cual, a causa de la presión mediática, hizo

---

[24]Roscoe Conkling Arbuckle, más conocido como *Fatty* Arbuckle (nacido en marzo de 1887 y fallecido en junio de 1933), solo usó

que la industria cinematográfica fuese aún más lejos en su autocontrol y se preocupara incluso por la preservación de la buena imagen del negocio en sí mismo. Artífice principal de ello fue el abogado afiliado al partido republicano William H. Hays —director en 1920 de la campaña electoral del presidente Harding— quien controló la Motion Picture Association of America (MPAA) desde su creación en 1922 y fue el primer interesado en la defenestración pública de Arbuckle, pues hizo todo lo posible para que el actor fuese expulsado del mundo del cine. De hecho, desde el primer momento, Hays impuso una clausula moral a todas las películas que pretendieran llevar el sello de aprobación de la MPAA e incluso trató de promover una campaña para imponer la censura gubernativa en el cine que no alcanzó el éxito. Sea como fuere, no demasiado convencido de que la cláusula moral supusiera una disuasión efectiva para los productores y directores, optó por impulsar, a par-

---

su apodo de «gordito» profesionalmente, ya que lo detestaba con todas sus fuerzas. Fue uno de los actores más populares de su época, aunque hoy es conocido y recordado sobre todo por el dichoso «escándalo» que le perseguiría durante años: fue acusado de violar y provocar la muerte a la actriz Virginia Rappe durante una juerga fuera de control. Su juicio se convirtió en uno de los primeros «juicios-espectáculo» de Hollywood, especialmente gracias al concurso de los rotativos amarillistas de William Randolph Hearst, quien realizó una campaña masiva y extraordinariamente sensacionalista contra el actor (véase, ODERMAN, S. *Roscoe «Fatty» Arbuckle: a biography of the Silent Film Comedian, 1887-1933*. Jefferson [NC]: McFarland & Company, 1994).

tir de 1927, la creación de un código moral bien regulado para la autocensura de la industria cinematográfica que, tras los trabajos de un comité consultivo conformado por diversos expertos, culmina con la redacción del célebre Production Code —más conocido como «Hays Code»— de 1930.

El Hays Code, que empezó a aplicarse con rigor en 1934, no se abandonaría hasta 1968, año en el que fue reemplazado por el MPAA Film Rating System (la célebre calificación por edades que terminaría funcionando en medio mundo), y entraba de lleno en la consideración de lo que podría considerarse moral o inmoral para las audiencias estadounidenses con base en tres grandes líneas de acción:

1. Ninguna película debe rebajar el estándar moral de sus espectadores y, por consiguiente, la audiencia no debe simpatizar en modo alguno con los criminales, los malvados, los pervertidos, los pecadores o las malas conductas.
2. Toda producción cinematográfica, dentro de su argumento y de acuerdo a él, debe representar los estándares de vida adecuados (éticos, morales, religiosos, sexuales, etcétera).
3. Las leyes humanas o naturales no deben ser ridiculizadas, ni se debe permitir que el espectador simpatice en forma alguna con los personajes, ideas o tendencias que propaguen esta clase de ridiculización.

Fatty Arbuckle, retratado por la policía, fue el protagonista de uno de los primeros grandes escándalos de la industria cinematográfica mundial y, en gran medida,
elemento detonante de la aparición del Hays Code.

Sin embargo, estas fuertes tendencias limitadoras van a desencadenar las iras de otros muchos creadores que se sienten reducidos al silencio por los poderes fácticos de una sociedad que, injustamente, renuncia a su violencia esencial, a sus conflictos de fondo, a aquello que precisamente la ha convertido en una de las grandes potencias emergentes del mundo. E incluso, yendo más lejos, a aquello que pretende definirla por encima de todas las cosas: las libertades individuales y su preservación a todo trance. Una ola crítica, especialmente en los entornos literarios, empieza a discutir el hecho de que el país donde nacieron leyendas patrias desde el mundo mismo del crimen como Billy *The Kid*, Custer, Jesse James, Calamity Jane o Wyatt Earp pretenda reinventarse haciendo tabla rasa de su verdadero pasado. Así, tras la Primera Guerra Mundial, en torno a la década de 1920 la literatura «de crímenes» estadounidense se va a ver revolucionada por la aparición súbita —e indeseada— de tipos como Dashiell Hammett. Un guerrillero de las letras que sabía bien de qué hablaba en sus relatos, pues antes que escritor fue detective a título privado para la célebre agencia Pinkerton y había visto de frente la verdadera cara de la pujanza de su país.

Como bien señala Noël Simsolo en su conocida monografía sobre el cine negro, Hammett y sus correligionarios crean una literatura sombría, pesimista y violenta, cuyos relatos casi siempre se suceden en la oscuridad de la noche y en la que no existe la bondad, porque todo el que tiene poder —legal o no— abusa de él sin compasión, traba o cortapisa para satisfacer sus propios intereses. Es lógico. Las novelas de Hammett vienen al mundo en una época en la que el gansterismo y las mafias se extienden por la nación como un reguero de pólvora, especialmente a causa de la prohibición del consumo y venta de bebidas alcohólicas, aprobada en enero de 1919. En un tiempo en el que los buenos y los malos ya casi no se diferencian —la poderosa Anaconda Copper pretendió contratar al propio detective Hammett para eliminar a un líder sindical demasiado revoltoso— y en el que todos, indistintamente, utilizan el término «negocios» para referirse a sus asuntos turbios. Una realidad carente de buenos y malos, en la que nada es blanco o negro por completo y en la que los límites se difuminan y pierden sentido.

En efecto, Hammett y sus seguidores tienen muy claro que Estados Unidos es un país generado con sangre en el que los forajidos eran ejecutados por los cazarrecompensas, los presidentes, gobernadores, senadores y congresistas electos, asesinados públicamente sin miramiento alguno, y que está sacudido por el constante estado de conflictividad interétnica e interclase que late en sus calles. Las revueltas eran algo común. Y esto es precisamente lo que descubren Hammett, Raoul Whitfield o Don Tracy a un adormecido público norteamericano: que el crimen es algo real, factible, un hecho de cada día que sucede en cualquier parte y no sólo en el Oriente Express, en las fiestas de los ricos, junto a las barricas de amontillado o en los páramos de los Baskerville. No puede sorprendernos, por tanto, el naturalismo de este nuevo estilo literario —el *hard boiled*— ni el hecho de que sus primeros grandes cultivadores fueran bien detectives y policías retirados, bien periodistas. Gente, en suma, harta de patear la calle y de tragar a diario con la misma basura.

Como es lógico, todos estos autores disidentes del *establishment* oficial van a tenerlo complicado, comenzando por el hecho de que los editores importantes, de primera línea y marca respetable, van a darles la espalda en un ridículo empeño por sostener lo que llaman, de forma inespecífica, «gran literatura». Consecuentemente, y al igual que sucederá con el género fantástico y la ciencia ficción —también muy denostados por ir contra las leyes naturales y humanas, el buen orden, las costumbres supuestamente decentes y toda esa pamplina puritana—, se verán recluidos al universo paralelo de las revistas *pulp*[25], a las adaptaciones cinematográficas baratas, a los seriales radiofónicos debidamente dulcificados y a los cómics.

---

[25] *Pulp* es la denominación estadounidense que se daba a cierto tipo de revistas muy famosas y seguidas especializadas en relatos e historietas. *Weird Tales, Amazing Stories* y *Black Mask* fueron las más populares y se nutrían de historias policiales o «de detectives», de ciencia ficción y fantasía. Muy importantes autores de género como H. P. Lovecraft, Robert Bloch, Hammett, Asimov o Robert E. Howard, entre otros, comenzaron en este tipo de revistas y, de hecho, algunos nunca lograron salir de este circuito. El hecho es que debido a su bajo coste estas revistas se hacían en papel bruto o «pulpa» de celulosa sin devastar ni blanquear. Era común, por lo demás, que estas revistas recurrieran a historias seriales como estrategia para mantener enganchado al potencial consumidor.

7

El cómic al relevo

El reseñado fenómeno *pulp* resultará incomprensible sin aludir al hecho de que en Estados Unidos los cómics —así como luego lo serían las revistas mixtas que intercalaban relatos e historias gráficas— eran un medio de expresión interclase, intergeneracional e incluso interracial desde que comenzaron a publicarse en los periódicos hacia 1895. En poco tiempo se convirtieron en una parte integral de los rotativos y raro era el diario que no publicaba un suplemento dominical con historietas y relatos por entregas que leía toda la familia[26]. De hecho, muchos de

---

[26]Algún que otro diario español, en los últimos tiempos, ha puesto en marcha simpáticas y entretenidas iniciativas similares que, sin embargo, se han terminado aparcando para inundar los hogares con los mismos suplementos aburridos y supuestamente inteligentes de siempre, o coleccionables de dudoso gusto y cuestionable calidad.

los grandes personajes y autores de la historia del tebeo comenzaron en la prensa escrita. La consecuencia de ello es que el cómic no tardó mucho en convertirse en un auténtico vehículo de ideologías en el que predominaban la caricatura, la sátira y la irreverencia. De este modo, los primeros protagonistas de los cómics fueron por lo general personajes marginales, y tampoco resulta extraño que la mayoría de dibujantes de los primeros cómics de prensa procediesen de revistas satíricas.

Esta tendencia motivó que, análogamente a lo que sucedía en el caso del cine, el cómic contase bien pronto con muchos detractores entre las clases dominantes, que los contemplaban como un elemento desestabilizador, perturbador —e incluso antipatriótico—, puesto sin recato alguno al alcance de los más jóvenes, de los sectores más desfavorecidos del cuerpo social o de los inmigrantes. Un auténtico vehículo de ideologías incontrolado e incontrolable que se valía de su aparente inocencia para «sembrar cizaña». Sin embargo, no es solo que las primeras viñetas gráficas aparecieran en los diarios de Joseph Pulitzer, sino que también, sabedor de que un buen escándalo vendía muchos más periódicos, otro controvertido magnate de la prensa como William Randolph Hearst se convertiría en gran defensor del papel que el nuevo medio de expresión jugaba en las páginas de sus rotativos, negándose sistemáticamente a eliminar las viñetas, limitar la creatividad de sus autores o simplemente a suavizar sus contenidos. Sólo el *New York Times* y el *Wall Street Journal* no llevaban tiras gráficas —el segundo aún sigue sin llevarlas en el presente—, lo cual nos habla bien claro de la importancia que llegaron a adquirir en tanto que elemento más de la prensa diaria. Justo lo contrario de aquello que sucedía en Europa, donde los cómics fueron observados tradicionalmente como un vehículo de comunicación para niños prácticamente hasta la década de 1960, en la que aparecen los primeros cómics de aire culto, que enfatizan la vertiente más propiamente artística y se destinan de manera clara a un público más adulto y formado.

No obstante, las presiones en forma de campañas sucesivas lograron que muchos creativos gráficos a lo largo del tiempo moderasen o aligerasen el contenido de sus páginas, aunque siempre quedaran irredentos dispuestos a combatir a través de la carga ideológica de sus dibujos. Por lo demás, tales censuras siempre eran tibias pues, por necesariamente inconstitucionales, quedaban a discreción de autores y editores, quienes terminaron adoptando la estrategia de tensar o aflojar la cuerda, en razón del grado que alcanzaran las protestas públicas. Sea como fuere, los círculos de presión anticómic desarrollaron una guerra tan asfixiante que el sindicato de autores empezó a tratar de convencer a sus afiliados de que debían olvidarse, en la medida de lo posible, de los mensajes sociopolíticos a la hora de elaborar sus viñetas para concentrarse en el mero entretenimiento y el humor neutro. No obstante, siempre quedaron rebeldes como el excepcional y laureado Milton Caniff. De hecho, es una anécdota ocurrida al propio Caniff lo que mejor ejemplificará al lector el significado del cómic en la cultura norteamericana de la primera mitad del siglo XX.

Durante el otoño de 1934 el autor inició una serie titulada *Terry y los piratas*, centrada en el contexto de la guerra chino-japonesa, y en la que se relataban aventuras exóticas, evasivas, con ambientes y entornos evocadores, y que se iría convirtiendo a través de las tiras diarias y los suplementos dominicales en un auténtico folletín de arrollador éxito entre el público. Convencido de que la novela gráfica que había creado podría convertirse en un vehículo de comunicación sociopolítico más definido, a partir de 1936 sus contenidos fueron haciéndose más densos y explícitos. Así, por ejemplo, en 1938 produjo una serie de viñetas de la historia claramente inspiradas en fotografías realizadas a Dolores Ibárruri durante sus mítines con las que pretendía ilustrar, precisamente, una de las arengas políticas que una de las protagonistas de la serie daba a sus seguidores. Ocurre más adelante, en octubre de 1941, que Estados Unidos entra en la Segunda Guerra Mundial y, aprovechando el evento, Milton Caniff no pierde la ocasión de manifestarse políticamente en sus tiras gráficas. Así, a lo largo de quince días, da el protagonismo de *Terry y los piratas* a una de sus heroínas secundarias, Raven Sherman, una rica heredera y filántropa norteamericana que socorría a los chinos perseguidos por los japoneses... El hecho es que la epopeya de Raven, de forma harto simbólica, culmina con su muerte, hecho que Caniff relata con una excepcional tira compuesta de una sola viñeta, tan épica como descarnada, en la que los protagonistas lloran ante la tumba de la heroína fallecida en tierra extranjera. Tal fue el disgusto de los lectores de la prensa ante el inesperado desenlace de la subtrama, que en algu-

Portada de uno de los cómics de crímenes más populares de los años cuarenta. El eslogan de la parte superior habla por sí mismo de la importancia de esta vía de entretenimiento en los Estados Unidos: «Más de cinco millones de lectores al mes».

nas universidades se guardaron minutos de silencio por el fallecimiento de Raven Sherman al tiempo que los diarios que publicaban las tiras de Caniff se vieron inundados de cartas y telegramas de pésame e indignación ante el hecho. Más aún. Cuando Milton Caniff fue a trabajar aquella mañana a su estudio, el ascensorista del edificio, rabioso, no dudó en llamarle «asesino»[27].

---

[27] COMA, J. (1988). Bajo la «caza de brujas». COMA, J. (ed.) *Cómics clásicos y modernos.* Madrid: Diario El País: 129-131.

Detectando mentiras

Hacia 1890 la Universidad de Harvard, previa petición de uno de sus más reputados especialistas en materia psicológica, Hugo Münsterberg, adquirió algunos de los primeros aparatos de registro fisiológico del mercado, y fueron bien aprovechados en cientos de experiencias. Muy pronto ocurrió que el profesor y sus alumnos dedujeron cierta correlación más o menos clara entre las alteraciones de las medidas registradas por los aparatos y la veracidad de los testimonios emitidos por los sujetos durante el proceso. El hecho es que Münsterberg —entre otros— llegó a estar tan convencido de que existía un rastro fisiológico directo y observable de la mentira que, tras su controvertida participación en dos importantes y mediáticos juicios de la época, fue el primero en publicar en 1908 un texto apologético en el que defendía, entre otras muchas cosas, que la medida fisiológica de la sinceridad debería aplicarse al campo de la justicia por el bien público.

Aparece entonces en escena, en 1913, un joven abogado interesado en estos temas, William Moulton Marston, que se mostrará dispuesto a convertir los deseos de Hugo Münsterberg en objeto de su tesis doctoral. No ignora el joven, por supuesto, que estos registros no ofrecen una medida objetiva de la mentira, sino la reacción fisiológica provocada por un supuesto malestar emocional del sujeto al mentir conscientemente. En consecuencia, el problema fundamental que debía afrontarse era el de discernir entre los cambios fisiológicos asociados al engaño consciente y los vinculados a las emociones de origen distinto al embuste: es necesaria por un lado una tecnología de registro fiable y fácil de manejar que permita observar los parámetros fisiológicos relevantes y, por otro, una técnica de interrogatorio específica que objetive el estrés específico asociado a la mentira.

En 1921 Marston ha culminado su tesis y ha puesto con ella las bases teóricas de lo que luego será el polígrafo moderno, pero también hay que señalar que no ha logrado claramente ninguno de los objetivos señalados y que su éxito intelectual es limitado. El método no suministraba la deseada *medición directa* del embuste. Además, el posible apoyo legal a la idea es todavía una quimera y el éxito comercial y legal de esta clase de metodologías —ya se trate de test, máquinas o registros de cualquier otra clase— es muy dudoso: las autoridades no confían en estos sistemas de complicado manejo y calibrado, que requieren de un profundo adiestramiento, cuyos resultados son difícilmente verificables y cuyas posibilidades de eficiencia real parecen demasiado remotas.

Pero Marston, convencido de que su test del engaño es una técnica científicamente razonable que además puede convertirse en un buen negocio, no se rinde. En 1922 trató de mostrar públicamente la validez de su método poniéndolo a prueba en un famoso caso real, el de un convicto negro acusado de asesinato, James Alphonse Frye. Tan convencido estaba de la eficacia del registro fisiológico mediante la presión arterial defendido en su tesis, que se limitó a utilizar, junto al modelo de interrogatorio tipo, un sistema médico convencional: un esfigmomanómetro y un fonendoscopio. Tras la prueba aseguró que Frye era inocente, pero el juez negó a Marston la posibilidad de testificar pues, indicó, invadía el terreno del jurado cuya prerrogativa era precisamente la de «medir» la sinceridad del acusado. El fallo emitido en 1923 —y corroborado por la Corte Suprema en 1925— consolidó la opinión del juez y rechazaba lo que ya comenzaba a ser llamado por la prensa como «detector de mentiras», aconsejando la admisión en los tribunales, tan sólo, del testimonio de científicos cuyo juicio derivase de principios acordes con el consenso de la comunidad científica.

Pero al mismo tiempo que se dice no a la detección del engaño en los tribunales, se acepta su uso en los interrogatorios policiales, un campo ajeno por completo a la mencionada sentencia. Lo que ha sucedido es que, paralelamente al trabajo de Münsterberg y Marston, el policía August Vollmer ha capitaneado el gran movimiento para la profesionalización policial en Estados Unidos. Gran conocedor del desarrollo de la psicología criminal y del testimonio de la época, una de las grandes obsesiones del inquieto Vollmer había sido la de idear un aparato que permitiese determinar, sin lugar a dudas, cuando los interrogados faltaban a la verdad. De tal modo, cuando en 1916 consigue llevar el estudio de la técnica policial a la Universidad de Berkeley, no tardan en aparecer estudiantes e investigadores, como Leonard Keeler y John Larson, interesados en desarrollar este proyecto, que comienzan a trabajar a partir de los experimentos de Marston y otros. Así nacerá el legendario y muy popular polígrafo. Un instrumento en el que, para desgracia de los mitómanos, hay mucho de ficción y bastante poco de realidad.

El trabajo fue largo y tardó en ofrecer resultados. Ya mediada la década de 1930 Leonard Keeler logró perfeccionar su modelo, no muy diferente de los actuales. Sus modificaciones hacen del polígrafo una herramienta manejable, fácil de transportar, calibrar y utilizar. Lo patenta y hace un suculento —a veces deshonesto— negocio al introducirlo en el mundo empresarial. Los métodos de Keeler, que no dudaba incluso en hacer trampas durante el calibrado del aparato si la situación así lo requería, despertaron la enconada oposición de John Larson, su otrora amigo y colaborador tanto en los comienzos de Berkeley como, posteriormente, en la policía.

Larson, ante todo un académico, se encontraba inmerso en la tarea de hacer del registro poligráfico un método científicamente respetable, cosa que nunca consiguió, por cierto, y opinaba que los métodos de Keeler eran inapropiados y vergonzosos. También ideológicamente detestables, por la cercanía al totalitarismo de sus modelos de entrevista, así como por la forma en que utilizaba el polígrafo como método más destinado a ejercer presión emocional y temor en el entrevistado que como maquinaria destinada a objetivar la veracidad o falsedad de su testimonio.

Este inopinado debate provocó una rápida popularización del aparato, que de pronto comenzó a ocupar un enorme espacio público. Ello hizo a Marston temer que no se reconocieran ni su paternidad intelectual ni sus esfuerzos previos y se le dejara fuera de un negocio repleto de posibilidades. Escribió entonces, y publicó a la carrera, *The lie detector test*, un libro en autoedición, básicamente destinado a cantar las propias excelencias, en el que desgrana todas sus experiencias en la investigación y aplicación del sistema de detección de mentiras desde 1915. Obsérvese que en este momento ya no se habla de «test de engaño» sino de «detección de mentiras» y ello es debido a que esta segunda denominación era la que se había implantado a través de los medios de comunicación. Posteriormente, enviará una copia del texto a J. Edgar Hoover junto con una carta en la que se postula como la persona adecuada para la implementación del registro poligráfico en el FBI. El problema es que el puesto que Marston deseaba ocupar ya se encontraba en manos del agente especial E. P. Coffey, director del Laboratorio Técnico del FBI, primer poligrafista de la historia del Bureau y, probablemente, también del gobierno federal.

No obstante, a estas alturas Marston ya era muy conocido en el mundo de la publicidad, así como por sus controvertidas declaraciones públicas. En 1940, por ejemplo, se había mostrado públicamente como uno de los pocos intelectuales de su época favorable a los cómics y en un defensor de su posible valor como herramienta educativa. Esto resulta singular en un momento en el que los contenidos del tebeo comienzan a ser ya muy perseguidos y denostados desde los sectores más conservadores del país, y llama con ello la atención del editor de All-American Comics, Max Gaines, quien decide contratarle como asesor pedagógico de su proyecto.

El hecho es que Maxwell Gaines siempre fue un hombre preocupado tanto por el valor pedagógico del cómic como por la calidad de los materiales que editaba. De hecho, fundó EC —Educational Comics—, empresa dedicada a publicar tebeos sobre historia, relatos bíblicos y toda suerte de temas educativos. Durante la época como editor de All-American Comics, empresa que luego se fusionaría con Nation Comics para fundar la actual DC, Gaines alumbró a personajes de reconocida celebridad como Green Lantern o Hawkman y puso al tebeo de acción contemporáneo en puertas de lo que luego sería su consolidación como el gran negocio que es en la actualidad. Y fue precisamente durante este momento de grandes transformaciones y controversias que se interesó por William Marston.

El primer informe psicopedagógico de Marston, una vez revisadas las publicaciones de All-American, era conciso y contundente en las cuestiones finales que realizaba para invitar a la reflexión del editor: ¿Por qué prácticamente todos los héroes del cómic son varones? ¿Por qué no se estimula en las chicas las mismas motivaciones que en los chicos? A decir verdad Gaines, que nunca había pensado que un personaje femenino pudiera convertirse en un negocio sustancial, se mostró intrigado por estas cuestiones que no se había planteado y pidió a su nuevo asesor que desarrollara el concepto. El resultado fue Wonder Woman, la heroína *feminista* por antonomasia.

Su primera historieta, guionizada por William bajo el seudónimo de Charles Marston y dibujada por Harry G. Peter, creador del concepto visual del personaje, aparecía en el número 8 —diciembre de 1941— de la revista *All-Star Comics*. Y, en efecto, devino en un completo éxito que, paradójicamente, siempre ha tenido —y tiene— muchos más lectores masculinos, en torno al 90 % según las últimas encuestas de preferencia realizadas por la propia DC Comics, que femeninos. Quizá quepa preguntarse por los motivos últimos de esta tendencia, no meramente atribuible a la belleza física de la superheroína.

Parece existir una severa contradicción interna en torno al concepto del personaje que deriva de los propios ideales investigadores y psicológicos de Marston, así como de su consideración de las emociones femeninas. Y debe significarse que esta paradoja no sólo no era intencionada, sino también que el propio Marston nunca pareció mostrarse consciente de ella. Debe tenerse en cuenta que hacia 1940, cuando el polígrafo se ha convertido en un fenómeno de masas, objetivo de reportajes periodísticos y pretexto para estrategias publicitarias, la imagen que se difunde de suerte masiva es la de una mujer exuberante sometiéndose a interrogatorio por parte de un interrogador invariablemente masculino lo cual, como es obvio, no es otra cosa que la reproducción del viejo cliché cultural de la racionalidad del hombre enfrentada a la emocionalidad de la mujer. Otra imagen tópica será la de varias parejas jugando a desvelar sus intimidades, e incluso la de hombres que sospechan infidelidades en sus esposas y hacen que estas clarifiquen sus posturas mediante el registro poligráfico. Un tipo de anuncio en el que el propio Marston, a menudo, obró como maestro de ceremonias.

Al parecer, a los censores se les coló esta portada de la Mujer Maravilla en la que nuestra heroína, dicen que casualmente, se abraza con fuerza a un vigoroso elemento de sospechoso aspecto.

No puede extrañarnos que la Mujer Maravilla tenga una de sus armas definitivas en el «lazo de la verdad», ese mágico émulo del polígrafo con el que ata a sus enemigos y les obliga a declarar cuanto saben aún en contra de sus más íntimos deseos. Se trata de una inversión nada inocente de la misma publicidad que la detección de la mentira hace de sí misma y que se apoya, en última instancia, en la propia consideración de las emociones que Marston había pergeñado en sus libros.

Influido por el psicoanálisis, William Marston estaba convencido de que había dos grandes emociones básicas, el temor y el amor, idea que se encontraba muy en boga en la psicología norteamericana de la época. Ambas emociones, en permanente conflicto, terminaban desencadenando tensiones sexuales que se resolvían en actitudes de dominación, inducción, sumisión o conformidad (el modelo DISC). Estas actitudes se cronificaban para cristalizar, por fin, en los diferentes tipos de personalidad observables. Así, Marston sostenía que las mujeres, muy emocionales al igual que la gente de raza negra, estaban fundamentalmente dotadas para el amor y predispuestas precisamente por ello a la sumisión. Esto era lo que las hacía poderosas, en tanto que partidarias de afrontar la verdad antes que adoptar otras actitudes más conflictivas o problemáticas. Esta idea ya se remonta incluso a sus tiempos de Harvard, pues está presente incluso en su tesis doctoral.

Ocurre por tanto que el detector de mentiras, al igual que el lazo de la verdad de la Mujer Maravilla, lograba su objetivo mediante el sometimiento, obligando al sujeto a desprenderse del control voluntario para rendirse ante la liberación emotiva que provoca la sinceridad. Para la mujer esto no era difícil, pero para el hombre, dominador, resistente a la cesión del control, a menudo resultaba muy difícil y sólo era posible mediante una estrategia de control extremo, como la detección de la mentira, desarrollada y operada por otro hombre.

Consecuentemente, y aunque Marston vendía a su heroína al menos superficialmente como una partidaria del feminismo, la libertad, el amor y la igualdad, sus estrategias no distaban del control, la violencia, la agresión y la dominación tan típicamente varoniles —e ideológicamente totalitarias— que tan poco parecían gustarle en la práctica. En el fondo, por tanto, la mujer perfecta de Marston no dejaba de ser un varón.

Fredric Wertham: matar al mensajero

El hecho es que la Gran Depresión económica que siguió al *crack* bursátil de 1929, así como los posteriores e inevitables cambios sociales y económicos acaecidos durante la década de los 1930 condujeron a un cambio radical en el gusto del público estadounidense, que se decanta mayoritariamente por las tiras de acción que empiezan, por tanto, a proliferar en los rotativos. De entre ellas, como es lógico e inspirado por el éxito creciente del *hard boiled* y del cine negro, surge también el género policiaco, conocido habitualmente entre profanos y especialistas con la muy inapropiada etiqueta de «cómic de crímenes», que está directamente influido por los acontecimientos de la vida cotidiana y que se reflejan en las primeras páginas de los periódicos o en las secciones de sucesos de los rotativos. En todos ellos existe un escenario común, tópico, pero no por ello menos atractivo: una lucha violenta y sin cuartel entre las fuerzas de la ley y el gansterismo creciente.

El primer gran ejemplo de este nuevo género es *Dick Tracy* (1929), de Chester Gould, quien todavía se decanta por un estilo artístico caricaturesco, que bordea tanto el surrealismo como el expresionismo, y que recurre a una extravagante galería de villanos que influiría de manera muy clara en la que luego se diseñaría para series como *Batman* (1938) o *The Spirit* (1940), del gran Will Eisner. En estas series —y este es un gran indicador de su habitual deseo por mantenerse pegadas a la realidad de cada día— no hay márgenes temáticos definidos y se entremezclan el policiaco con los conceptos básicos de la historieta de superhéroes, el costumbrismo, la sátira, la crítica sociopolítica e incluso el terror y la ciencia ficción.

El arrollador éxito alcanzado por este tipo de cómics, tan *pulp* como cualquier novela negra del momento, propició la creación de series estrictamente policiacas y centradas en el género negro, como son los casos de *Radio Patrol* (1933), de Eddie Sullivan y Charlie Schmidt; *Secret Agent X-9*, guionizada nada menos que por Dashiell Hammett y dibujada por el extraordinario Alex Raymond; *Red Barry* (1934), de Will Gould de nuevo; *Inspector Wade* (1935), de Sheldon Stark y Lyman Anderson; o *Charlie Chan* (1938-43), de Alfred Andriola[28]. No estaría de más señalar que a pesar de los

---

[28]También se puede mencionar en este tramo histórico series policiacas como *Kerry Drake* (1943-1983), de nuevo de Alfred Andriola; *Vic Flint* (1946), de Ernest Lynn y Ralph Lane; o *From the files of... Mike Hammer* (1953), guionizada por el extraordinario novelista del género Mickey Spillane e ilustrada por Ed Robbins, entre muchas otras.

planteamientos dispares e incluso muy a menudo conceptualmente enfrentados de estas series —*Radio Patrol*, por ejemplo, era mucho más infantil, lineal e inocente que el espectacular *Agente X-9*—, todas ellas tuvieron una enorme influencia en el contexto del cómic latinoamericano, de modo que resulta impensable imaginar a *Roberto Alcázar y Pedrín, Historias del FBI* o los entrañables *Tony y Anita* sin la existencia previa de muchas de ellas, de las que son herederas directas.

El *comic-book* de crímenes, algo posterior a las tiras de prensa, alcanzó su momento de auge tras la aparición de la celebrada y exitosa serie *Crime does not pay* (1942), especialmente a causa de que el subgénero de los superhéroes perdió credibilidad y fue decayendo para alcanzar mínimos históricos tras la Segunda Guerra Mundial. Hitler y sus huestes —los inevitables «malos» en tanto que enemigos jurados de todo aquello que Estados Unidos pretendía representar ante el mundo— habían sido vencidos al fin y el Capitán América, en consecuencia, era ya tan innecesario e irrelevante que no importaba que quedase congelado por décadas en el interior de un iceberg. En respuesta, las series de temática negra se multiplicaron. Así, vieron la luz *Crime SuspenStories* y *Shock SuspenStories*, de la controvertida EC Comics, que entraron de lleno en los más turbios recovecos de la crítica social y se distinguían por abordar sin tapujos temas como el racismo, la identidad patriótica, el pacifismo, el sexo, la violencia o las drogas. Cosas de las que casi nadie hablaba tan descaradamente en Estados Unidos ya fuera en serio o en broma, y que en manos de un avispado editor de tebeos terminarían, como vamos a ver a continuación, por generar una controversia social y política de primera magnitud.

El ambiente floreciente del cómic se tornaría irrespirable con la llegada al escenario público del controvertido psiquiatra Fredric Wertham, el hombre destinado a obrar como gran villano de la «otra» historia del cómic. Nacido en Múnich en 1895, Friedrich Ignanz Wertheimer —pues este era su nombre de nacimiento— estudió tanto en su ciudad natal como en Erlangen y Londres, graduándose en la Universidad de Würzburg en 1921. Sus dos grandes referencias intelectuales fueron Freud y Kraepelin, y trabajó en la clínica del segundo, de quien asumió la idea de que el entorno social en el que crecen los sujetos tiene tanta influencia en su desarrollo que, conociéndolo, puede llegar a predecirse el tipo y modo de las patologías mentales que la persona padecería durante la edad adulta. No resulta extraño, pues, que el primer libro de Wertheimer, *The brain as an organ* (1934), sea precisamente un estudio de psicopatología general que actualiza los puntos de vista del maestro. Tampoco será desdeñable la influencia que luego tendrían en él autores como Kretschmer y el movimiento biotipológico. Fue en 1922 que encontró su gran oportunidad de la mano de Adolf Meyer, quien lo contrató para la Clínica Phipps, en la Universidad Johns Hopkins. Permaneció allí durante diez años. Será en 1927 que obtenga la nacionalidad estadounidense, cambie su nombre por el archifamoso Fredric Wertham y contraiga matrimonio con la escultora Florence Hesketh.

El hecho es que su reputación profesional creció. Así, en 1932, fue contratado por el Departamento de

Salud Pública de Nueva York como psiquiatra jefe del Hospital Bellevue, luego se convertiría en director de la Clínica de Higiene Mental Bellevue y por fin, en 1940, fue nombrado jefe del servicio psiquiátrico del Queens Hospital Center. Mediante estas ocupaciones entrará en contacto directo con un buen número de criminales y, especialmente en Queens, trabajaría con jóvenes delincuentes. A partir de su traslado a Nueva York, Wertham empieza a ser llamado como testigo cualificado en diversos juicios, así como para la elaboración de dictámenes forenses, dato nada irrelevante en la misma medida en que se convertirá en un profesional muy conocido y valorado en los ámbitos profesional, jurídico y político.

Y en medio de todo esto, por supuesto, iba a ocurrir lo de Albert Howard Fish. El escándalo mediático en torno al más conocido asesino sistemático del primer tercio del siglo XX en Estados Unidos destaparía, inopinadamente, una singular caja de pandora en el mundillo cultural de aquel país. De hecho, Wertham saltó desde el prestigio a la popularidad cuando se le seleccionó para realizar un informe forense para el caso Fish. Sus apariciones en un juicio muy seguido, así como su constante presencia en los medios de comunicación lo convirtieron en un personaje público claramente reconocible, lo cual, por cierto, tendría no poco peso cuando estallase la gran controversia acerca de los cómics.

La terrible conexión que Wertham había establecido entre la cultura popular, el crimen y la psicopatología venía de lejos, pues ya en 1941 publicó *Dark Legend*, obra a medio camino entre la realidad y la ficción —Wertham trató de defender que se basaba en un caso real, pero nunca ofreció detalles que lo demostrasen— que relata el caso de un asesino de diecisiete años de edad que poseía una monstruosa vida interior forjada en las fantasías de los seriales radiofónicos, el cine y los tebeos. Lo cierto es que el texto alcanzó cierta popularidad al ser readaptado para el teatro y representado en Broadway. Sin embargo, su objetivo se focalizó en el mundo del cómic a medida que se fue introduciendo en los entresijos del sistema correccional juvenil.

Wertham dijo haber observado que la inmensa mayoría de aquellos chavales problemáticos experimentaban auténtica pasión por los cómics que leían, intercambiaban y releían con suma avidez. No obstante, de no ser por su encuentro con el terrible Albert Fish, es probable que nunca hubiese emprendido su singular cruzada contra el cómic. El hecho es que quedó muy impresionado por aquel hombre mayor de sesenta años y no demasiado inteligente, pero pleno de astucia, cercano a la demencia, marcado por una terrible adicción al sadomasoquismo que le había conducido a una trayectoria vital disoluta y desorganizada, que finalmente había terminado por convertirse en un brutal asesino de niños.

Su principal entretenimiento, él mismo lo reconocía, eran los cómics y la lectura de Edgar Alan Poe, de quien se declaró un franco admirador. De hecho, su relato favorito era *El pozo y el péndulo*, en el que se describe una larga y agónica tortura. Parece que entre las pertenencias de Fish al ser detenido se encontró un ejemplar de las *Narraciones extraordinarias* de Poe en el que las páginas que comprendían al antedicho relato se encontraban desgastadas por el uso. Sea como fuere, pese a que en sus informes Wertham consideró a Fish un enfermo mental sin parangón en los anales de la psiquiatría, que debía ser preservado para su estudio clínico, la justicia se decantó por otros dictámenes considerándolo mentalmente apto, por lo que sería juzgado y condenado a la silla eléctrica. En todo caso, supuso que existía una correlación entre la enorme pasión de Fish por los cómics y la literatura gótica de Poe, y las patologías mentales que en su opinión le aquejaban, lo que le llevó a tratar de analizarlos a fin de comprender sus contenidos y estructura para discernir qué peso podrían tener en tanto que modelo de conducta. Así se explica que la gran constante en el trabajo de Wertham sobre la materia fuese su carácter *anecdótico*.

En efecto, nunca emprendió un estudio sistemático y propiamente científico, sino que partió del prejuicio —jamás corroborado mediante los adecuados estudios empíricos, ya fuesen de carácter cualitativo o cuantitativo— de que el cómic era una pésima influencia para niños y jóvenes, y trató de ilustrarlo con apuntes, observaciones, esbozos de casos particulares y vivencias nunca debidamente referenciadas que puso en correlación con el contenido de los tebeos. A menudo sólo hablaba de «pacientes», «internos» o «el caso de un joven que…». Por lo demás, ignoró sistemáticamente la idea de que no sólo los jóvenes delincuentes leían cómics, porque, en realidad, el cómic era una forma de expresión popular tan extendida en todos los estratos y círculos sociales estadounidenses que prácticamente los leía todo el mundo, siendo además la mayor parte de tales lectores personas adultas. Sea como fuere, y tras publicar algunos artículos divulgativos de cierta repercusión en revistas no especializadas y promover algunas reuniones científicas al respecto[29], logró que sus puntos de vista alcanzasen al gran público con la edición en 1954 del libro *Seduction of the Innocence*, trabajo muy controvertido y asimismo de carácter divulgativo que obtuvo una respuesta de ventas inmediata y que, por supuesto, se convirtió en la palanca que los muchos detractores que el cómic había acumulado utilizaron para lograr unos objetivos que poco tenían que ver con la cínica causa de la protección de la infancia que emplearon como excusa.

En cuanto a sus contenidos, la realidad es que el libro es una versión muy ampliada, sobre todo en el aspecto iconográfico y en lo relativo a la batería de ejemplos, de otros artículos de Wertham aparecidos con anterioridad. El trabajo pretendía concentrarse por extenso en las representaciones de violencia, sexo o abuso de alcohol y drogas que aparecían en los llamados «cómics de crímenes», muy populares por aquellos días. Pero la verdad es que el afilado discurso del psiquiatra alcanzaba a todo tipo de temáticas —como los superhéroes, el terror o la

---

[29] Así, por ejemplo, la recogida en: WERTHAM, F. *The psychopathology of Comic-Books*. A Symposium. *American Journal of Psychotherapy,* 1948; (2)3: 472-490.

ciencia ficción—, pues sus categorizaciones son tomadas de manera muy amplia y flexible. La tesis principal que se defiende: los niños que leen cómics terminan emulando tarde o temprano los nefastos modelos que suponen sus héroes de papel. Exactamente el mismo argumento que antes se había ido utilizando contra los seriales radiofónicos, contra el cinematógrafo, frente a la aparición de la prensa escrita o que evitó que la cultura se difundiera durante el Medievo para quedar silenciada y bloqueada en las bibliotecas de los monasterios. El mismo argumento que se utiliza hoy en día contra los videojuegos y que dentro de cien años se empleará contra la fuente de entretenimiento y difusión masiva que se tercie. Un debate inútil que, al parecer, todas las generaciones están obligadas a repetir y que se apoya sobre una torpe falacia destinada, dicen, a proteger a nuestra sociedad y a nuestra cultura de sí mismas: la de que lo malo no es el uso pervertido que se dé a determinado objeto, sino el objeto en sí.

El principal manantial de ejemplos para Wertham fueron las revistas que editaba Entertaining Comics (EC), la editorial dirigida por William Gaines, que ponía en el mercado al menos una docena de títulos policiacos y de terror que, por lo demás, eran los más vendidos del mercado. Sin embargo, tampoco dudó en referirse a las publicaciones de Detective Comics (DC) u otras que resultasen convenientes en un momento dado. Es interesante destacar que en un país en el que había nada menos que ciento cinco editoras y se publicaban, ya fuera con periodicidad semanal, quincenal o mensual, nada menos que 676 cabeceras de temáticas muy dispares[30], Wertham tuviera suficiente para tratar de demostrar sus teorías con un análisis bastante interesado de no más de veinte o veinticinco de ellas. Sobre todo cuando la idea de fondo era tan sencilla y categórica como difícilmente demostrable en la práctica: el cómic es un elemento inductor de conductas criminales.

Defendió que los tebeos estaban atiborrados de imágenes truculentas recurrentes y se encontraban repletos de mensajes e imágenes subliminales, como cuerpos desnudos insertos en los dibujos de las musculaturas de los héroes, las nubes o la corteza de los árboles. También hablaba de relaciones no del todo claras entre los personajes que difundían la homosexualidad, como la relación ambivalente entre Batman y su discípulo Robin —en efecto, fue Wertham quien creó este conocido tópico. Tampoco escapó a la peculiar vara de medir del psiquiatra la Mujer Maravilla, personaje creado por el psicólogo William Moulton Marston, a la que consideraba un preclaro ejemplo de dominación sadomasoquista —por el cordón que porta la heroína y con el que inmoviliza

---

[30]El dato es de la primavera de 1954 y puede encontrarse en el documento de la Senate Subcommittee Hearings into Juvenile Delinquency. *Hearings before the Subcommittee to Investigate Juvenile Delinquency of The Committee on the Judiciary United States Eighty-Third Congress Second Session Pursuant to Investigation of Juvenile Delinquency on the United States.* Washington DC: United States Government Printing Office, 21 y 22 de abril y 4 de junio, 1954.

a los villanos— y lesbianismo. En su opinión, la fuerte independencia del varón preclara en la amazona hacía olvidar a las niñas cuál era su auténtico papel social. Ni siquiera Superman, el héroe americano por antonomasia, se libró de la quema: observado por Wertham, no sólo era un modelo de conducta netamente fascista, sino que además confundía a los chavales sobre el significado y realidad de las leyes físicas al hacerles creer que, entre otras cosas, un hombre podía volar.

El hecho es que *Seduction of the innocence* generó una tremenda conmoción social. No ya por sus contenidos científicos —de muy discutible calidad—, sino porque su argumentación venía suscrita por un reputado psiquiatra. Además, el contexto de la Guerra Fría era propicio a esta clase de escándalos y persecuciones. En 1947 el senador Joseph McCarthy había puesto en marcha el vergonzoso Comité de Actividades Antinorteamericanas con la finalidad de expulsar de Estados Unidos cualquier influencia ajena al discurso oficial —ya fuese izquierdista o no— de todos los ámbitos de la vida pública. Consecuentemente, el comité arremetió escrupulosamente contra la radio, el cine, las universidades y persiguió con furor a escritores, artistas y a cualquier voz discordante. Incluso Dashiell Hammett se vería en el punto de mira del macartismo y sometido al escarnio público. Sólo era cuestión de tiempo, por tanto, que la persecución alcanzase al cómic. De hecho, McCarthy había sido duramente criticado por el medio, especialmente desde las revistas editadas por el *enfant terrible* de la industria del cómic norteamericana, William Gaines.

Ya en 1948 el predicador metodista Jesse Murrell había creado en Cincinnati un comité para la vigilancia moral de los cómics, siendo una de sus primeras demandas la de exigir un vestuario más recatado para las heroínas. En 1949 el gobernador del estado de Nueva York trató de prohibir los cómics, medida que no prosperó cuando sus asesores comprendieron que era inconstitucional. En tal contexto, el valor real de la obra de Wertham —a buen seguro no pretendido por él mismo, pues estaba sinceramente convencido de sus teorías— fue el de ofrecer una cobertura de aspecto científico, amparada por un personaje de incuestionable autoridad y lo bastante sólida, por tanto, como para llevar hasta el final lo que no había prosperado recurriendo a la presión político-moral.

La alarma social suscitada por Wertham desencadenó, incluso, manifestaciones y quemas públicas de tebeos en diferentes lugares de la nación. Así pues, era inevitable que las autoridades tomasen cartas en el asunto. El principal interesado en conocer cuánto había de realidad y cuánto de ficción en las aseveraciones de Wertham fue el cruzado anticrimen del momento, el senador Estes Kefauver, quien impulsó una serie de sesiones monográficas sobre el particular, bajo el amparo del Subcomité del Senado sobre Delincuencia Juvenil[31].

Las vistas contaron, como es lógico, con la participación del propio Wertham, quien defendió uno por uno los argumentos de su controvertido libro. El pro-

---

[31] *Ibíd.* nota 30.

blema es que, a pesar de las encuestas realizadas entre los especialistas y la profusa búsqueda de documentación e información realizada por los servicios del congreso —también asesorados por Wertham—, la tesis fuerte no pudo ser corroborada, o al menos sostenida, con la claridad que hubiera sido necesaria. No había ninguna clase de evidencias empíricas, más del 60% de los profesionales de la salud mental encuestados no veían nada pernicioso en los cómics, y todo se movía en el ámbito de lo opinable. La consecuencia es que todas las intervenciones de los miembros de la industria citados por el subcomité —Gaines, el principal afectado, entre ellos—, para desconsuelo de Wertham, terminaron girando en torno a cuestiones relacionadas con la estética, la moral, el buen gusto y los beneficios económicos del negocio editorial. Así, quizá conscientes de que la crítica del psiquiatra pretendía ir excesivamente lejos, las sesiones se interrumpieron abruptamente y en sus conclusiones los miembros del subcomité se limitaron a «sugerir» a los editores que moderasen sus contenidos.

Ante la amenaza velada de que el control político y legal podría intervenir, de no producirse un cambio evidente en el discurso, la industria comprendió que sólo existía una manera de salvaguardar sus intereses e independencia y era precisamente la de seguir los pasos que antes habían guiado al cine. Tras varias reuniones, pues, los editores elaboraron el Comics Code. Un código editorial sumamente restrictivo, regulado por un organismo creado ex profeso, el CCA, que parecía expresamente diseñado para librarse del peso de William

Gaines y sus controvertidas publicaciones, cosa que logró de facto. De hecho, editoriales como DC, sabedoras de que manejando adecuadamente esta situación obtendrían una jugosa cuota de mercado, se convirtieron en las principales defensoras del código deontológico. Porque el problema no eran los cómics en sí mismos. El problema era el dichoso Gaines, un tipo irreverente e irreductible que parecía empeñado en enojar por sistema a todo el mundo.

EC —Educational Comics—, la editora de William Gaines Jr., era la editorial de los tebeos de crímenes por antonomasia. De crímenes explícitos. Resulta curioso llamar así a una editora que se concentraba en la tarea de poner en la calle todo tipo de material relacionado con el terror, la ciencia ficción, la violencia y lo policiaco, pero como ya se ha mencionado, fue Gaines padre quien la bautizó de tal guisa. Así, la EC original se dedicaba por entero al tebeo pedagógico, publicando títulos fundamentalmente destinados a hablar de historia norteamericana, de la Biblia o de contenidos científicos. Y no es que se vendieran mal, pues de hecho Gaines *senior* fue, como hemos visto, un gran empresario y uno de los grandes reinventores del negocio del tebeo al diseñar el formato *comic-book*, desarrollar hasta extremos insospechados el concepto del cómic de superhéroes, fundar la célebre y aún viva Detective Comics e incluso asumir las ideas revolucionarias de William Marston... Pero, como bien pronto descubrió Gaines *junior*, la competencia era muy grande y había que arriesgarse y tomar partido para ser el primero de la clase. De tal modo, cuando hereda la editorial en 1947 le imprime un fuerte viraje ideológico y temático que ya queda claro incluso en el logotipo y marca editorial, pues las siglas EC pasaron de significar *Educational Comics* —'tebeos educativos'—, a querer decir *Entertaining Comics* —'tebeos de entretenimiento'.

Lo cierto es que las publicaciones de EC resultaban extremadamente cáusticas, sugerentes y atrevidas, tanto que sus competidores directos, en su mayor parte superhéroes y justicieros de toda forma y cuño, o bien tebeos de crímenes y ciencia ficción de inferior calidad, eran de todo punto incapaces de llegar a sus niveles de ventas. Las revistas de EC se difundían por cientos de miles en todo el país, eran las más demandadas, y allá donde entraban copaban en poco tiempo el interés de los aficionados: otro de los aspectos que convirtieron a William Gaines en un tipo especialmente odioso para el resto de editores. A tal punto de irreverencia llegaron que cuando todas las fuerzas vivas de la nación «propagandeaban» la importancia del esfuerzo bélico y económico realizados en Europa y llamaban al anticomunismo más recalcitrante, él se despachaba ridiculizando abiertamente el macartismo y editando historietas pacifistas en las que se ponían de manifiesto las vertientes humanas del asunto.

En general, los cómics de EC se componían de tres o cuatro historias, autoconclusivas, de entre seis y ocho páginas de extensión. Estas narraciones breves, sin personajes fijos, adoptaban el tono de parábolas acerca de diferentes temas que, en última instancia, pretendían mostrar al lector cualquier clase de moraleja. Y la verdad es que Gaines y sus cómics fueron mucho más allá del entretenimiento en la medida en que se metían con toda clase de temas tabú para la sociedad estadounidense de aquel momento. Cuestiones que a menudo incluso eludían las publicaciones adultas más curtidas, como el aborto, el suicidio, la homosexualidad o la eutanasia. Obviamente, esto hizo de Gaines uno de los objetivos preferidos de los sectores más ultrarreligiosos y derechistas de Estados Unidos, quienes observaban sus tebeos como algo malsano y enfermizo, en ningún caso educativo, destinado a corromper a la infancia y la adolescencia. En no pocas ocasiones fueron Gaines —o alguno de sus artistas y escritores— llevados a los tribunales por diferentes colectivos, y su respuesta a tales presiones siempre resultó furibunda, rabiosa y brutal: a mayor persecución, mayor irreverencia y mayor osadía. Con el tiempo el propietario de EC se convirtió en uno de los hombres más repudiados y queridos al mismo tiempo del país. Con muchos enemigos poderosos, pero también con un ejército de fans incondicionales.

Dado que ya en 1952 Gaines publicaba nada menos que doce cabeceras simultáneamente —más que ningún otro competidor—, se había destacado por su defensa de las libertades, varios de sus títulos tocaban temáticas criminales y de terror, y era precisamente el más duramente criticado por Wertham en su libelo pseudocientífico, era lógico que fuese llamado prioritariamente para testificar por el subcomité del senador Kefauver. Y cuando se enfrentó al mismo, en su línea, William Gaines Jr. no sólo no se arredró sino que ridiculizó abiertamente el texto de

Fredric Wertham y concluyó su intervención con unas célebres palabras contra la censura y la imposición de límites a la libertad de expresión.

El CCA provocó un efecto extraño y perverso. Las revistas de cómics se vieron prácticamente reducidas al mundillo de unos superhéroes infantilizados hasta extremos tan ridículos que los hicieron muy poco interesantes, lo cual obligó a la cancelación de un sinnúmero de colecciones otrora exitosas. Muchos héroes de papel, como Batman, estuvieron a punto de desaparecer cuando nacieron extravagancias como la «batfamilia» o el «batperro», a la par que los argumentos y diálogos se veían reducidos al absurdo y la infantilidad más pedestre. Incluso hubo que inventar una explicación razonable para el hecho de que Superman pudiera volar y la Mujer Maravilla, entre otras féminas, se vio mucho más cubierta de ropa y perdió su cordón de la verdad —ese útil propicio a las más extravagantes prácticas sexuales como el *bondage*— en alguna parte. Incluso se le buscó un novio, lo cual no dejaba de resultar chocante para una amazona. Afortunadamente para él, Marston, un furibundo defensor de la mujer durante toda su vida, no vio cómo destrozaban a su personaje pues había fallecido años antes. Por su parte, William Gaines, obligado por fin a retirar sus más importantes títulos y sin poder reinventarse a sí mismo, se despidió del mundo del cómic —para concentrarse en la edición del *Mad Magazine*— con una célebre intervención televisiva que culminó con una protesta simbólica: la quema ante las cámaras de uno de sus tebeos.

Lo cierto es que el Code de 1954 era tan restrictivo que no sólo llegaba a prohibir las historias en las que apareciesen asesinatos, zombis, vampiros u hombres lobo sino, incluso, el uso mismo de tales palabras. Esto provocó situaciones rayanas en el surrealismo, como cuando el guionista Marv Wolfman tuvo que cambiar su apellido y adoptar un seudónimo para poder firmar sus guiones. Pese a todo, Wertham aseguró que el Code era un mal arreglo que no extirpaba el auténtico problema y siguió defendiendo durante años que los cómics debieran ser prohibidos radicalmente en atención a la salud mental de la infancia. Debe indicarse, en atención a la queja de Wertham, que seguir las directrices del CCA no era obligatorio, aunque tampoco fue necesario. Las editoriales enviaban sus revistas terminadas a los revisores y estos, con el código en la mano, las licitaban o no para imprimir el sello en la portada de la edición. Sin embargo, movidos por el estado de opinión generado por los cruzados anticómic, la asociación de distribuidores y vendedores de prensa se negó a comercializar cualquier publicación que no llevase la aprobación del CCA, lo cual catalizó en la retroalimentación de la autocensura por parte de los editores. Así pues, cuando en 1956 fallece en un accidente de automóvil Alex Raymond, quien daba vida a las historietas del detective Rip Kirby, el género negro en el tebeo alcanza un estado de animación suspendida del que tardará décadas en salir.

El cómic de prensa, cuyos autores a menudo eran los mismos, supo desmarcarse de la línea seguida en el ámbito de los tebeos. Dado que se sobreentendía que los lectores de periódicos eran fundamentalmente adultos y que los rotativos estaban protegidos por la libertad de prensa, en 1955 se constituyó el Newspapers Comic Council, que separaba claramente el cómic para periódicos del otro y que, en suma, otorgaba a los equipos de redacción de los diarios la tutela sobre aquellos contenidos gráficos que publicasen. Así, hecha la ley, hecha la trampa, pues muchos de los personajes que en su versión tebeo eran ridiculizados por el Comics Code, lograban salvar el tipo en la versión para las tiras de prensa, a las que se otorgaba un tono más adulto a causa de su lector potencial. De tal modo, el suplemento dominical permaneció durante años como el objeto más disputado por toda la familia. Por lo demás, el final de la era Eisenhower fue también el de una Norteamérica asustadiza que había intentado sin éxito, durante veinte años, huir de sí misma.

El inocente seducido

Los jóvenes de la posguerra mundial, que se habían criado leyendo tebeos de crímenes, superhéroes y terror, los mismos que luego se hicieron adolescentes a ritmo de *rock'n'roll*, comenzaron a lo largo de la década de 1960 a delinear la tendencia del cambio. Ciertamente, Estados Unidos seguía sometida al puritanismo, a la intención de aferrarse a cualquier precio al viejo estilo de vida americano, pero la inocencia era ya un lujo imposible, por lo que al igual que no se pudo frenar la nueva ola de cineastas, críticos y furibundos, y que no pudo detenerse la ola de la música popular, tampoco podría frenarse el impulso renovador del cómic.

El tebeo en Europa, todavía recluido en el entorno de la tira cómica y la aventura infantil y juvenil, resistía y esperaba un impulso renovador que vendría en el ámbito «oficial» de la mano de Stan Lee, el gran refundador de Marvel Comics, que impondría todo un nuevo lenguaje que marcaría de forma indeleble y para siempre el futuro del tebeo de aventuras. Lee —con la inestimable ayuda de Steve Ditko y Jack Kirby— humanizaría a los héroes, los convertiría en tipos normales, con familia, hijos, problemas y facturas que pagar, creando así a Los 4 Fantásticos o Spiderman, el comienzo de un nuevo Olimpo de semidioses a los que era posible encontrarse a la vuelta de la esquina. En el ámbito «extraoficial» aparecieron tipos como Robert Crumb y todo el movimiento *underground* que creaba historietas delirantes y rompedoras al vapor del LSD y con una banda sonora compuesta por The Grateful Dead. Son los tiempos del *flower power* y la cultura pop. Una suerte de expresión artística que, aunque resulte paradójico, los que fueron en su día grandes popes y baluartes de la industria como Caniff, Al Capp, Raymond o Harold Foster, nunca llegaron a comprender e incluso a menudo condenaron en algún caso.

Es el tiempo de los inocentes seducidos, de la fusión de medios que permite algo otrora impensable, como que Batman tenga una exitosa serie de televisión, que los más aguerridos roqueros se reconozcan públicamente como lectores empedernidos de tebeos o que se comience a ver en el cine cómo los personajes a los que encarnan los actores de moda compran o leen cómics sin pudor alguno. A menudo se ha afirmado que durante la década de 1960 conceptos como el de cultura popular y el de cómic fueron equivalentes e incluso intercambiables.

España, país que siempre produjo dentro de sus limitaciones un cómic de extraordinaria calidad artística, va a tener mucho que ver en el advenimiento de esta ola creativa en el entorno europeo. Sobre todo a partir de 1953, cuando un historietista visionario llamado Josep Toutain ventea el cambio que se avecina y advierte el futuro dorado que apenas despunta en el horizonte, por lo que comienza a desligarse paulatinamente de su trabajo como dibujante y guionista para convertirse en agente de otros artistas. Así crea, junto con Antonio Ayné —copropietario de la entonces muy conocida editorial Toray—, la agencia Selecciones Ilustradas.

Para la agencia de Toutain-Ayné trabajarán muchos de los mejores creadores del cómic y la ilustración española de los años cincuenta, sesenta y setenta, como Luis Bermejo, Fernando Fernández, Alfonso Font, Carlos Giménez, Vicente Segrelles o Manfred Sommer. El hecho es que durante los años 50 y 60 Toutain va a proporcionar, de la mano de su elenco de autores, encargos sindicados para revistas de cómic inglesas o francesas, abarcando todo tipo de temáticas: oeste, romántico, bélico o policiaco. Estos trabajos eran realizados sobre guiones británicos o galos y sin derecho a acreditación sobre los trabajos ni a la devolución de los originales. Podría parecer que estas condiciones eran duras para los artistas, pero ello implica desconocer el estado de auténtica explotación en el que habitualmente vivían los autores españoles que trabajaban para las publicaciones patrias. Muchas fueron antes y después, por ejemplo, las quejas de Ambrós, Mora o Fuentes Man, el equipo creativo por años del excelente Capitán Trueno, a causa de las leoninas condiciones de tiempo y paga bajo las que se veían obligados a desarrollar su trabajo. Mal endémico de los editores nacionales que motivaba a los más lanzados a trabajar por encargo para agencias como Selecciones.

En 1963, justamente cuando el cómic renace en medio mundo, el socio de Toutain, Ayné, se desvincula de Selecciones. Lejos de suponer el final de la agencia, este es el comienzo de uno de los puntales de la renovación del tebeo en Europa, pues la casa de Toutain se convertirá en una de las agencias más importantes a nivel internacional, exportando historietas, temas e incluso artistas a numerosos países.

Pero no hay que engañarse. El triunfo del cómic no sólo fue relativo sino también engañoso. Stan Lee —y la competencia de DC—, por ejemplo, más que innovar, se limitaron a introducir en sus guiones elementos importados de otros medios y formatos, como la novela de misterio, el relato de terror o los cuentos de superespías. No olvidemos, por ejemplo, que los años sesenta son los del triunfo radical, gracias a sus irregulares pero a menudo brillantes adaptaciones cinematográficas, de James Bond y sus espectaculares juguetes tecnológicos, del muy imaginativo cine de terror que se producía en la forma de interesantes revisiones, coloristas y algo picantes, de los clásicos en formato serie B, o de las renovadas óperas espaciales que hacían las delicias de toda la familia en la radio y la televisión. Vampiros y hombres lobo de dientes chorreantes se las veían con hermosas mujeres ligeras de ropa a las que rescataba, bajándose de una brillante nave espacial con el rostro oculto por una escafandra, el agente especial de turno, gracias a su reloj de rayos láser. Elementos sugestivos y exitosos que, a pesar de la censura, el cómic se esforzó en adaptar a todos los niveles, forzando con ello el nacimiento de las «revistas para adultos». Publicaciones que aparecieron en el mercado estadounidense de la mano de editores oportunistas como James Warren y que supondrían el renacer de muchos de aquellos viejos autores y esquemas del medio que la presión política había reducido al silencio.

El mundo del cómic para adultos es también el mundo del nuevo cómic de autor y el lugar en el que van a refugiarse los tebeos de crímenes, de terror, de imágenes violentas e impactantes, de sexualidad más sugerida que explícita. Junto con *Savage Tales* y *Creepy*, aparecen otras revistas míticas entre los aficionados como *Monsters Unleashed*, *Tales of the Zombie* o *The Savage Sword of Conan*. Y de nuevo Josep Toutain. A finales de los sesenta y comienzos de los setenta, cuando se produce el declive de la historieta de sindicación y comienza a despuntar el cómic para adultos —y la subsiguiente fiebre de los autores— en Estados Unidos, Toutain se convierte en representante de los artistas que publican en las revistas fantásticas de Warren como *Creepy*, *Eerie* o

Vampirella. Esto motivará que en 1973 cree la célebre editorial Toutain-Editor al frente de la cual va a liderar en gran medida la explosión del cómic adulto europeo de los años setenta y ochenta. Se valdrá para ello del resorte que supondrá la exclusividad de la edición y difusión europeas de un buen número de revistas estadounidenses y, por supuesto, de su capacidad para generar artistas nuevos y repletos de inquietudes que coparán las páginas de sus propias y prestigiosas creaciones editoriales, como *El Víbora* o *Totem*.

La respuesta del continente a Toutain vino de la mano de la prestigiosa revista francesa *Metal Hurlant* —publicada en el mercado anglosajón como *Heavy Metal*—, y de la británica *2000 A.D.* Publicaciones que hicieron bandera de la irreverencia, la crítica social, la burla al poder y la ironía. Sorprendentemente, durante la década de 1980 el cómic europeo y el norteamericano, que tanto se debían mutuamente, no iban a congeniar. Sobre todo porque uno de los temas de distinción preferidos en Europa era la parodia del superhéroe, la negación radicalmente nihilista del modelo tradicional del *comic-book* estadounidense y su conducción al absurdo y al surrealismo. Poco imaginaban los más aguerridos críticos de modelos editoriales como los de Marvel y DC que, pasado el tiempo, terminarían atrayendo al enemigo y trabajando al otro lado del Atlántico. Pero de esto, por necesidades del guion, trataremos al final de este libro.

8

Zapatos de gamuza azul

La música, en su expresión tradicional o folclórica, siempre ha funcionado como uno de los principales elementos catalizadores de intenciones, sucesos y vivencias del vulgo. Esta modalidad musical, presente en todas las culturas, se remonta prácticamente a los orígenes de la humanidad y se transmite de generación en generación, oralmente, al margen de cualquier enseñanza musical académica o reglada, como una parte más de los valores culturales de los diferentes pueblos. Así pues, más allá de su carácter antropológico, tiene un marcado sesgo étnico que no la convierte en un elemento fácil para el intercambio —o el préstamo— cultural. No obstante, existen excepciones notables como el flamenco, la jota, el tango, la samba y, en general, todos los ritmos latinos que han mantenido entidad propia como forma de expresión artística, sin que ello haya impedido que extiendan su influencia, y con el devenir del tiempo se han convertido en algo más que una moda.

La música folclórica se centra en temáticas, ya sean históricas, ya personales o vitales, tanto de sus pueblos como de sus compositores e intérpretes, quienes habitualmente, y salvo excepciones, son personas anónimas procedentes de la propia comunidad. Ello motiva que, a menudo, y al igual que sucede en el seno de otras tradiciones artísticas populares, sean los conflictos socioculturales su primera fuente de inspiración. El delito, el crimen, la opresión por parte de los fuertes, los temas políticos, la crítica social, el erotismo, los eventos pastoriles y los elementos religiosos, enfocados desde la vivencia personal de sus protagonistas, desde el dramatismo o el humor, son sus temas elementales. Así, por ejemplo, el tango, el flamenco o la música *country* estadounidense están repletos de temáticas carcelarias y delincuenciales, siendo muchos de los protagonistas de sus coplas los criminales, los asesinos, los ladrones, los presos y los entornos más sórdidos. Por ello, entre otras razones, las clases refinadas de la sociedad contrapusieron de forma sistemática sus expresiones musicales cultas —doctas— a estas manifestaciones populares consideradas, sumariamente, como vulgares e indecentes.

La respuesta del vulgo a la música docta que trataron de imponer transversalmente las clases dominantes encontró la forma de música popular. Se trata de una evolución de la música tradicional, bastante cercana en la historia, hacia un conjunto de géneros y estilos musicales que, a diferencia del folclore, ya no se identifican con naciones o etnias específicas. Este tipo de música se compone de piezas sencillas, de corta duración, que no suelen requerir de conocimientos musicales elevados para ser interpretadas y que alcanzan al común de las personas, gracias a la difusión que encuentran en su manifestación pública o en los medios de comunicación de masas. En efecto, un elemento central en el ámbito de la música popular es el hecho de que, frente a la folclórica, ya no es una expresión artística espontánea del pueblo sino que, primeramente, vive de su comercialización y, en segundo término, sus intérpretes son ya músicos profesionales. En consecuencia, puede afirmarse que la música popular surge fundamentalmente en Europa con el advenimiento de la Revolución industrial, en el siglo XVIII. Es lógico: un elemento central y necesario para la aparición de los instrumentos tal y como los entendemos hoy fueron las mejoras tecnológicas que posibilitaron que los fabricantes pudieran comenzar a producirlos en serie y a un precio asequible para las clases medias surgentes.

El segundo gran avance importante en el desarrollo de este tipo de música se produce a finales del siglo XIX gracias a las invenciones del fonógrafo por parte de Edison y del gramófono por parte de Berliner. Estos aparatos permiten al público en general grabar su propia música y hacerla llegar a grandes cantidades de personas a través del mercado fonográfico, o bien escuchar la música compuesta por otros sin necesidad de asistir o de producir conciertos en directo. Sin embargo, las temáticas inspiradoras de los autores e intérpretes de la música popular siguen en la misma línea de épocas pasadas y, por tanto, el rechazo sociopolítico que generan entre las clases dominantes —y la consiguiente represión puntual de algunas de sus manifestaciones— crece en la misma medida que ya no hablamos de expresiones locales, sino de formas creativas que ya alcanzan a los mercados nacionales e internacionales.

Ocurre, no obstante, que el problema de la cultura, muy especialmente cuando se trata de cultura de masas, es que ni espera a nadie ni es fácilmente reprensible o controlable. Por ello, cuando aún estaban calmándose los ecos de sendas guerras mundiales y Occidente salía de la depresión socioeconómica, cuando parecía que el mundo comenzaba a retomar el rumbo, cuando las campañas para el control de los contenidos del cine, del cómic, de la radio y de la incipiente televisión empezaban a surtir efecto, cuando los criminólogos, los psicopedagogos y los psicólogos de medio mundo comenzaban a respirar tranquilos y satisfechos por un trabajo de control y adiestramiento social bien hecho, vendría a estallar, en forma de música, la bomba sociocultural más potente de la segunda mitad del siglo xx: el *rock*. Un producto irreverente, a menudo indecente, dispuesto a dinamitar las más consolidadas estructuras e instituciones sociales que, además, poseía una capacidad de penetración sociocultural inédita en la historia de las expresiones artísticas. El *rock*, por definición y gracias a su adaptabilidad y su capacidad para fusionarse con cualquier otra forma de expresión musical, resultó ser un producto transcultural y transgeneracional.

ROLL OVER BEETHOVEN

La década de 1950, al otro lado del océano Atlántico, vio el nacimiento de una nueva generación de ídolos que simbolizaban entre la juventud la rebelión positiva; la ruptura para con la esterilidad y el adocenamiento de un mundo adulto regido por patrones morales estrictos, carente de pasión y dominado por el modelaje económico y henchido de convenciones sociales tan absurdas como inexplicables. En cierto sentido, el *rock*, un negocio artístico forjado en el submundo social, bajo la superficie aparentemente calmada de un país siempre turbulento en su fondo, vino a ser la contrapartida lógica del *american way of life*, del conservadurismo impuesto por las políticas restrictivas de la Guerra Fría y del ideal del control social que dominaba en las esferas científica y gubernativa, y que empezaba ya a ser muy contestado por buena parte de la intelectualidad. Cierto que aclamadas novelas como *Un mundo feliz*, de Aldous Huxley, aparecieron en 1932 para inaugurar un nuevo género de crítica social e histórica contestataria, de enfrentamiento directo para con la dirección tecnocrática que se pretende establecer desde los círculos del poder —de hecho, podríamos aventurarnos a afirmar que el relato de ciencia ficción es la primera gran expresión del posmodernismo. Pero será precisamente en torno a la década de 1950 que aparezca una nueva generación de autores que parirá textos ya clásicos en el ámbito de la ciencia ficción especulativa y la distopía: *1984*, de George Orwell, publicada en 1949; *Fahrenheit 451*, de Ray Bradbury, que se publica en 1953; o, por citar otro, *Lotería solar*, de Philip K. Dick (1955). Parece que el movimiento de protesta, crítica social y deseo de cambio en el modelo socioeconómico tecnocrático vigente, que en los años treinta apenas nacía, en los cincuenta comenzaba a mostrarse ya maduro.

Así, los adultos se encontraron muy pronto superados por un mundo que se pobló a velocidad de vértigo por aparatos de radio y tocadiscos que escupían *rock and roll* a todo volumen durante las veinticuatro horas del día. Canciones hedonistas, desenfrenadas, repletas de mensajes eróticos y revolucionarios e interpretadas en su mayoría por hombres jóvenes, a menudo atractivos e insinuantes, que volvían locas a las chicas más recatadas del vecindario. Descarados y sinvergüenzas a los que muchos chavales respetaban e idolatraban más que a sus propios padres y cuya estética y mensajes se empeñaban en seguir e imitar a todo trance. No es raro que, de súbito, los adultos, muchos de ellos excombatientes que habían contribuido con su propia sangre a la preservación del *estilo de vida americano*, reaccionasen de manera furibunda ante lo que tenía todo el viso de convertirse en una amenaza hacia el mundo que habían construido y sostenido con grave esfuerzo.

Porque el *rock* era contracultural, la reacción de una juventud nacida en otro tiempo, con la mayor parte de sus necesidades materiales inmediatas cubiertas y con otras inquietudes menos prosaicas que satisfacer. Y si empezaron a aparecer emisoras por todo el país que instauraron la costumbre de romper discos de *rock* en antena, o presentadores y comunicadores que se burlaban de las letras de las canciones *rock* en los programas de *prime time*[32], esta reacción llegaría pronto al ámbito de la cultura académica más respetable: el suplemento anual de 1955 de la *Enciclopedia Británica* describía el *rock and roll* como: «Un mínimo de base melódica y un máximo de ruido rítmico que compite deliberadamente con los ideales artísticos de la jungla»[33]. Sin embargo, fueron los propios roqueros los primeros en advertir el poder de penetración cultural que tenían a su disposición, de modo que no dudaron en ponerlo en funcionamiento. Así The Flying Burrito Brothers, quienes en 1969, conscientes del alcance de su medio de transmisión, publicaron la legendaria *Hippie boy*, canción con un mensaje transcultural obvio: «Amigo, sabes que nos separan / millones de millas. / Pero sabes que nos podemos divertir / al brillo del sol y al tiempo. / Así que por qué no dejamos / nuestras diferencias a un lado / y simplemente hablamos».

En el odio de los adultos hacia el *rock*, y más allá de su hincapié en el sexo y de la pose batalladora de sus letras e intérpretes, había también una fuerte impronta de rechazo racial. No olvidemos que se trataba de una música con un elevado componente de raíces musicales

---

[32] Célebre de entre muchas es la parodia que Steve Allen realizó para su programa de la NBC en 1957 a partir del exitoso tema *Be Bop a Lula*, de Gene Vincent.

[33] *Encyclopedia Britannica Book of the Year*, 1955, p. 470.

negras —horror— cuyo mismo nombre, *rock and roll*, procedía del argot afroamericano de la calle pues fue una derivación del término *rythm & blues* ideada por el pinchadiscos radiofónico Alan Freed en 1951. Así, muchas asociaciones y medios de comunicación partidarios de la supremacía blanca no tardaron en condenarla por todo el país como producto degenerado, primitivo y antisocial. Sorprendentemente, luego ocurriría que muchas de las revistas y emisoras que dedicaron graves esfuerzos a advertir de los perjuicios del *rock* se convertirían, a posteriori y cuando se demostró un negocio imparable, en sus grandes difusoras y defensoras. Al fin y a la postre, su enfrentamiento no pasaba de ser una mera pose: la revista *Variety* se había convertido en la portavoz de un sector empresarial caracterizado por el conservadurismo y se oponía a la mezcla indiscriminada de mercados. Si el *rock*, dados sus orígenes, quedase en el ámbito de la música negra, todo iría bien. Pero, el hecho de que los jóvenes blancos comenzasen a frecuentar ese mundo de raíces negras que no era el suyo despertó tantas sospechas como alarmas. Resulta sorprendente que, pese a todo, los artistas negros fueran sistemáticamente explotados por las discográficas en la misma medida en que durante décadas se mantuvieron mercados musicales separados: el de los blancos y el de los negros.

Dado que siempre existieron radios para blancos y para negros, discográficas para blancos y para negros e incluso circuitos musicales para blancos y para negros, es lógico imaginar que durante los primeros años del *rock* esta tendencia se mantuviera. El problema es que las emisoras, las discográficas y las salas de conciertos eran siempre controladas por los blancos, que timaban a todos los intérpretes sin distinción étnica, pero se cebaban especialmente con los negros en la medida en que su mercado era más pequeño y limitado económicamente, al no pagarles ni un céntimo por las versiones blancas —*covers*— de sus éxitos. Célebre es el caso de Arthur Crudup, cuyas canciones *That's allright mama* o *My baby left me*, clásicos indiscutibles, fueron versionadas exitosamente por Elvis Presley, Rod Stewart y Elton John, entre otros, sin que él percibiese jamás ni un centavo de todo aquel río de dinero. Pese a todo, hay que decir que con el paso de los años el *rock* conseguiría superar esta ambivalencia de mercados siendo, por cierto, el primer estilo musical de la historia en lograrlo para romper la barrera de las etnias.

Tampoco resulta menos paradójico que con el paso de los años, y contra la opinión generalizada que quiso convertirlo en un fenómeno pasajero, a medida que el *rock* demostró ser el estilo musical más flexible y apto para la colonización cultural e ideológica de cuantos han existido, fueron los propios partidarios de la supremacía blanca y de la xenofobia quienes optaron por hacer tabla rasa de sus orígenes y decidieron convertirlo en otro medio de reclutamiento, así como en un nuevo estilo de adoctrinamiento ideológico. Un preclaro ejemplo lo tenemos en la reversión sufrida por el concepto acuñado por el nazismo de música degenerada —como una manifestación más del arte degenerado en tanto que no alemán. El *jazz* y la música de origen judío fueron los principales objetivos de las críticas nazis a partir de 1933[34]. La idea, matizada pero no alterada en su fondo, perduró y se extendió entre los sectores más ultraconservadores y xenófobos del mundo alcanzando pronto al *rock* y todas sus expresiones. Sin embargo, a la vuelta de los años, esta situación se ha subvertido por completo, y nos bastarán unos datos: en el año 2006, sólo en Alemania, había 152 grupos de *rock* nazi activos y se dieron 163 recitales de *rock* neonazi en todo el país, según datos de la Oficina para la Protección de la Constitución Alemana. Y no solo allí. Sin lugar a dudas, hay informes que nos permiten establecer cómo este movimiento roquero violento y xenófobo se ha extendido y sigue creciendo por todo el planeta de manera lenta pero decidida, pues el error principal que se comete al abordar el crecimiento de estas corrientes de extremismo violento consiste en asumir la creencia de que se trata de grupos aislados, descoordinados y sin apenas relación entre ellos.

---

[34]Conocida es la anécdota ideológica de los valses de Johann Strauss hijo, piezas hacia las que los jerarcas nazis mostraban una especial predilección a la hora de aderezar sus bailes y reuniones sociales. La constatación de que Johann Strauss era de origen judío colocó al nazismo en una singular disyuntiva: falsificar la procedencia judía del músico austriaco o prescindir de los valses. En un ejercicio de cinismo extraordinario, se optó por la primera opción.

La música del diablo

Buena parte de la leyenda negra que acompaña al *rock* comienza en 1956 cuando un pastor pentecostalista, Albert Carter, lo condenó públicamente como música atea destinada a convertir a los jóvenes en adoradores del diablo y destructores de lo sagrado. Comentarios que no tardaron en extenderse a lo largo y ancho de Estados Unidos para provocar una ola de pánico moral equivalente a la que suscitó Fredric Wertham con sus diatribas contra el cómic. Por aquellos días, por cierto, ya corría por ahí la leyenda de Robert Johnson, el célebre *bluesman* negro que supuestamente se encontró con el diablo en un cruce de caminos siendo adolescente[35].

---

[35] De vida oscura y poco conocida, se cuenta que siendo un adolescente el músico negro Robert Johnson (1905-1938) —apodado como «el abuelo del *rock and roll*»— se perdió durante la noche en un cruce de carreteras, tradicionalmente uno de los lugares más adecuados para establecer pactos con Satanás. Allá se encontró con un hombre blanco vestido de negro, que le propuso la compra de su alma a cambio del éxito como intérprete. Johnson accedió y el tipo se limitó a tomar la guitarra que el *bluesman* siempre llevaba consigo para afinarla. Esto explicaría por qué las letras de las canciones de Robert Johnson tocaban a menudo temas como el vudú, el ocultismo o la adoración satánica y, dicen los más crédulos, también el hecho de que Johnson muriera prematuramente, por causas no del todo aclaradas, cuando sólo contaba veintisiete años de edad. Fue el precio que hubo de pagar a cambio de su rápido éxito, forjado únicamente en las veintinueve canciones que dejó grabadas (KOMARA, E. *The Road to Robert Johnson. The genesis and evolution of blues in the Delta from the late 1800s through 1938.* Milwaukee: Hal Leonard, 2007).

Las autoridades, en la línea de otras ocasiones, no tardaron en optar por la censura, las comisiones de investigación y la búsqueda de medidas para el control de la industria discográfica. Los propios artistas fueron víctimas de esta crisis moral en la medida en que muchos de ellos procedían de modestas familias tradicionalmente religiosas. Así por ejemplo el propio Elvis Presley, nacido y criado en una familia fundamentalista cristiana, quien nunca superó muchos de sus tabúes morales a pesar de su éxito y el enorme reconocimiento social que recibió a lo largo de los años: «Éramos una familia muy religiosa —recordaría más tarde Elvis—. Íbamos siempre juntos a los oficios [de la First Assembly of God Church] y a cantar a los campamentos estivales y a las reuniones evangelistas. Desde que tenía dos años todo lo que sabía cantar era música góspel»[36].

Lo cierto es que la ambivalencia moral, quizá su carácter amoral, hizo muy pronto que el *rock* ganase ingentes cantidades de enemigos entre los sectores más conservadores de la sociedad occidental. Algunos artistas encontraron la manera de conjugar ambas posturas aparentemente contradictorias, la ruptura moral del *rock* y las restricciones de la fe religiosa, como Cliff Richard, pero la mayoría no hallaron el camino y se vieron obligados a tomar partido. De hecho, durante los años sesenta el *rock* se convirtió en uno de los temas favoritos de los sermones de los pastores evangélicos, creándose con

---

[36] García, J. C. (ed.) *Elvis, el rey del rock*. Barcelona: RBA, 2000, p. 8.

ello una larga escuela de críticos y criticones dispuestos a ver la huella del demonio tras cualquier cosa que oliera —que huela— a transgresión roquera. Al fin y al cabo, buena parte de las estrellas del *rock* se reconocían abiertamente homosexuales lo cual, ya que estamos, era para muchos casi peor que la sospecha, todo un clásico, de haber vendido el alma al diablo. Otras, como David Bowie, se limitaron a jugar al mensaje de la indefinición sexual a fin de fomentar una imagen contracultural e irreverente.

En buena medida, el tema de la adoración del diablo en la música *rock* no ha sido otra cosa que una estrategia comercial útil iniciada, paradójicamente, por aquellos que pretendían condenarla. Leyenda arriba o abajo, el gran culpable de su proliferación y extensión no fue otro que un pastor cristiano fundamentalista, el padre Gary Greenwald, quien en la década de 1970 hizo mundialmente famoso el procedimiento llamado *backmasking* (o 'enmascaramiento al revés'). En su opinión, muchos discos de pop y *rock*, al ser escuchados en el sentido contrario al habitual, reproducían mensajes ocultos, supuestamente satánicos, que tenían el potencial de inducir subliminalmente a los sujetos a realizar actos perversos y contrarios a su voluntad. Muchos fueron los artistas acusados de realizar esta práctica en un primer momento, desde los Beatles a Led Zeppelin, pero lo cierto y verdad es que no ha podido establecerse de un modo fidedigno que los supuestos mensajes encontrados por Greenwald fueran otra cosa que curiosas asociaciones de sílabas y acentos. Debe recordar el lector que el inglés es un idioma que no se pronuncia como se escribe, lo cual a menudo origina esta clase de extrañas confusiones auditivas. Por otro lado, está por demostrar que, aun existiendo estos mensajes, el oído humano fuera capaz de interpretarlos y verse influido por ellos. A día de hoy la evidencia empírica a este respecto es inexistente.

Sin embargo, y desde entonces, los seguidores de Greenwald han dedicado millones de horas a la singular práctica de escuchar discos al revés, acusando a lo largo de los años a cientos de artistas de introducir esta clase de mensajes subliminales. Más aún, muchos roqueros o bandas, como es el caso de los británicos Venom, han comenzado a incluir a propósito en sus discos este tipo de mensajes e imaginerías en lo que sería, más allá de una irónica y nada inocente estrategia comercial basada en el escándalo, un guiño a sus fans. Uno de los que más comúnmente lo ha hecho y con no poco éxito es el controvertido Marilyn Manson.

Tampoco las portadas de los discos se han escapado al ojo crítico de los cazadores de demonios desde que The Beatles tuvieran la ocurrencia de introducir, entre el montón de personajes populares que se presentan en la portada de su legendario álbum *Sargeant Pepper's Lonely Hearts Club Band* (1967), el rostro del conocido satanista Aleister Crowley. A nadie preocupó, curiosamente, la presencia en la misma imagen de Poe, Oscar Wilde, Stan Laurel, Oliver Hardy o el mismísimo Bob Dylan. El hecho le valió al cuarteto de Liverpool una longeva historia alternativa de adoraciones al diablo y mitos musicales y personales jamás corroborados. Leyendas urbanas que terminarían por verse reforzadas en el imaginario colectivo, de suerte nefasta, a causa de la vinculación que Charles Manson estableció entre los crímenes de «La Familia» y el tema *Helter skelter*, o el luctuoso final de John Lennon, tiroteado por el despechado Mark David Chapman a las puertas del neoyorquino edificio Dakota el 8 de diciembre de 1980.

Sin embargo, la más famosa historieta de portada de *rock* maldita es, probablemente, la del primer disco de un grupo largamente relacionado con la adoración satánica: Black Sabbath. En ella aparece una mujer vestida de negro rodeada de un bucólico paisaje británico dominado por la presencia de una enorme casa de campo. Lanzado —intencionadamente, por supuesto— el viernes 13 de febrero de 1970, no sólo es un excelente y aclamado disco de debut, a pesar de la malas críticas entre la prensa especializada que cosechó, sino también un trabajo rodeado de una leyenda peculiar: cuando se reveló la fotografía de la casa, supuestamente embrujada, apareció por sorpresa esa mujer que, dicen, no estaba allí en el momento en el que el fotógrafo Marcus Keef captó la imagen. Lo cierto es que ni la banda ni la discográfica llegaron a afirmar jamás que esta historia fuese cierta, pero pronto se difundió entre los aficionados el cuento sobrenatural, llegándose a decir que ni tan siquiera la casa en sí misma existía, lo cual es obviamente falso pues el lugar está perfectamente identificado y se trata del molino de agua de Mapledurham, en Inglaterra. De la mujer, por otro lado, no se ha llegado a saber nada a pesar de que algunos periodistas se esforzaron por encontrarla sin resultados, pero la hipótesis más plausible y nunca discutida es que se tratara de una modelo.

Portada del primer disco de la banda británica
Black Sabbath… ¿Ha visto usted a esta señora?

En realidad estos críticos religiosos y otros alarmistas afines siempre han demostrado con sus diatribas fundamentalistas y escasamente documentadas haber entendido poca cosa, no ya de esa música que solo escuchan al revés, sino también acerca de la filosofía subyacente al *rock* mismo. Es cierto que su estética y conducta supera ampliamente los márgenes de los cultos cristianos tradicionales en la medida en que propugna la rebelión, la irreverencia y el desorden, elementos que defienden sin excepción los cultos religiosos, pero al mismo tiempo el *rock* es una música de enorme carga emocional y una fuerte perspectiva espiritual que no puede ser analizada solo externamente. No podría comprenderse el origen del *rock* sin el góspel, como tampoco podría comprenderse la evolución de muchas de sus estrellas hacia caminos espirituales, e incluso hacia la salvación vital y moral, sin su vertiente mística, sin su énfasis manifiesto, y muy extendido entre la mayor parte de las diferentes variantes del *rock*, en el amor, la trascendencia y la tolerancia.

> Ninguna metáfora ha evocado mejor el espíritu fugaz de aquel tiempo que el estribillo de una canción que en su expresión y contenido recoge aquella ligereza que actualmente no es tan difícil de entender en su liviandad y superficialidad: *if you can`t be the one you love, love the one you're with*, cantaba el cuarteto Crosby, Stills, Nash & Young, que actuó unido en Woodstock por segunda vez. Una confesión de fe, una cita de la Biblia *underground* [...]. Poder compartirlo todo, sin celos, envidia o competencia: amar y vivir, comida y drogas, música e incluso paz —en eso creían, totalmente en serio, y también creíamos muchos de nosotros. En medio de ese sueño, nadie pensaba en la carrera o el consumo. Ni siquiera en la catástrofe del sida.[37]

---

[37] SCHMITT, U. «Una nación por tres días. Sonido y delirio en Woodstock». SCHULTZ, U. (dir.), *La fiesta. De las Saturnales a Woodstock*. Madrid: Alianza, 1994, p. 76.

Del *rock* al delito

Como es de suponer, y a la par que los críticos religiosos, tampoco tardaron supuestos humanistas, sociólogos, criminólogos, psicólogos, etc., en presumir que el *rock* era una de las grandes fuentes de la delincuencia juvenil, porque siempre hay que inventarse una. Pronto se habían olvidado de que el peligro, supuestamente ya conjurado, era el cómic. ¿O no lo había sido el cine y los «terribles» seriales radiofónicos? Al fin y al cabo el *rock* también utilizaba muy a menudo como fuentes de inspiración, junto con el sexo y las drogas, otros elementos no menos perturbadores como las vidas de asesinos, la prostitución, las mafias, la experiencia del presidio o la delincuencia común. Elementos presentes en miles de canciones y en los más diversos contextos estilísticos. Consecuentemente, no tardaron en aparecer por todas partes los consabidos «paneles de expertos» y las comisiones destinadas al control de la radiodifusión de contenidos peligrosos.

El más famoso y reciente de ellos, probablemente, sea el que fundara junto a las esposas de varios congresistas y senadores estadounidenses la controvertida esposa de Al Gore, *Tipper* Gore, durante 1985. Llamado Parents Music Resource Center (PMRC); este organismo pretendía informar a los padres sobre las «modas alarmantes» que se imponían en la música popular. Sus componentes, apoyados en datos dudosos y de calidad científica inexistente, aseguraban que el *rock* glorificaba la violencia, el consumo de drogas, el suicidio y las acti-

El mítico Frank Zappa. Con él llegó el escándalo.

vidades criminales, entre otras muchas cosas, y proponía la censura directa o, al menos, la catalogación de la música por edades. Lo cierto es que las actividades del PMRC alcanzaron tal popularidad que la industria musical decidió, como ya ocurriera en el caso del cómic y del cine anteriormente, sucumbir a la autocensura para imponer la famosa etiqueta de *Parental Advisory* en todos aquellos discos cuyos contenidos pudieran considerarse controvertidos para los oyentes más jóvenes. La respuesta a esta medida no se hizo esperar: «La industria discográfica —diría Frank Zappa— actúa como un hatajo de cobardes. Teme mortalmente a la derecha fundamentalista y le echa un hueso con la esperanza de que no siga adelante. Pero este programa de la etiqueta sólo sentará un precedente, y querrán más»[38]. Apenas dos años después, en 1987, aparecería un organismo opositor al PMRC muy activo, Parents For Rock & Rap, que defendía la libertad de expresión y el respeto a la primera enmienda.

Incluso la cuna del *rock* europeo, Gran Bretaña, un país en el que este asunto nunca fue tomado muy en serio en sus orígenes, pasando prácticamente inadvertido, habría de sucumbir más pronto que tarde a la nueva corriente censora con el discurrir del tiempo. Así, se pasó de la sorpresa cuando un tipo desconocido por los adultos y llamado Bill Haley fuera recibido como un auténtico héroe durante su gira británica de 1957, al rechazo más absoluto cuando la gente comenzó a romper los asientos de los teatros durante los conciertos, a fin de poder bailar al son de la música. El *rock*, al final, parecía poco más que una fuente de vándalos, de problemas y de escándalos. Por doquier.

En nada ayudó al buen nombre del *rock* en parte alguna del mundo su constante y abusiva relación con las drogas y el alcohol. De hecho, la correlación estilo de vida roquero-consumo de drogas ha sido a menudo tan reiterativa y difundida por los medios que a muchas personas les resulta difícil imaginar a un intérprete de *rock* que no consuma sustancias prohibidas o peligrosas y, por

---

[38] GOLDSTEIN, P. *Parents warn: Take the sex and shock out of rock*. Los Angeles: *Los Angeles Times*, 25 de agosto de 1985.

simpatía, a menudo estima que el mero hecho de ser aficionado al *rock* es motivo más que suficiente para estar expuesto a la tentación de consumirlas. Sobre todo porque algunas de las más grandes y reconocidas estrellas del *rock* han muerto a causa de las drogas o de los excesos con la bebida. Entre muchos otros, Phil Lynott, líder de la banda irlandesa Thin Lizzy, realizó canciones autobiográficas sobre la materia llegando incluso a escribir un tema premonitorio, *Got to give it up*. En esta canción, que abre su álbum *Black Rose*, se hacía eco de los problemas con el alcohol y las drogas que al fin acabaron por llevarle a la tumba: «Decidles a mi padre y a mi madre / que su hermoso hijo no llegó lejos. / Lo hizo hasta el final de una botella / sentado en un bar mugriento. / Lo intentó con ganas / pero se rompió su espíritu».

Es cierto que la relación entre las drogas, el alcohol y las diferentes modalidades artístico-literarias es larga y podría rastrearse muchos siglos en el pasado, incluso hasta la misma noche de los tiempos y en casi todas las culturas pasadas y presentes. No obstante, más allá de posibles búsquedas místicas y vinculaciones religiosas, el gran estallido se produjo entre la bohemia decimonónica y no tardó en extenderse, por supuesto, también entre los músicos. Y se trata de una relación incluso coherente con la naturaleza del negocio musical y las condiciones de precariedad en las que muy a menudo se desarrolla. El mundo del roquero o del intérprete de *blues*, quienes en contadas ocasiones son estrellas que pueden obrar como les apetezca, es el de un artista enfrentado a horarios imposibles, interminables horas de trabajo y un público que se está divirtiendo, por lo que siempre quiere más y mejor. Algo a menudo muy complicado de sobrellevar sin ayudas. Por otra parte, las drogas y el alcohol tienen el problema de que una vez que se comienza a emplearlos con asiduidad es difícil detenerse y, por lo general, conducen a nuevas modalidades de consumo, a otros productos, a la experimentación y al deseo de novedad, e incluso a la falacia del falso control que el consumidor desarrolla sobre las sustancias, lo cual establece tremendos círculos viciosos que muy a menudo concluyen en el desastre.

A menudo la idea de la autodestrucción como excusa para el consumo de drogas no es más que un mito inventado por los fans —e incluso por la propia prensa y la industria discográfica—, para justificar honorablemente la muerte o el ocaso de sus ídolos. En realidad, el consumo de drogas es otra parte del negocio, del *rock and roll*, un elemento más del trabajo propiamente dicho. Así lo expresó J. J. Cale en *Cocaine*, una canción compuesta para *Trobadour*, su disco de 1976, que luego se haría mundialmente famosa al ser versionada por Eric Clapton: «Cuando el día ha terminado y quieres correr / cocaína. / Ella no miente, no miente, no miente… / Cocaína». De hecho, no es raro que la idea del artista de *rock* como genio atormentado y desquiciado que sufre indeciblemente y que debe recurrir a las drogas como escapatoria sea hoy, como lo fue en su día, poco más que una treta comercial, una pose ideada para obtener una mayor credibilidad ante el público.

Sea como fuere, en 1997, nada menos que la Organización de Naciones Unidas se sumó al coro de los críticos más recalcitrantes e intentó convertir las referencias a las drogas, el alcohol y el consumo de estupefacientes en el seno de la música popular contemporánea en un delito. El polémico informe hablaba de que las tácitas y constantes referencias a este asunto en la música popular podrían ser contempladas como simple apología de las drogas e invitación a su consumo y que, por tanto, deberían considerarse como netamente delictivas. El hecho es que, sin hacer notar que seguramente el Consejo Internacional de la ONU debe tener con toda probabilidad cientos de cosas mejores en las que ocuparse, no es menos verdad que, de haber tenido un éxito que afortunadamente no tuvo, esta medida hubiera supuesto la defenestración total de un cauce de expresión estética, una vía de incomodo cultural y una canalización de la protesta social con una capacidad de convocatoria de un alcance sin precedentes históricos conocidos. Quizá este silenciamiento de una de las manifestaciones culturales más incómodas, permanentes y virtualmente ingobernables de todos los tiempos era en el fondo lo pretendido por los proponentes de la medida.

CUESTIÓN DE IMAGEN

Otro de los motivos que han conducido a la idea del *rock* como fuente de conductas criminógenas ha sido su inevitable tendencia a escandalizar. Algo que fue instaurado como norma habitual del negocio a partir de 1970 por las propias discográficas y promotores como elemento destinado a mantener el interés entre unas audiencias que empezaban a llegar al agotamiento tras el empuje comercial de las dos primeras décadas. Al fin y al cabo, los expansivos sesenta habían mermado mucho la capacidad creativa en los planos artístico y contracultural del *rock*, y era el momento de introducir nuevas variables para asegurar la existencia del mercado. El escándalo como *marketing*, como un elemento más del espectáculo. En un momento en el que los espectadores estaban de vuelta, era necesario ofrecerles emociones más fuertes e intensas, y los roqueros, a decir verdad, hicieron graves, grandes y constantes esfuerzos por superarse: escenarios cada vez más exagerados, juegos de luces más aparatosos, volumen más elevado, histrionismo, escándalos, conductas excesivas e inapropiadas. Todo llegó a valer.

Frank Zappa, maestro de muchos roqueros posteriores en materia de espectáculo y planificación visual, se convirtió en un experto en el arte de escandalizar sobre un escenario con sus números de morbosidad y exceso tan efectistas como bien calculados. El público de Zappa, acostumbrado a su nihilismo radical, llegó a ser el más duro y complejo de cuantos pudiera enfrentar un artista por la sencilla razón de que, más allá de su incuestionable calidad como músico, Zappa lo había acostumbrado a tal cantidad de dislates, excesos y excentricidades, que resultaba prácticamente imposible mantener el nivel y satisfacer las expectativas para cualquier otro artista. Bien llegó a saberlo Tom Waits, quien fue su telonero en los comienzos de su carrera, y hubo de aguantar impertérrito prácticamente de todo por parte de los seguidores hostiles y desbocados de Frank Zappa mientras trataba de sacar adelante su repertorio. Todo llegó a ser muy absurdo y atroz. El propio Zappa contó que su camino hacia el exceso comenzó por pura casualidad: en una actuación invitó a unos chavales a subir al escenario y les entregó una muñeca hinchable. «Aquí tenéis una chavala asiática —les dijo—. Mostradnos lo que hacemos con ellas en Vietnam». Los aguerridos mozos destrozaron la muñeca en lo que fue una auténtica apoteosis de salvajismo. El éxito motivó a Zappa a seguir en adelante con aquellos numeritos a los que él denominaba eufemísticamente «ayudas visuales». Sea como fuere, el ejemplo de Zappa nos permite entender las razones por las que gente como The Who, Kiss, Sex Pistols, Black Sabbath y muchos otros se lanzaron a su particular carrera de excesos, pastiches de satanismo, caras pintadas, vestuarios de fantasía y fuegos de artificio: simplemente funcionaba en las tiendas de discos y en las salas de conciertos. El caso concreto de Kiss, por lo demás, es paradigmático de hasta dónde se puede llegar con una buena puesta en escena, en la misma medida en que los personajes histriónicos que hicieron de sí mismos les auparon hasta protagonizar programas de televisión, películas de cine e incluso sus propios cómics.

La manifestación más directa de este amor por lo excesivo —incluso por lo decadente— se transfiguró en la denominada «furia viajera», una expresión aséptica destinada a explicar lo que en realidad eran las enormes excentricidades que grupos e intérpretes cometían durante las giras, fuera de los escenarios, en el espacio entre un concierto y el siguiente. Destrozos en los hoteles, fiestas salvajes, consumo desmesurado de drogas, vicios de toda suerte, orgías... Cualquier cosa llegó a parecer poco en una carrera desenfrenada por superar las barbaridades de la gira anterior o de la banda competidora. El origen de estas conductas disparatadas se encuentra en el alcohol, las drogas, el aburrimiento, la euforia o la frustración inevitable durante una gira larga y rutinaria, repleta de horas de soledad, emociones reprimidas y la presión de agotadoras actuaciones. Luego, sin embargo, sería también otro motivo de promoción discográfica. No olvidemos que en su afán por llegar a la mayor cantidad de gente en el menor tiempo posible, las giras roqueras consisten en cubrir ingentes cantidades de kilómetros en poco tiempo, con calendarios muy rigurosos, a un ritmo agotador. Esto explica los accidentes en los que muchos artistas han perdido la vida de forma trágica. Vivir deprisa, vivir al límite: «Y él era demasiado viejo para el *rock 'n' roll* / pero demasiado joven para morir —cantaban Jethro Tull en 1976—. No, nunca eres demasiado viejo / para el *rock 'n' roll* / si eres demasiado joven para morir».

Es inevitable que los fans más enajenados e irracionales, a veces, pierdan los papeles y pretendan imitar las extravagancias de sus ídolos mucho más allá de lo que sería razonable. Incluso que se sientan inspirados por ellos a hacer cosas que, por supuesto, nadie les pide ni pretende que hagan. Hay quien quiere ver en estas actitudes un efecto motivacional del *rock* hacia el crimen, las conductas autodestructivas, el suicidio y el delito cuando, en realidad y por fortuna, no sólo ocurren mucho más raramente de lo que se suele creer, sino que además suelen ser el resultado de personalidades inestables o sugestionables, de situaciones indeseables, o de la coincidencia de ambas cosas.

El primer episodio de fans descontrolados se produjo en los mismos orígenes del *rock*, el 21 de marzo de 1952, en Cleveland, y no fue precisamente la música —o su contenido— la culpable del desaguisado: unos promotores excesivamente avariciosos habían vendido hasta dos entradas por cada asiento, el sonido era pésimo y varios de los asistentes fueron aceptados en el recinto pese a estar completamente borrachos. Finalmente, a causa de la reyerta inevitable que se produjo motivada por las pésimas condiciones existentes, el concierto tuvo que ser suspendido, hubo cinco detenidos y varios heridos por arma blanca. Es obvio que la culpa no fue del *rock*, pero la prensa de la época no lo entendió de este modo. Lo mismo le ocurrió al pobre Bill Haley durante su gira europea de 1957: durante su actuación en Berlín, por motivos que se desconocen, se produjo una batalla campal que se saldó con varios heridos y una brutal actuación policial. Y luego vino la euforia desatada y excéntrica de la «beatlemanía» y la «stonemanía»… Hasta los disturbios que, en 1979, culminaron con la muerte de once fans de The Who en Cincinatti a causa de una estampida, y que han sido considerados el mayor desastre de la historia acaecido en un concierto *rock*.

Para entonces ya había ocurrido el conocido disparate de Charles Manson y «La Familia», quienes en el colmo del absurdo se dijeron inspirados por los mensajes subliminales de las canciones de los Beatles —concretamente de su tema *Helter skelter*[39]. También el desastre durante la actuación de los Rolling Stones el 6 de diciembre de 1969 en Altamont, en la que un joven negro, Meredith Hunter, fue golpeado hasta la muerte por miembros de la conocida banda motera los Ángeles del Infierno. Lo irónico del caso, que ha hecho correr ríos de tinta, es que en ese preciso momento Jagger y sus chicos estaban interpretando uno de sus grandes clásicos: *Sympathy for the Devil*, título que curiosamente siempre ha sido mal traducido al castellano dando lugar a las consiguientes malinterpretaciones, pues *sympathy* no significa 'simpatía' sino 'lástima, pena o compasión'. En 1974, un muchacho de Calgary se ahorcó con tan solo trece años al intentar imitar el clímax de un concierto de Alice Cooper. Otro sujeto de Baltimore sufrió graves quemaduras en 1978 al intentar imitar el número de escupefuego que realiza en sus conciertos Gene Simmons, el bajista de Kiss… Unos jóvenes se terminaron suicidando durante la escucha de la canción *Better by you, better than me* de los Judas Priest, a quienes el fiscal acusó infructuosamente de haber introducido mensajes sublimi-

---

[39]Disparate en todos los sentidos del término y en todas las direcciones imaginables. El caso de Manson comenzó con la ideología —bien regada de drogas y alcohol— pervertida y delirante de un chorizo del montón, continuó con un tratamiento jurídico y mediático rayano en el más completo absurdo y terminó convirtiendo a un hombre que físicamente no mató a nadie en un ejemplo paradigmático del «asesino en serie». De locos.

nales instigando al suicidio… El propio John Lennon terminó por convertirse en víctima de su éxito como estrella del *rock* al ser asesinado a la misma puerta del edificio en que vivía por un fan despechado, Mark David Chapman, en 1980.

Mala prensa

Cierto. Son casos particulares, peculiares, incluso raros por su escasez estadística y en su mayor parte producto de malentendidos y enajenaciones, pero ello no ha obstado el fomento de una ola crítica para con el *rock* que nunca ha dejado de defender la idea de que es un pozo de conductas desviadas, forja de criminales, cuna del delito. No hay que irse fuera de España, ni remontarse décadas en el pasado para observar esta criminalización a veces rayana en lo grotesco: cuando Cristina Martín, una chiquilla de la localidad toledana de Seseña, de tan sólo trece años de edad, fue asesinada en 2010 durante el transcurso de una pelea y por una compañera de su centro escolar, nadie se preguntó la razón última de que dos jovencitas quedaran en una fábrica abandonada supuestamente para pegarse a causa —nada menos—de los favores de un chico. Nadie quiso enterarse de que la asesina confesa venía de una familia desestructurada y problemática y era una chica difícil de la que nadie había decidido ocuparse con un mínimo de seriedad. Nadie indagó en el hecho de que, siendo la disputa entre asesina y asesinada algo que venía de atrás —una más de las muchas

Francisco Pérez Fernández

comidillas del centro académico— ningún adulto se interesara lo suficiente como para tomar cartas en el asunto. Nadie incidió en que el desastre podría haberse evitado de haberle prestado la debida atención, cosa difícil en una sociedad que deja poco tiempo a los adultos para ocuparse, o simplemente enterarse, de qué hacen los más jóvenes.

Silenciadas las cuestiones verdaderamente relevantes, lo único que importó fue el sensacionalismo de criminalizar a «los góticos» porque la todavía presunta asesina había colgado algunas fotografías de contenido macabro en el perfil de una red social. Nadie, por cierto, arremetió contra los medios que difundieron estas fotografías de una menor de manera ilegal. En absoluto. Lo único que importaba era significar que había en España una comunidad de tipos llamados «góticos», en los que nadie parecía haber reparado hasta entonces, que supuestamente escuchaban «música diabólica», vestían «como el demonio», «adoraban a los muertos» y debían ser erradicados de la sociedad por el bien público. La historia de siempre. Cuando el mundo nos demuestra a las claras que no funciona bien, es mejor y más simple criminalizar al primero que se nos cruce que tratar de profundizar en las disfunciones reales para corregirlas. Las cuestiones de fondo se vieron reemplazadas por un debate insustancial y repleto de simplezas: ¿por qué razón una jovencita de trece años desearía hacerse fotografías en un cementerio?

En efecto. Los medios de comunicación, a menudo alimentados por las estrellas del *rock* y sus enredos, han contribuido sobremanera a la difusión de estas ideas perniciosas acerca de la juventud «descarriada», la maldad inherente al *rock,* la música como elemento catalizador de lo peor que hay en el ser humano. Si el negocio del *rock* es la venta de ilusiones a la masa, para ello son imprescindibles los medios, pero es un hecho que a menudo la prensa no ha jugado limpio con una empresa que, como la musical, ha sido muy simbiótica y en absoluto desagradecida a la hora de dar de comer y ofrecer cobijo profesional a muchos periodistas. En cierto sentido, el periodista musical bordea a menudo el terreno de la prensa rosa y puede deslizarse hacia ella con suma facilidad si no anda espabilado. La presión de los fans suele ser tan fuerte que resulta tentador para el profesional —y los medios que le sostienen— convertirse en simples voceros de batallitas salidas de tono de famosos y trapos sucios. Resultado: a menudo la prensa musical ha hablado de casi todo excepto de música, y basta con leer muchas de las entrevistas que se realizan a los artistas para comprender de qué estamos hablando. Así, una vez dado el contexto, el resto del proceso a menudo viene dado.

9

Redefiniendo al asesino

A todo esto, no debe creer el lector que la idea de la cara como espejo del alma, o de la «mente criminal» en tanto que deformidad física, había muerto con los últimos ecos del lombrosianismo. Muy al contrario, sólo quedó aletargada, pues con la traducción al inglés, en 1925, de su *Koperbau und Charakter*[40], Ernst Kretschmer relanzaba al seno de la comunidad internacional la apuesta clásica de la importancia del elemento biológico en la personalidad de los sujetos, hasta el punto de sostener que

---

[40]Se toma como referencia la cuarta edición española de 1967: *Constitución y carácter: Investigaciones acerca del problema de la constitución y de la doctrina de los temperamentos*. Barcelona: Labor.

existía una unidad morfológica, fisiológica y psicológica tan fuerte en el ser humano que las reacciones temperamentales, en el fondo, no eran otra cosa que un reflejo de su tipo corporal.

Biotipos en acción

Kretschmer construyó una tipología basada en el factor somático y temperamental que todavía se emplea con más o menos matices en el presente, constituyéndose en otro de los dudosos —y manidos— dejes del positivismo que prevalecen en la psiquiatría, especialmente en aquella que trata de abordar el comportamiento criminal y sus manifestaciones. Lo sorprendente, parafernalia conceptual aparte, es que se trata de la misma clase de idea que ya sostuvieron Hipócrates, Galeno, Laycock o Lavater. La misma idea que recuperó la psiquiatría decimonónica, la que subyace a la antropometría de Bertillon y, por supuesto, la misma que resuena en el fondo de los argumentos de Lombroso. De hecho, más que una teoría científica —que no lo es por indemostrable e indemostrada—, tiene todo el aspecto de tratarse de un prejuicio cultural cíclico. De un error de apreciación que todas las generaciones parecen dispuestas a repetir con fruición.

No obstante, a la hora de adecuar su biotipología al ámbito de la delincuencia, Kretschmer desarrolló dudas más que razonables, por lo que se abstuvo de precisar relaciones entre los delitos en general y el somatotipo del delincuente. De hecho, quiso ofrecer una tipología criminal de talante aproximativo que más que entretenerse tal vez de suerte infructuosa en buscar el biotipo criminal —el dichoso «criminal nato»— por excelencia, trató de correlacionar los factores corporales y temperamentales con una u otra clase de delito. También introdujo una serie de elementos de carácter endocrinológico que, sin embargo, no aclaró en demasía.

Sea como fuere, la sugestiva visión de Kretschmer, que en gran medida venía a colocar a la altura de los tiempos propuestas muy antiguas, alentó a muchos a proseguir en la misma dirección. A finales de la década de 1930, autores como el norteamericano Ernest Hooton ya publicaban exitosos trabajos revisionistas y beligerantes con respecto a las visiones propiamente mentales o psicosociales del crimen, en los que sostenía la naturaleza subdesarrollada y primitiva del delincuente, al que describió como un ser inferior desde el punto de vista orgánico que suele tener labios finos, hombros caídos y orejas pequeñas. En todo caso, Hooton no estableció una tipología delincuencial, pero sí correlacionó diversas formas delictivas con el posible biotipo de sus autores.

Lo cierto es que la fiebre por la biología del crimen se ha mantenido viva hasta el presente, especialmente en Estados Unidos, donde se llegó a fundar nada menos que una escuela americana de Biotipología de la que han formado parte autores tan destacados como W. H. Sheldon, considerado principal continuador del trabajo de Hooton desde el ámbito de la embriología. En efecto, en opinión de Sheldon, que publicó en 1949 *Variedades de delincuencia en los jóvenes*, la conducta criminal se desarrolla a partir de las particularidades del blastodermo[41] durante el período embrionario del individuo. Una teoría que Sheldon vino a perfeccionar, sin duda, pero que ya había sido, al menos, sugerida en su día por otros, como el célebre fisiólogo alemán Ernst Haeckel.

El blastodermo, precisa Sheldon, cuenta con tres capas concéntricas de blastómeros a las que se denomina sucesivamente endodermo (desde el que se origina el aparato digestivo), mesodermo (desde el que se desarrollan huesos, músculos y tendones) y ectodermo (desde el que parte el desarrollo del tejido nervioso y la piel). Así, se establece que desde el predominio en el desarrollo fetal de cada una de estas capas de blastómeros parten las tres grandes tipologías somáticas del individuo: la ectomórfica, la mesomórfica y la endomórfica. Por lo demás, Sheldon apoyó su teoría en abundante investigación fotográfica, profusas mediciones antropométricas y análisis factoriales de las medidas obtenidas, lo cual le permitió llegar a establecer algunas correlaciones estadísticas entre el cuerpo y la personalidad más o menos constantes entre la población.

---

[41] El blastodermo es el acumulamiento celular del embrión cuando se encuentra en estado de blástula. Está conformado por una o varias capas de blastómeros, o células resultantes de la división celular del huevo tras la fecundación, dispuestos periféricamente en torno a una cavidad a la que se denomina blastocele. La blástula es la fase embrionaria precoz que sigue inmediatamente a la segmentación del óvulo (o conformación de la mórula).

Todo este embrollo del «eres lo que pareces» siguió adelante durante la década de 1950 con otras aportaciones de mayor o menor relevancia, como las realizadas por el matrimonio Glueck, pero pronto se le fue acabando la cuerda en la medida en que, muy a pesar del ingente aparataje estadístico y fotográfico del que solían valerse sus defensores, siempre quedaban dudas en cuanto a la causas últimas de los fenómenos que se trataban de esclarecer. Por otro lado, todo esto parecía mostrar escasa aplicabilidad en el ámbito individual, en la medida en que, aunque pudiera funcionar a gran escala demográfica, no era a menudo aplicable a los individuos particulares. Así por ejemplo, no es lo mismo decir —como hicieron los Glueck— que entre los delincuentes siempre había un mayor número de mesomorfos, que determinar que alguien podía ser delincuente por el simple hecho de tener ese biotipo… ¿Qué hacer entonces con los millones de mesomorfos que no habían cometido delito alguno? ¿Habría que encerrarles como política preventiva? O, peor todavía, imaginemos que tenemos dos sospechosos de un delito que responden a biotipos diferentes, siendo las pruebas inculpatorias muy similares en ambos casos… ¿Hemos de sospechar principalmente del mesomorfo por la absurda razón de que no es endomorfo?

Las sugerentes y arrebatadoras teorías de los biotipólogos se topaban, por tanto, en la práctica, con dificultades insalvables devenidas del hecho de que eran notoriamente erróneas en su planteamiento. Así lo manifiestan especialistas como Ian Gregory:

> 1) la complexión puede influir en la conducta, sea de modo directo o indirectamente al modificar las experiencias a las que está sometido un individuo; 2) la conducta puede influir en la constitución de modo directo o de modo indirecto por modificación de algunos factores que actúan directamente en la constitución; o 3) la constitución corporal y la conducta pueden ser influidas de modo independiente por otro factor determinante; por ejemplo, la «dote» genética o las experiencias en relación con la pertenencia a una familia o grupo socioeconómico.[42]

NO ERES LO QUE PARECES... SINO LO QUE HACES

Sucedió entonces algo que cambió por completo la comprensión del crimen en la cultura científica y, por tanto, también en la jurídica, en la policial y finalmente en la popular, y nos referimos a la reformulación del problema que nos ocupa en términos de conducta. Así, ya que no podemos explicar el delito desde variables propiamente mentales en la medida en que lo psíquico no es directamente observable, y dado que tampoco puede ser

---

[42]GREGORY, I. *Psiquiatría clínica*. México D. F.: Editorial Interamericana S. A. (2ª ed.). 1970, p. 114.

razonado a partir de variables netamente biológicas, en la medida en que tener un aspecto monstruoso no tiene por qué convertir a un sujeto en monstruo moral, siempre podremos referirnos a lo que las personas hacen, a sus conductas. Ahora bien, el factor determinante a la hora de comprender lo que hacen las personas es el ambiente, y entonces la explicación al crimen ya dejará de residir en el propio sujeto y se desplazará hacia su exterior.

Cualquier conocedor de los avatares vividos por la psicología contemporánea tiene noción del impacto que tuvo ese ambientalismo radical propugnado desde las posiciones conductistas y que significó una completa, y controvertida, revolución teórica. El propio padre de la criatura, John B. Watson, tenía una clara noción de la magnitud de su propuesta cuando en el año 1913, en el que aparece el célebre artículo conocido como *manifiesto conductista*[43], sembró la polémica al aseverar que «el conductista, en sus esfuerzos por lograr un esquema unitario de la respuesta animal, no reconoce línea divisoria alguna entre el ser humano y el animal. [...] La psicología que yo pretendería elaborar tomaría como primer punto de partida el hecho observable de que cualquier organismo, tanto animal como humano, se adapta al medio gracias a su dotación hereditaria y hábitos». Y lo cierto es que, en la práctica, el conductismo psicológico operaba como el complemento perfecto de las posturas ecológicas que

---

[43] WATSON, J. B. «*Psychology as the behaviorist views it*». En: *Psychological Review, 20*, 1913, p. 158-177.

parecían imponerse en el ámbito sociológico —como la de Edwin Sutherland, por ejemplo, quien reaparecerá más adelante. De hecho, nunca crecieron tanto la psicología social, la sociología y la antropología como campos de estudio con límites propios y bien establecidos como cuando sus planteamientos se encontraron y trabaron con el conductismo a partir de la década de 1920.

Aplicado al entendimiento de la conducta criminal, el ambientalismo paradigmático de las posiciones conductistas más extremas, que transformaban a los organismos en máquinas de emitir respuestas ante los estímulos del medio, supone centrarse en el estudio de las experiencias vitales del delincuente y, por lo tanto, desentrañar los condicionantes externos de sus actos. En otros términos: más que al propio sujeto, debiera estudiarse la criminalidad que le rodea, o bien, los aprendizajes previos que le llevan a asociar irremediablemente diferentes situaciones estimulantes de su vida diaria con el desempeño de conductas criminales. El archiconocido neoconductista Bhurrus F. Skinner lo explicó con enorme concisión:

> Lo que una persona «piensa hacer» depende de lo que ha hecho en el pasado y de lo que le ha sucedido como consecuencia de ello. [...] El problema auténtico estriba en la efectividad de las técnicas de control. No resolveremos los problemas del alcoholismo y la delincuencia juvenil mediante el aumento del sentido de la responsabilidad. El verdadero «responsable» de la conducta inconveniente es el ambiente,

y es por tanto ese ambiente lo que debemos cambiar, no ciertos atributos del individuo.[44]

En efecto, las posiciones ambientalistas minimizan la responsabilidad particular de los sujetos sobre sus actos en la medida en que, realmente, no reconocen que esa virtud a la que habitualmente llamamos «responsabilidad» exista efectivamente. Y esto es así porque el ser humano, al igual que cualquier otro ser vivo, estaría sometido a una suerte de *dictadura medioambiental* que controla y determina sus conductas en una u otra dirección, reduciendo los márgenes del libre albedrío a niveles tan relativos en lo teórico, como despreciables en la práctica. La cuestión subsiguiente es obvia: ¿qué pasa entonces con la justicia? ¿Se puede juzgar cuando no existe libertad efectiva y, por consiguiente, responsabilidad sobre el acto? Evidentemente, y por molesto que pueda resultar a los más furibundos defensores del libre albedrío —y de todas sus consecuencias teóricas y prácticas—, Skinner manifestó que la justicia tal y como se concibe en nuestras sociedades parte de un error de bulto: la consideración de que residen en el individuo y no en el ambiente los factores decisivos acerca de «lo que se debe hacer».

En otros términos: si queremos evitar el delito lo que ha de hacerse no es tan simple como vigilar o cas-

---

[44]Skinner, B. F. *Más allá de la libertad y la dignidad*. Barcelona: Martínez Roca, 1986, p. 72-74.

tigar a las personas a fin de que no hagan el mal, actividades que llevan milenios desarrollándose y que se han mostrado por completo inefectivas, sino modificar las condiciones medioambientales e invertir en prevención:

> No por el hecho de haber sido castigada, la persona estará menos inclinada a comportarse de esta o de aquella forma. En el mejor de los casos, tan solo aprende a precaverse del castigo. [...] Bajo contingencias punitivas, la persona parece que es libre para comportarse bien, y merecer, por tanto, elogios cuando así lo hace. Las contingencias no-punitivas originan la misma conducta, pero no puede decirse que la persona sea libre, y son entonces esas contingencias las que se hacen acreedoras de elogio cuando la persona se comporta bien. Poco o nada le queda entonces al hombre autónomo por hacer, y, por tanto, poco o nada por lo que ser elogiado.[45]

En definitiva, el conductista se defiende de las previsibles críticas argumentando que lo realmente molesto para los defensores de la «autonomía» humana es el hecho de que negarla, simplemente, impide que pueda hablarse de *la moral, la virtud, la bondad* o *la maldad*... Ideas clásicas que jalonan y delimitan todos los ámbitos de la actividad individual, y alrededor de las cuales hemos construido las culturas y las sociedades que nos acogen.

---

[45] *Ibíd.* anterior, p. 80.

Ahora bien, esta tendencia fracasará sin remedio en la medida en que lo acertado no es tratar de crear hombres mejores, sino esforzarse por elaborar mejores ambientes.

Una de las primeras consecuencias metodológicas aplicadas al mundo de la investigación criminal del «eres lo que haces» propugnado desde el conductismo es hoy tan conocida que casi todo el mundo cree conocerla. Nos referimos a la llamada «perfilación criminal». Una herramienta que nació tardíamente, en torno a la década de 1950, de la mano de la pequeña comunidad de investigadores empleados en la Unidad de Ciencias del Comportamiento (Behavioral Sciences Unit)[46] que dos empleados del FBI, Howard Teten y Pat Mullany, fundarían bajo la dirección de Roger Depue. La idea de partida era concisa: cualquier crimen, en tanto que conjunto de conductas que pueden ser estudiadas y diseccionadas, refleja siempre de un modo u otro la personalidad de su autor.

Rastreando el crimen imperfecto

Este planteamiento policial, sin embargo, no era en absoluto novedoso y es fácil encontrar idearios similares al descrito en la literatura de finales del xix y comienzos del xx. Probablemente el *perfilador* de novela más conocido no sea otro que el archiconocido Sherlock Holmes

---

[46]Hoy, integrada en el seno del Centro para el Análisis del Crimen Violento (NCAVC), es llamada *Investigative Support Unit*.

imaginado por Arthur Conan Doyle, quien, dicho sea a título de anécdota, era bastante mejor escritor que perfilador o detective. Conan Doyle fue requerido en alguna ocasión por Scotland Yard para que opinara sobre algún que otro caso, y tampoco dudó en ofrecer sus opiniones sobre diferentes investigaciones de moda en diversos rotativos a lo largo de su vida. Rara fue, sin embargo, la ocasión en la que acertó con sus especulaciones. Por otra parte, y con anterioridad al trabajo del FBI, la práctica policial había desarrollado a lo largo de su acción métodos imperfectos, poco precisos, pero no menos útiles, de perfilación que se aplicaban de forma más o menos sistemática a la investigación de casos concretos.

Así, por ejemplo, el cirujano Thomas Bond, tras el análisis pormenorizado del cadáver de Mary Jane Kelly, la última prostituta asesinada por Jack el Destripador, realizó un detallado informe en el que trataba de perfilar la personalidad, así como de explicar los actos del criminal. Informe cuya eficacia desconocemos debido a que nunca pudo capturarse al asesino cuya conducta trataba de aprehender. Sin embargo, es probable que el primer gran intento de perfilación criminal sistemática no sea otro que el concienzudo trabajo del jefe del Departamento de Homicidios de la policía berlinesa, Ernst Gennat, quien estudió en profundidad toda la documentación relativa a los asesinatos del Vampiro de Düsseldorf bajo la convicción de que así podría hacerse una idea de quién y cómo era el criminal. Gennat, carente de los medios y conocimientos necesarios para el trabajo, fracasó en el intento de llegar hasta el «vampiro» por esta vía, pero el método empleado y descrito por él mismo resultó muy inspirador debido a que muchas de sus conclusiones resultaron ser acertadas cuando Peter Kürten fue detenido con posterioridad. Del mismo modo, la práctica de estos rudimentarios sistemas de perfilación se convirtió, a partir de 1930, en una forma de trabajo habitual de los servicios secretos, que solían valerse de psiquiatras y psicólogos a fin de que elaborasen informes acerca de la personalidad y posibles reacciones ante cierta clase de eventos de líderes nacionales o extranjeros[47]. Todo lo vino a cambiar el primer gran perfilador de la historia, que sentaría las bases metodológicas principales de un trabajo que, a veces con escasa fortuna, el cine y la televisión han convertido en tópico. Nos referimos al psiquiatra neoyorquino James Brussels cuyo trabajo resultó tan eficaz que sorprendió a propios y extraños.

En 1956, Brussels fue requerido por la policía a fin de realizar el perfil de un sujeto que se hacía llamar a sí mismo *Mad Bomber* y que había colocado hasta treinta y dos paquetes explosivos en el área metropolitana de Nueva York durante ocho años. Se le remitió toda la información disponible —un voluminoso dosier con cartas enviadas por el delincuente, fotografías de los escenarios

---

[47] Sabido es, por poner el caso, que la CIA, llamada en la época de la Segunda Guerra Mundial Oficina de Servicios Estratégicos, solicitó del psiquiatra Walter Langer la elaboración de un perfil psicológico de Adolf Hitler. La idea subyacente al proyecto era la de poder anticiparse a los futuros movimientos políticos y estratégicos del líder de la Alemania nazi.

de los crímenes y miles de detalles relativos a la investigación— con la esperanza de que el psiquiatra encaminara a los agentes allí donde el resto de los métodos habituales había fallado. En respuesta, Brussels construyó un célebre informe en el que se sugería a los agentes que buscasen a un hombre de mediana edad, atlético con un ligero sobrepeso, probablemente de origen extranjero, de religión católica, soltero y que tal vez conviviera con una hermana. Añadió que el sujeto en cuestión debía de ser algo paranoico y odiar a su padre, mientras que habría sido mimado en exceso por su madre. Y sorprendió la anotación final del escrito ya que afirmó que, cuando se le capturase, llevaría un traje de tres piezas con el chaleco pulcramente abotonado. Alguien lo tomó a risa. Pero cuando George Metesky fue detenido en su propia casa en enero de 1957, las bromas se terminaron y la policía pensó que Brussels era un auténtico adivino: el loco de las bombas tenía cincuenta y cuatro años, era de complexión fuerte, de origen polaco, soltero, católico, convivía con sus dos hermanas… Y al vestirse para acompañar a sus captores escogió un modelo de traje exactamente igual al descrito por el perfilador. Este sonado éxito fue lo que animó a los hombres del FBI, Teten y Mullany, a constituir los cimientos de lo que luego será la BSU, uno de cuyos primeros y más estrechos colaboradores fue obviamente James A. Brussels.

Pero no existía magia alguna. De hecho la idea de Brussels fue la de elaborar un instrumento que partiese de una consideración completamente subjetiva del crimen —la aportada por el perfilador— para, paulatinamente y sobre las pruebas recogidas, ir convirtiéndola en una imagen objetiva. Las bases del trabajo de Brussels fueron posteriormente perfeccionadas por la segunda generación de agentes especiales al frente de la BSU, encabezada por Robert K. Ressler, Roy Hazelwood, John Douglas y Dick Ault. La gran innovación de este equipo fue la de introducir en los esquemas de investigación policial la célebre caracterización distintiva del asesino «organizado» frente al asesino «desorganizado». Disyunción que ha alcanzado tal grado de éxito popular, especialmente a través de la aportación de la industria literaria y cinematográfica estadounidenses, que se ha convertido en un elemento más de la cultura de masas.

Lo interesante de cara al problema que nos ocupa es que todo este proceso de redefinición científica y policial del asesino va a desembocar, inevitablemente, en una redefinición cultural del crimen. Piénsese que temáticamente el asunto folletinesco de los monstruos asesinos ya no daba mucho más de sí, lo cual había motivado que, salvo notables excepciones cinematográficas —casi siempre revisiones—, el tema había llegado al agotamiento. Al igual que había ocurrido antaño con los fantasmas de bola y cadena que inventó la literatura gótica, el látex puesto al servicio de la deformidad ya no asustaba a nadie. El hecho radicaba en que una otra guerra mundial, en esta ocasión de proporciones ciclópeas, había conducido al mundo a un nuevo estado mental, aún menos inocente que el precedente, en el que los resortes emocionales del público se habían hecho menos sensibles. Además, la acción impositiva del gansterismo de ficción, de la novela policiaca, del cine detectivesco, e incluso la certeza pública de la corrupción, habían marcado de suerte indeleble el gusto de las audiencias.

La literatura europea empieza a significar este nuevo estado de opinión ya en 1942, precisamente, a través de una novela como *La familia de Pascual Duarte*, de Camilo José Cela. A esta obra se la consideraba como pieza fundacional de un género específicamente español, si bien luego fue trasplantado a otros lugares en diferentes modos, y que se conoce como «tremendismo», pese a que el propio Cela detestase esta denominación. En la construcción de esta novela, que enraíza con enorme fuerza en la tradición del realismo español, cuyas primeras manifestaciones son tanto el naturalismo decimonónico como la llamada novela social de la década de 1930, tuvo mucho que ver la vivencia de la Guerra Civil española. De hecho, puede decirse que el ambiente español de la posguerra ya anticipaba lo que luego sería la posguerra mundial y, por consiguiente, generaba en los creadores españoles impulsos y motivaciones muy parecidas a las que luego se consolidarán en el resto del continente. Así *La familia de Pascual Duarte*, por ejemplo, ya atisba los primeros horizontes de lo que luego será el existencialismo filosófico alumbrado por Jean-Paul Sartre y, de hecho, *El ser y la nada* también aparece en el mismo 1942.

Con esta novela, Cela alumbra un nuevo tipo de literatura criminal en el que los personajes viven en un ambiente de marginación tan extrema como real, sumidos en la incultura, el dolor y la angustia de una vida clausurada y que les resulta imposible modificar. El monstruo folletinesco y el detective privado con sombrero panamá dejan paso a un criminal auténtico, genuino, grotesco, repulsivo, impactante y extremadamente real en todas sus dimensiones. La literatura sobre crímenes y criminales dejará ya de ser un entretenimiento para transformarse en medio y excusa para la crítica social más descarnada. De este modo, el protagonista de la obra, Pascual Duarte, es un hombre analfabeto y brutal de la Extremadura rural que carece de cualquier clase de habilidades sociales o de recursos intelectuales y que, en consecuencia, asume que la violencia y el salvajismo son los únicos métodos de los que puede disponer para afrontar las dificultades y penalidades de la vida diaria. Una existencia sórdida, truculenta y brutal que forja e imprime carácter y que, en última instancia, sólo puede conducir a la barbarie, el crimen y el patíbulo. Ha nacido, pues, una nueva consideración popular del crimen y de los criminales que, con el paso del tiempo, irá ganando adeptos entre los creadores y entre el público.

Además, junto a la pérdida de fuerza del modelo biologicista, y el auge del conductismo, ocurre que en 1948 la Organización Mundial de la Salud (OMS) echa a rodar la primera clasificación sistemática e internacional de los trastornos mentales, el CIE, hecho que preludia lo que sucederá en 1952, cuando la American Psychiatric Association publique la primera edición de su manual diagnóstico de los trastornos mentales, el *DSM* (*Diagnostic and Statistical Manual of Mental Disorders*). La confluencia de todos estos hechos, unidos a la surgente idea de la perfilación del crimen, generó en la comunidad científica y en los entornos policiales una nueva sensación de predictibilidad, de anticipación, que nunca antes había existido en la historia del estudio clínico y criminal de la mente. De repente parecía posible anticiparse, prevenir, deducir y comprender lo que hacía poco menos que una década seguía en la más completa opacidad. Por supuesto, era sólo cuestión de tiempo que este nuevo estado de euforia científica alcanzara a los creadores artísticos, a los medios de comunicación, al público en general, y se transformara en un nuevo motor para la maquinaria de la cultura popular.

Este giro hacia un nuevo enfoque cultural del problema es ya perfectamente visible en la novela que Davis Grubb publica en 1953, *La noche del cazador*. Libro que posteriormente vería una excepcional adaptación cinematográfica de la mano de Charles Laughton en la que sería su única incursión al otro lado de las cámaras. De hecho, la imagen de Robert Mitchum, levita negra y sombrero de ala ancha, con las palabras «amor» y «odio» tatuadas en sendas manos y recitando versículos de la Biblia, se ha convertido con el devenir de los años en un icono cultural recurrente, dotado de enorme fuerza y poder evocativo. Y junto a ello, en 1955 se va a desvelar en Plainfield, un pueblecito perdido e insignificante de la América profunda, algo que va a empujar a todo el mundo de manera definitiva en la dirección que la ciencia señala y que la ficción de Grubb sugiere. Nos referimos a los sucesos protagonizados por Edward Gein.

APRENDA A SER FAMOSO

Cuando fuera detenido, con voz monocorde y desprovista de cualquier clase de emoción, Eddie Gein, un granjero menudo, asténico, de inteligencia limitada y aspecto virtualmente inofensivo, fue rememorando durante los sucesivos interrogatorios el delirante relato de su locura. Explicó a sus estupefactos oyentes que su madre, Augusta, se había mantenido en contacto con él tras su fallecimiento y durante más de un año, hablándole cuando estaba a punto de conciliar el sueño. Fue en esa época —dijo— que desarrolló su fascinación por los estudios de anatomía, materia sobre la que leyó miles de páginas con avidez enfermiza, el nazismo y los reportajes e informes sobre operaciones de cambio de sexo, habiendo llegado a plantearse la idea de convertirse él mismo en mujer. Narraría luego con todo lujo de detalles cómo visitaba los cementerios en mitad de la noche para profanar tumbas y añadir piezas a las siniestras colecciones de restos humanos que copaban la granja familiar. Nunca llegó, pese a todo, a perpetrar actos sexuales con los cadáveres pues, según declaró, la mayor parte de aquellos cuerpos desprendían un hedor espantoso.

Manifestó que en realidad profanar tumbas se había convertido en una necesidad incontrolable y que estudiaba a diario las necrológicas de los periódicos en busca de nuevos entierros. Incluso había conocido a aquellas personas en vida. A veces, tras abrir las sepulturas, arrastraba los cadáveres enteros hasta su casa, en otras ocasiones cortaba las partes que le parecían más interesantes y se las llevaba como recuerdo. También habló a los atónitos agentes del placer sexual que obtenía al envolver su cuerpo desnudo con los trajes de piel humana que elaboraba, y con los que solía bailar a la luz de la luna.

El caso de Edward Gein es, considerado desde el punto de vista médico, uno de los más complejos de la historia de los anales de la psiquiatría forense y la criminología. Único entre millones. En su galimatías psíquico se entremezclaban voyeurismo, exhibicionismo, toda suerte de complejos, fetichismo, travestismo, personalidad disociada y necrofilia. Sin embargo, a medida que se fue desentrañando la triste historia de su vida se hizo evidente que esas perversiones se presentaban como meras manifestaciones de una psicosis profunda, un grave trastorno mental cuyas raíces ahondaban en la relación anormal que siempre mantuvo con su madre. Cuando los psiquiatras comenzaron a considerar las posibles razones de su extremado comportamiento, supusieron que se enfrentaban a un *complejo de Edipo* extremadamente patológico: probablemente Gein estuviera enamorado de su madre de manera que, a raíz de su muerte, se obsesionó con la idea de buscar a alguien que la sustituyera. De hecho, se encontró un conjunto extraordinario de similitudes físicas entre las dos mujeres a las que asesinó y su progenitora. Este amor perverso, retorcido, comenzó a forjarse en la infancia. La muerte de la mujer que había gobernado sus impulsos, que había obrado como fuente de control externo a lo largo de toda su vida, desató a un Gein que era incapaz de controlar sus sentimientos y emociones por sí mismo.

Elevado al rango de ídolo *freak* por antonomasia, rostro predilecto para camisetas y pósteres, pues con él se inició la moda de hacerse fan del asesino en serie de turno, Ed Gein se convirtió gracias a su extravagancia en el psicópata modelo para buena parte del cine y la literatura contemporáneos. Y es que su sórdida y terrible historia, ese impresionante drama personal que sólo parecía aplacarse con un estrambótico culto a la muerte, nunca dejó —ni dejará— de ejercer un influjo morboso en nosotros. El tremendo caso Gein retrotrajo a la cultura popular al clima de aquellos tiempos en los que Fritz Lang estrenó la visionaria *M, el vampiro de Düsseldorf.* Los recursos a la infancia traumática, a la patología mental, a las dificultades en la expresión sexual o a la alienación social de los que Lang se sirvió en su momento, se van a transformar ahora en una fuerza motriz imparable, fuente generadora de relatos, ensayos, seriales, cómics, teleseries y películas que en su mayor parte nacerán lejos del mero entretenimiento, bajo el interés manifiesto de la crítica sociocultural, del cuestionamiento de la bondad de la sociedad que se ha construido. No podemos olvidar que esto sucede en un momento en el que el arte comienza a ser revisionista, arisco para con el pasado, relator de barbaries y acusador de ignominias. En un momento en el que se está empezando a poner de moda el discurso de la protesta e incluso está eclosionando el cine documental. En un momento en el que ha estallado la Guerra Fría y las presiones políticas y la obsesión por el control de los Estados es algo tan desatado como descarado.

Una de las páginas del controvertido cómic en el que Ed Gein es
inesperadamente reconvertido en antihéroe *freak*. Hoy en día,
la imagen de este granjero tocado con una gorra mugrienta a
cuadros escoceses es todo un icono del crimen en la cultura pop.

Consecuentemente, los actos de Gein van a catapultar al centro de la mentalidad colectiva de Occidente la figura del asesino en serie tal y como se presentó en el caso de Jack el Destripador: como fenómeno de masas. Los nuevos monstruos ya no son jorobados, feos o contrahechos físicamente, sino psicológicamente. No son monstruosos por cómo son, sino por las cosas que hacen. El terror, en suma, ya no va a pasar por la sobrenaturalidad de la ficción, sino por los horrores de la realidad. La humanidad ha descubierto que la peor de las bestias no viene de una galaxia desconocida, porque ya vive en su seno. Agazapada. Esperando la ocasión.

Esta ola revisionista va a permitir a escritores y periodistas el rescate de viejos casos criminales, especialmente escandalosos en su día, bajo nuevos parámetros. Así ocurre con la publicación de *Compulsión*, exitosa novela que Meyer Levin saca a la luz en 1956 basándose en el sórdido asesinato cometido por Leopold y Loeb en la década de 1920 y, por supuesto, en su famoso juicio[48]. No era una

---

[48]Nathan Leopold y Albert Loeb eran dos jóvenes estudiantes de la Universidad de Chicago, procedentes de familias acaudaladas, cuya motivación asesina es un tópico en el ámbito de las parejas del crimen. Ambos, guiados por la perversión intelectual de cometer el crimen perfecto que les permitiera experimentar la sensación del asesinato y que al mismo tiempo quedara impune, liquidaron a un joven de catorce años, Robert Franks en 1924. (Para mayor información véase, por ejemplo, la obra de HIGDON, Hal. *Leopold and Loeb: The crime of the century*. Chicago: University of Illinois Press, 1975. Existe una reedición del año 1999).

idea novedosa la de adaptar el singular crimen de estos dos universitarios de familia pudiente, pues ya en 1929 y 1939 Patrick Hamilton lo había llevado al teatro y a la televisión bajo el título de *La soga*. También llegó al cine de la mano del siempre excepcional Alfred Hitchcock en 1948. Pero el problema de estas revisiones previas a la de Levin residía en su énfasis sobre el carácter psicodramático de la historia, y en su elusión intencionada de los controvertidos aspectos morales, jurídicos y propiamente criminológicos de la misma. Justamente son los temas que Meyer Levin, a la luz de las nuevas tendencias, quiso centrar en su novela, que vería con posterioridad una notable revisión cinematográfica, en 1959, dirigida por Richard Fleischer y coguionizada por el propio autor.

Mención muy especial en este ámbito merece una producción hispano-suizo-alemana de 1958 titulada *El cebo*. Injustamente olvidada o soslayada, cuando no directamente ignorada en las historias del cine, esta película de Ladislao Vajda, basada en una excelente novela de Friedrich Dürrenmatt, no sólo recuperaba la mejor tradición del cine negro europeo, sino que probablemente es la más completa película sobre la materia realizada en el continente desde *M, el vampiro de Düsseldorf*. A ello se añade el componente, extremadamente novedoso en este momento, de la perfilación criminal, lo cual introduce en el mercado de ficción un elemento actualmente de moda en la persecución del crimen y es el punto de vista policial. A partir de *El cebo* van a proliferar las historias de policías —Harry *el Sucio* será el modelo prototípico de esta tendencia— que enfrentan el reto de

Cartel de *El Cebo*, extraordinaria producción hispano-suiza, muy
por delante de su tiempo, si bien hoy tristemente olvidada
en detrimento de otras copias y revisiones posteriores que,
por cierto, eran bastante peores.

la persecución del criminal no sólo como un reto profesional y una tarea incluso científica, sino también como
un mandato personal, ético y moral. De hecho, la película de Vajda se nos presenta a las claras con ese viso
de injusticia histórica que afecta a muchas creaciones

213

artísticas e intelectuales, en la medida en que se trata de una cinta secretamente visionada e imitada por muchos directores y guionistas posteriores —Hitchcock incluido—, pero a la que casi nadie reconoce como genuina fuente de inspiración.

Por lo demás, *El cebo* es una perla que rezuma una incorrección política inusitada para la época y el lugar en que fue concebida y rodada. Debe tenerse presente que se atrevió sin tapujos ni componendas con el controvertido tema de un asesino pedófilo que engatusaba a las niñas con dulces y trucos para, luego, agredirlas sexualmente y asesinarlas. Un tema virtualmente tabú. De un progresismo feroz y dotada de una atmósfera siniestra, para su proyección en España la cinta burló la censura del régimen franquista trasladando la acción por entero a Suiza, eludiendo cualquier referencia política y sexual más o menos explícita, y vistiéndose por entero con el ropaje de película policiaca concentrada en las vicisitudes devenidas de la persecución del criminal. Sus atrocidades, la insinuación constante de la sexualidad destructiva del asesino, sin embargo, permanecen en el trasfondo argumental de todo cuanto ocurre, inolvidable para el espectador y apremiante para el protagonista.

Otro preclaro ejemplo de cómo la realidad —y su crítica— va a reconstruir las ficciones asesinas se nos presenta en la novela que llevará al estrellato a un autor de género como Robert Bloch, uno de los más conocidos discípulos del afamado H. P. Lovecraft, quien publica en 1959 *Psicosis*, obra de culto y referencia que marca un antes y un después para todos los autores interesados en escribir sobre la temática que nos ocupa. Bloch, profundamente impresionado por el caso Gein, decidió inspirarse lejanamente en el mismo para poder construir uno de los más modernos y copiados clichés de la ficción contemporánea en torno a la figura del asesino en serie. Cuando Hitchcock decida partir de la novela de Bloch para elaborar el guion de su archifamosa película homónima de 1960, ejemplo perfecto del nuevo cine criminal, sentará las bases de un buen puñado de tópicos en torno a los asesinos sistemáticos que van a quedar impresos de forma indeleble en el seno de la cultura popular del presente.

Es curioso que Alfred Hitchcock, y merece la pena entretenerse en el detalle, escogiera el tema del asesinato en serie para recuperar la celebridad de una carrera que pasaba por horas bajas tras el relativo fracaso de crítica y público que supuso *Vértigo* (1958) y así volver a relanzarse al estrellato, pues nos da una idea de la importancia que este tipo criminal ya reconstruido científica, periodística y policialmente había adquirido de súbito en la cultura. De hecho, cuando Hitchcock decide adaptar la novela de Bloch —ya un completo éxito de ventas— la competencia dentro del propio cine es mucha y dura más allá de la que encontró en su día la incomprendida película de Charles Laughton a la que nos hemos referido antes. Sobre todo desde el ámbito de la serie B, en el que relucen por sí mismas perlas como *La casa de la colina embrujada* (William Castle, 1959) o *Cubo de sangre* (Roger Corman, 1959). Consecuentemente, y sabedor de que arriesgaba mucho con aquella apuesta, Hitchcock

—enfrentado a la Paramount a causa de que la productora consideraba el libro extremadamente asqueroso y alejado del buen gusto— se hizo extremadamente quisquilloso con todos los detalles relativos a la preproducción de la película, especialmente en lo referente al guion, de suerte que a punto estuvo de no llegar a rodarse. Finalmente Hitchcock encontró un texto de su agrado, con matices, en el elaborado por Joseph Stefano y se decidió a producir *Psicosis* de forma independiente[49]. Y lo cierto es que no sólo consiguió recuperar el camino del éxito, sino también elevar el cine de terror a un nuevo nivel de eficacia artística y técnica, pues con Norman Bates nació para la cultura popular un nuevo tipo de monstruo. El de siempre, pero no el mismo.

Y se quedó.

---

[49]Son cientos las leyendas urbanas que generó la producción de *Psicosis* prácticamente desde el día de su estreno, en gran medida debidas al secretismo con el que Alfred Hitchcock logró rodear a la película, a la celebridad artística que alcanzó con ella y a la acción de envidiosos y mitómanos incontrolados, pero convendrá desmentir la más grande de todas ellas: el propio Hitchcock quien rodó plano por plano la célebre escena en la que Janet Leigh es acuchillada en la ducha.

10

DELINCUENTES DE DESPACHO, «POLIS» PERVERTIDOS Y CRÍMENES DE ESTADO

La simbiosis entre la literatura, el cine y el cómic de crímenes fue un hecho incuestionable especialmente a partir, como ya vimos, de la década de 1930. El problema es que a medida que la sociedad se había sensibilizado en torno a los contenidos de los medios audiovisuales, también se había limitado y censurado la expresividad de los mismos, estableciéndose barreras invisibles que era preferible no transgredir si no se deseaba tener serias dificultades.

Dado que en Europa el ascenso del nazismo y del sovietismo, así como las tensiones políticas y el estado prebélico vigente se habían convertido en el tema central de la vida pública, quedaron pocos creadores dispuestos a inspirarse en el fenómeno criminal, pues había mejores lugares hacia los que mirar. Y en Estados Unidos, como ya hemos podido ver, las reiteradas discusiones en torno a las buenas costumbres y lo políticamente correcto, así como la censura, habían provocado, por poner un notorio ejemplo, que nadie se atreviera a rodar una adaptación del terrible caso de Albert Fish pese a las controversias mediáticas que generó en su momento. Eran preferibles esos malos de película perfectamente identificables y que siempre se arrepentían en el lecho de muerte o eran derrotados sin paliativos, en el más puro estilo James Cagney. Se hizo mucho y buen cine negro, por supuesto, pero había en la mayor parte de él tanto realismo como en un relato de J. R. R. Tolkien.

Incluso la persecución de los criminales reales, como Bonnie y Clyde, Dillinger o Al Capone se suministraba en los medios de comunicación como una simple historieta episódica de buenos y malos en la que los perversos criminales, por supuesto, terminarían pagando por sus delitos contra la sociedad al igual que los pervertidos antihéroes del celuloide, porque *el crimen no paga*. Mitos como el del «enemigo público número uno», ideados por las autoridades para construir sus historietas autojustificativas sobre la incansable y decidida lucha contra el delito, se hicieron la norma y se transformaron, por simpatía, en una constante del género negro.

Folletines mediáticos que, por cierto, se escribieron a ambos lados de la línea, pues también se idearon héroes policiales *ad hoc*, como sucediera con Eliott Ness, un agente del tesoro de segunda clase —pero con buena planta y la pose idónea de buen muchacho universitario de clase media—, quien acabaría convertido en estrella mediática por un gobierno que necesitaba justificar sus baldíos e ineficaces esfuerzos por someter al crimen organizado. De hecho, y a pesar de los éxitos televisivos y cinematográficos que han convertido a Ness y sus *Intocables* en los grandes paladines de la ley Volstead —más conocida como *ley seca*—, la verdad es que todo resultó ser mucho menos novelesco de cuanto se pretende en la autobiografía que Ness publicó junto con el periodista Oscar Fraley en 1957. No en vano, J. Edgar Hoover, el entonces director del FBI, confiaba poco en él, detestaba que se asociara su nombre erróneamente con el Bureau, y le veía como poco más que un intruso y un arribista. De hecho, Ness moriría prematuramente de un infarto que, suponen sus más ácidos críticos, vino precipitado por los problemas que experimentó con el alcohol a partir de 1940.

LOS RICOS TAMBIÉN DELINQUEN

Todo ello motivó que el crimen real dejase de operar en los medios de transmisión habituales de la cultura popular para ser reemplazado por un crimen imaginado, teatral y escasamente convincente, tal cual ocurriera en los tiempos de la novela detectivesca al estilo de Conan Doyle y Agatha Christie, en el que los delincuentes eran meras sombras de la verdad. Situación que se agravó tras el estallido de la Segunda Guerra Mundial, momento en el que el delito, aunque fuese de mentira, dejó de interesar en medio mundo por obvias razones. Lo cierto es que tampoco la ciencia daba muchos argumentos a los autores interesados en la materia. Después de Freud, de la aparición del conductismo y el posterior resurgimiento de las explicaciones biológicas del crimen en clave biotipológica, poco se había aportado a la comprensión y el estudio de la «mente criminal» desde los ámbitos biomédicos. En efecto: todo parecía ya inventado, lo cual, sin duda, era perfectamente falso como vino a demostrar el sociólogo Edwin H. Sutherland.

La mayor parte de los comentaristas fijan el alumbramiento «oficial» de la aportación central de Sutherland en 1939, durante la 34ª reunión anual de la American Economic Society celebrada en Filadelfia. Alguien tuvo la idea de encargarle la conferencia presidencial y el ponente, contra todo pronóstico, se despachó con una exposición pormenorizada de una nueva teoría tan impactante como inesperada. Diversos rotativos publicaron resúmenes comentados de la ponencia extremadamente ácidos tanto con el autor como con sus planteamientos. Opiniones en absoluto extrañas, si se tiene presente el modelo económico vigente en Estados Unidos, así como el hecho de que la propia sociología —al igual que otras ciencias humanas— había crecido impulsada en las universidades desde sectores ultraconservadores, alimentada por filántropos millonarios que, buscando respetabilidad, ponían su dinero a disposición de la academia. El

El sociólogo estadounidense Edwin Sutherland, el hombre
que recordó al mundo que los ricos y los poderosos pueden
llegar a ser tan malos como todos los demás.

propio Edwin Sutherland se hubo criado en tales ambientes y, por ello, era muy consciente de lo que hablaba. Su padre, un profesor de filología licenciado por la Universidad de Chicago, era al mismo tiempo un descollante miembro de la Iglesia baptista que nunca reparó en que había algo diferente en su vástago. Un espíritu crítico al que no habían doblegado los largos años de rígida educación cristiana.

Durante los primeros años treinta, tras visitar diversas prisiones en Inglaterra así como en otros países europeos, Sutherland fue tomando distancia con respecto a los planteamientos biologicistas de la escuela positiva italiana. Se alejó también de las teorías psicologicistas e individualistas del delito, y muy especialmente de las aportaciones de la pujante psicometría. Incluso se atrevió a invalidar las elaboraciones teóricas sustentadas en las estadísticas oficiales sobre el crimen, pues llegó a la obvia conclusión de que, en realidad, no son delincuentes todos los que están en las cárceles y tampoco están entre rejas todos los delincuentes. Pero había algo más: Sutherland asumió un punto de vista en el que la variable *clase social* iba a resultar decisiva para comprender el entramado jurídico-penal vigente. Y las razones que le llevaron a adoptar este posicionamiento no se encontraban en argumentaciones consolidadas científicamente, sino al contrario, en sus propias observaciones subjetivas de la realidad.

En efecto. En Chicago era *vox populi* que las conexiones entre el crimen organizado y los poderes públicos estaban muy extendidas, en todas partes y a todos los niveles, catalizando en un estado de criminalidad palmaria, sostenida e impune. Las cárceles se llenaban de pequeños delincuentes, entretanto, los «peces gordos» del hampa se exhibían sin tapujos, acompañados de autoridades y «hombres respetables» en cuya misma elección, y respetabilidad, los mafiosos habían tenido mucho que ver. Ricos nuevos y viejos que habían acrecentado su patrimonio exponencialmente gracias a la mediación de los hampones. Preclaro es el ejemplo de Joseph Kennedy, patriarca del archiconocido clan político, cuyas relaciones con la mafia así como el incremento progresivo de su riqueza gracias a ellas son hechos perfectamente documentados.

Recuperemos al célebre Alphonse Capone, quien logró vencer a cuatro jefes de policía, dos gobiernos municipales, tres fiscales de distrito y todo un regimiento de agentes federales. Manejando los hilos desde su lujosa suite del Hotel Lexington, pasó por encima de innumerables campañas contra el crimen (alguna de las cuales contó con su propio apoyo económico), jurados de acusación, cruzadas de reforma y comisiones de investigación. Tanto se significó en los medios de comunicación que llegó a convertirse en una molestia para todos y en todas partes, a la par que individuo querido y respetado por mucha gente de la calle, pues una de sus aficiones favoritas eran las obras benéficas. Finalmente, cuando se le frenó con una misérrima condena por un delito menor de carácter tributario, quedó claro que la hora de los grandes héroes públicos de la mafia —a lo Cagney— había pasado. Pero su caso, ni de lejos el más importante aunque sí el más publicitado, dejó ciertas lecciones para las organizaciones criminales que le sobrevivieron. La principal fue la de que convenía evitar tanta ostentación pública, pues para ciertas labores los segundos planos resultan más agradecidos.

Así, a principios de la década de 1930, cuando Franklin Roosevelt abolió la prohibición sobre el consumo de alcohol, las mafias se refugiaron en el juego, la prostitución y el tráfico de drogas, y sus gerifaltes se esforzaron por adoptar una completa apariencia de legalidad irrumpiendo de lleno en el mundo de los negocios «honrados». Ponían así en práctica algo que sus ancestros italianos ya habían entendido al menos un siglo antes: sólo valiéndose de los recursos que proporciona el tejido socioeconómico sano, de la compra-venta de favores a los que gestionan los poderes legítimos, de la protección, de la violencia bien administrada y del código de silencio, se prospera adecuadamente en los negocios turbios. Se abría con ello un nuevo capítulo en la historia del crimen organizado estadounidense. En el nuevo estado de cosas prosperarían las llamadas «ciudades limpias», caso de Las Vegas o Atlantic City. Enormes tapaderas nacidas bajo la excusa del entretenimiento y revestidas de falsa honorabilidad, con cotas de delincuencia extremadamente bajas, destinadas a limpiar sin contratiempos el dinero que las organizaciones mafiosas amasaban con sus negocios sucios. Nadie pidió nunca al hampa que desapareciera o luchó encarnizadamente porque así fuera. Tan sólo se exigió mayor discreción en aras de la *paz social*.

Es casi seguro que Sutherland bebió de las novelas de Dashiell Hammett —y de otros clásicos del género como Chandler—, pues al parecer era un asiduo lector de esta clase de narrativa. Por otra parte, solía deambular por los barrios de mala nota y, muy alejado del puritanismo baptista de sus progenitores, jugaba a los naipes, era aficionado a los deportes, fumaba, iba al cine y se tomaba una copa de vez en cuando. Por lo demás, el inconformismo y la frivolidad le impidieron convertirse en una persona especialmente religiosa.

Una vez madurada, el acta de nacimiento del concepto de *delito de cuello blanco* será demoledora, pues planteaba los viejos problemas de una manera tan irónica como radicalmente nueva. Así por ejemplo: los empresarios, que se sirven del engaño para vender sus productos, y que por tanto atentan contra las leyes, ¿actúan así porque poseen un bajo cociente intelectual? ¿Porque su nivel de lectura es muy deficiente? ¿Porque han pasado la infancia en el seno de familias desestructuradas? ¿Porque no son suficientemente ricos? ¿Porque poseen rasgos «criminaloides» de personalidad?, ¿o a causa de anormalidades en su cariotipo? ¿O se debe quizá a que no han resuelto correctamente su complejo de Edipo? Se hacía preciso, pues, todo un replanteamiento teórico que explicase sin sesgos artificiosos las raíces del delito. Edwin Sutherland focalizó sus críticas sobre el determinismo biológico y el individualismo propugnado por psicólogos y psiquiatras. También sobre las explicaciones materialistas del delito que tendían a identificar —con no poca simpleza— crimen y miseria. La fuerza de su teoría no sólo abría un nuevo y enorme ámbito de observación y reflexión, sino que también ponía en tela de juicio las teorías tradicionales que, por ejemplo, se habían mostrado siempre incapaces de comprender realidades sociohistóricas tan elementales como la diferencia entre las altas tasas de criminalidad masculina y las bajas tasas de criminalidad femenina. ¿Es que las mujeres no delinquían? ¿Se era más tolerante con el crimen *de ellas* que con el *de ellos*? Las reacciones, como es obvio, no se hicieron esperar.

Desde la izquierda se le reprochó que no mencionara conceptos tales como el de capitalismo, lucha de clases y otros tópicos marxistas al uso. Desde los presupuestos tradicionales de la criminología, la psiquiatría y la psicología se le acusó de diluir los procesos de decisión de los sujetos en la interacción social y de prescindir de la idea de una *personalidad delincuente*. Desde la derecha fue inmediatamente considerado un verdadero peligro para la estabilidad nacional. Y desde los sectores religiosos y moralistas se le tachó de traidor resentido que arremetía contra los «grandes benefactores» de la sociedad de los que él mismo se había alimentado. Ocurrió, además, que en la década de 1950 la sociología y la psicología de la delincuencia tomaron direcciones nuevas: de un lado las teorías del control social —o *locus* de control—, de otro las nuevas apuestas cimentadas en las viejas teorías acerca de los caracteres psicobiológicos de la personalidad. Con ello, la propuesta de Sutherland se vio atrapada en el fuego cruzado y recluida en el ostracismo.

Si nos retrotraemos al caso español, encontraremos un perfecto ejemplo de dónde fueron a parar las propuestas de Sutherland. Tras la Guerra Civil, reciente el ascenso de Francisco Franco al poder, los tradicionales escándalos por corrupción que asolaban la vida pública nacional vivieron una primera fase de retroceso debida, en gran medida, a la nefasta situación económico-social del país y, por supuesto, a la censura informativa. La psicología, por otro lado, había quedado virtualmente aniquilada, pues la mayor parte de los primeros psicólogos españoles, afines al republicanismo, hubieron de tomar la ruta del exilio. La sociología prácticamente no existía y los estudios políticos eran una quimera por obvias razones. En consecuencia, el análisis del delito cayó en manos de psiquiatras y juristas, con lo que se impuso una visión rigurosamente fisiologicista y legalista del crimen, de un talante rotundamente decimonónico y perfecta delimitación ideológica dentro de los márgenes del nacional-catolicismo. Si a esto sumamos que la primera generación de criminólogos españoles, en su mayor parte también exiliados por motivos políticos, fue claramente partidaria del lombrosianismo, no puede extrañarnos que los tiempos degenerasen en la tiranía intelectual de los Vallejo Nágera, los López Ibor o los Cobo del Rosal. Mentes preclaras para las que el delito era cosa reductible al ideario político, a la deformidad física, a la calidad del texto legal o a la mera pobreza, por lo que se entendía que una persona afín a las buenas costumbres, de cultura, y de posibles, nunca podría delinquir. Más aún: crímenes eran el asesinato, la violación, el robo a mano armada… Pero ¿cómo iba a ser un criminal el señor con la visión necesaria para aprovechar la ocasión de un buen trato?

Aquí, como se ve, no cabían las moderneces de radicales como Edwin Sutherland. Ni aquí ni en el resto de un continente europeo que trataba de sobreponerse al tremendo impacto de una guerra mundial que no sólo lo había empobrecido y derruido, sino que también lo había escindido políticamente. Sería por eso que cuando Juan March, recalcitrante seguidor del bando vencedor durante la Guerra Civil, hizo el negocio del siglo en 1951 al hacerse con la Barcelona Traction a través de métodos más que dudosos —asunto que coleó en La Haya nada menos que hasta 1970—, sólo la prensa extranjera se atreviera a calificarle, recuperando el calificativo ideado para él por Francesc Cambó, de «pirata».

En Estados Unidos, claro está, Sutherland tampoco iba a funcionar. Con la novelesca Guerra Fría comenzaron los años terribles de la gran reacción ultraconservadora, y el ambiente del país se hizo de súbito irrespirable. El Comité de Actividades Antinorteamericanas, impulsado por el inefable senador Joseph McCarthy, puso en marcha la famosa *caza de brujas*. Una batida de la que no se libraría Dashiell Hammett, pues cumplió seis meses de cárcel y sufrió la confiscación de sus ingresos por negarse a denunciar a compañeros y amigos que militaban en el Partido Comunista. Sin duda, Hammett fue menos práctico que el cineasta Elia Kazan. El propio Sutherland, a pesar de su templanza y comedimiento, era tenido por un auténtico peligro público, un lobo con piel de cordero que arremetía de manera sibilina contra los agentes oficiales. Su teoría era demasiado crítica como para ser ignorada en el seno de un clima político trufado por la retórica infernal y vergonzosa del amigo-enemigo. Muy probablemente, la muerte evitó a Edwin Sutherland la inmerecida vergüenza de declarar en el infausto teatrillo de McCarthy.

Fue preciso que en 1975 se publicase el libro de Michel Foucault *Vigilar y castigar,* una obra que conmocionó profundamente el panorama de la comprensión del delito, para que el concepto de *delito de cuello blanco,* cierto que transformado, saliera del fondo del baúl de la historia ya que, animados por la estimulante fiereza intelectual de Foucault, los seguidores de Sutherland se confabularon para publicar una edición íntegra —pues la primera publicada en vida del autor se presentó al público debidamente mutilada— de su libro varias veces reeditada desde entonces. Pero, a la par que Foucault exponía su punto de vista y Sutherland renacía de sus cenizas, los escándalos de «cuello blanco» comenzaban ya a hacer estragos en la mayor parte de los países avanzados y, por supuesto, entraban de lleno y por derecho propio en el ámbito de la ficción literaria y cinematográfica para transformarse en un elemento más del paisaje.

Raramente se utiliza en el ámbito popular la expresión técnica «delito de cuello blanco», pues ha sido reemplazada por su versión periodística, más inespecífica e inconcreta, de «corrupción». Y este último es ya un concepto difuso que no se sabe bien dónde comienza o termina y en el que se funden y confunden los negocios sucios, el fraude político, la compra-venta de favores, el nepotismo, la prevaricación, el cohecho y toda suerte de delitos económicos y ambientales generados tanto en el ámbito público como en el privado. Como puede el lector comprobar, vale utilizar el concepto de corrupción en infinidad de casos, ya sea para referirse a la compra de servicios policiales por parte de una organización criminal, ya para hablar de los delitos ecológicos o el fraude farmacéutico. Consecuentemente, y dada su amplitud temática, la cultura popular, especialmente a partir de la mitad de la década de 1950, y posteriormente muy influida por la explosión del caso Watergate, comenzó a generar miles de novelas, películas, series televisivas o cómics en los que la corrupción era —y es— el denominador común bien de sus protagonistas, bien de la trama argumental en sí misma.

CARETAS FUERA

El hecho es que la presión y las maniobras de diversión de los *lobbys* conservadores de los países democráticos occidentales para evitar la conexión artística entre los poderosos, los gestores de la ley y el orden, los políticos, los próceres económicos o los capitostes religiosos, y las diferentes formas de corrupción o sus vinculaciones con el crimen organizado, dejaron de funcionar de forma lenta pero inexorable. La razón es obvia: cada vez había más medios, autores e industrias que controlar, y los recursos y estrategias del poder, a la postre, terminaron siendo limitados en tanto en cuanto no se podía recurrir al uso directo de la fuerza para dominar la situación. Así, la corrupción policial que en 1942, cuando Michael Curtiz rodó *Casablanca*, sólo se insinuaba en un segundo plano, como trasfondo de la almendra central del argumento, en 1953 se había convertido ya en el epicentro argumental de *Los sobornados* (*The big heat*), película escrita por Sydney Boehm y dirigida por el inevitable Fritz Lang. Y lo mejor de todo, construida a partir del popular relato por entregas que William P. McGivern había publicado en el *Saturday Evening Post*. Tendencia consolidada por el gran Orson Welles cuando en 1958, resucitado para el cine por Charlton Heston, presentó la excepcional *Sed de mal* (*Touch of evil*), cinta guionizada por el propio Welles en la que el policía corrupto a quien él mismo encarna ya ni tan siquiera es galante, simpático o atractivo, sino un vejestorio sumamente desagradable, envilecido y perverso que refleja con meridiana exactitud el espejo deformante de aquellos ideales que debería defender en el que se ha convertido.

Lo mismo puede decirse de la corrupción política, apenas insinuada, e incluso tomada a risa, en muchas de las comedias y melodramas protagonizados por personajes atractivos, supuestos periodistas o amables políticos, durante buena parte de los filmes de la década de 1940. El propio Cary Grant, prototipo del galán bien plantado, encantador y risueño de la época, encabezó el reparto de alguna de estas cintas paródicas. Sin embargo, a partir de 1950 la sociedad occidental va a comenzar a despertar de su inopia criminológica para abrir los ojos a una realidad hacia la que por diferentes razones había permanecido ciega. Sobre todo porque empezará a descubrirse un novedoso concepto de crimen organizado en el que variables como la clase social, la ideología o la etnia de sus actores comenzarán a ser algo secundario, pues las únicas relevantes serán el dinero y el poder. La compra-venta de favores y beneficios.

El sueño de la democracia, ya lo quiso mostrar el sociólogo Max Weber a comienzos del siglo XX, aunque ningún intelectual de corte progresista quisiera escucharlo entonces, construye sus propios monstruos. Porque Weber, recogiendo una idea que ya está presente en el meollo mismo de la teoría sociológica de Emile Durkheim, demostró que la democracia era imposible sin organización, sin sistema y sin política. Y la política tampoco existe sin burócratas y sin mercado. En una democracia los políticos son otra clase de empresario que sigue las reglas del comercio: sus clientes son sus votantes, y cuantos más votantes potenciales, más sencillo será que alcance el objetivo final —el poder— o que lo mantenga. En consecuencia, y al igual que muchos empresarios que transgreden las leyes para obtener beneficios, muchos políticos estarán dispuestos a recurrir a cualquier método para mantenerse en el poder. Y fueron Robert Rossen, guionista y director de *El político* (*All the King's Men*, 1949), así como el autor de la novela ganadora del premio Pulitzer en la que se basa, Robert Penn Warren, los primeros en mostrar sin tapujos al público en general lo que hasta entonces no había sido otra cosa que un secreto cuchicheado en los pasillos de los parlamentos o simplemente teorizado en los foros intelectuales: que el poder corrompe y que en la democracia, como en cualquier sistema político, es extremadamente fácil corromper a un hombre bueno porque en ella misma, en la esencia de su mecánica, residen los principios elementales de la corrupción[50].

Así, Rossen y Warren, al narrar con enorme vigor esta historia que todos hemos visto y leído de manera repetida o simplemente readaptada en cientos de modos diversos con posterioridad, explican como Willie

---

[50] Si bien es cierto que Robert Penn Warren lo negó públicamente, quizá para evitar posibles demandas, se basó para construir el personaje del protagonista de su novela en la célebre peripecia de Huey Pierce Long, senador por Luisiana, con el que guarda incuestionables similitudes. Político conocido por su proverbial corrupción, Long terminaría sus días en 1935, asesinado por el hermano de una chica a la que supuestamente había violado.

Stark, un buen tipo aunque no muy inteligente, inculto pero osado e idealista, dotado con el don de palabra y de gentes extraordinarios, descubre que al luchar por los derechos de los campesinos de los que él mismo procede, tendrá que toparse más tarde o más temprano con los grupos de presión que controlan la ciudad, la región, el Estado… Y que la única forma de llegar a gobernador para poder hacer algún bien por los más necesitados pasa, inexcusablemente, por pactar con el mal al que representan aquellos hombres corrompidos que presionan al protagonista, y que probablemente empezaron siendo tan idealistas como él. No es extraño, pues, que la película de Robert Rossen, un éxito absoluto a pesar del terrible escándalo que generó, o precisamente por eso, fuera prohibida en algunos países como Argentina o España.

El hecho es que la novela de Warren y la película de Rossen presentan al atónito espectador todas y cada una de las mentiras que se deben idear y contar para ganar y mantener electores. Todos los tratos sucios que hay que efectuar para financiar un partido y una campaña. Todas las estrategias de control de los medios de comunicación necesarias para mantener en la sombra lo que el ciudadano no debe conocer. La consecuencia inmediata fue que el valeroso Robert Rossen, ese molesto removedor de conciencias, se vio acusado por el tribunal de actividades antinorteamericanas y fue llamado a declarar ante el mismo en 1951. No delató a nadie en aquella comparecencia, pero dos años después, al comprender que estaba en la lista negra de Hollywood y que nadie le daría un trabajo en el mundo del cine, claudicó. Así, pues, el sistema le obligó a venderse como al propio Willie Stark. En su caso, no obstante, el daño ya estaba hecho, pues la prometedora carrera que se auguraba a Rossen a poco de exhibirse *El político* quedó reducida durante años a la participación en proyectos cinematográficos de poca monta. La muerte le sobrevino en 1966 cuando, tras el nuevo éxito de crítica y público que le supuso *El buscavidas*, comenzaba a retomar el prestigio perdido.

Todos los tipos de gobierno, y este será uno de los grandes descubrimientos de la posguerra mundial, la esencia misma de relatos como los que inspiraron a *El político* y sus sucesoras —*Tempestad sobre Washington* (Otto Preminger, 1962), *El informe Pelícano* (Alan J. Pakula, 1993), *City Hall* (Harold Becker, 1996) y otro largo etcétera—, son susceptibles a la corrupción política y en cualquier forma. De hecho, las formas de corrupción predilectas en cada país varían, pero la verdad es que sus manifestaciones se encuentran lamentablemente estandarizadas: uso ilegítimo de información privilegiada, tráfico de influencias, pucherazo, soborno, extorsión, fraude, malversación fiscal y de fondos públicos, prevaricación, caciquismo, cohecho, nepotismo, impunidad, etc. Y más; la corrupción opera a menudo como cauce facilitador de otros hechos criminales ya sean organizados, gremiales o puntuales, como el tráfico de drogas, el blanqueo de capitales, el juego ilegal o la prostitución. Por lo demás, el concepto de corrupción diferirá dependiendo del país o de la jurisdicción en la que se produzcan ciertos hechos, en la medida en que no es raro que sean los propios corruptos —o sus aliados— quienes estén en disposición de establecer lo que será considerado delito y lo que no.

La verdad es que la cultura popular ha contribuido más que la ciencia o que la prensa a la difusión y caracterización social del delito de cuello blanco, así como a la corrupción política, policial o judicial en cualquiera de sus manifestaciones. No en vano, desde la década de 1960, las películas, series de televisión, novelas, tebeos, las páginas web e incluso los videojuegos que tocan directamente o tienen como trasfondo estas cuestiones han crecido exponencialmente y concitan el interés de grandes audiencias que, en cierto sentido, han asumido que de una manera u otra se debe sospechar intenciones e intereses ocultos detrás de casi todo. La pregunta que cualquier investigador social curioso debería hacerse, por supuesto, es si realmente se debe pensar que los poderosos tratan de confundirnos siempre o bien esta idea, exagerada por los creativos y asumida acríticamente por las audiencias, no es otra cosa que un nuevo estereotipo cultural que, tarde o temprano, pasará de moda.

Así, por ejemplo, si mañana nos desayunásemos con la noticia de que se ha descubierto que una organización multinacional que posee diferentes ramas de investigación y desarrollo es en realidad la tapadera de una industria para la producción y venta de armas biológicas de última generación, daríamos un sorbo al café y pensaríamos que se trata de algo normal. Si, además, los informadores nos dijeran que este descubrimiento se ha producido como resultado de la fuga de un peligroso material bacteriológico fabricado en secreto en una de las plantas de esa corporación, asumiríamos el dato como algo también en gran medida lógico. Nada nuevo. El problema es que esta historia que nos parece tan real es el argumento —manido en muchos sentidos— del que parte una famosísima serie de videojuegos ideados por la empresa CAPCOM a partir de 1996, muy célebres entre los aficionados, que se enmarcan bajo la cabecera de *Resident Evil*. Hasta la fecha, esta franquicia se ha revelado como una de las más brutales fábricas de hacer dinero de los últimos veinte años: cerca de treinta videojuegos diferentes, diez novelas y siete películas, tanto con actores reales como de animación. Está claro que la teoría de la conspiración vende, y bien.

En efecto, hay una moraleja final para toda esta historia: la corrupción, a todos los niveles, es algo tan reiterativo en el devenir de nuestra cultura de luces y sombras, y desde todos los puntos de vista que, muy a menudo, ya nos resulta prácticamente imposible separar la realidad de la ficción. Lo bueno de este punto de vista —si es que podemos considerarlo así— es que gracias a la acción valiente de algunas personas con conciencia social y ardor moral, ya estamos curados de espanto. Lo malo, simplemente, es que ya se nos ha entrenado con tanto ahínco para pensar mal de todo, que nos resulta prácticamente imposible pensar bien acerca de casi nada. Además —quizá esto sea lo peor de todo—, hemos llegado a convencernos de que ninguno de estos terribles males puede ser remediado en modo alguno en la medida en que su control y reducción dependen precisamente de aquellos que se benefician de un modo u otro con ellos. Porque cambian los tiempos, se modifican los estilos, se depura la calidad estética de los actos, pero permanecen los defectos.

MAGNICIDIOS, GENOCIDIOS Y OTRAS LINDEZAS

La Segunda Guerra Mundial termina con el horror de la tremenda deflagración de dos bombas atómicas, en Hiroshima y Nagasaki —el 6 y el 9 de agosto de 1945, respectivamente— que fuerzan la rendición incondicional de Japón. En la conciencia de los ciudadanos victoriosos de las potencias aliadas este acontecimiento generó un sentimiento de culpa, un profundo remordimiento que aún latía en muchos de los comentarios que se vertieron en los medios de comunicación tras el último desastre natural que azotó al país nipón, pues a la postre parecía que el brutal esfuerzo material y humano realizado para impedir el triunfo de la depravación moral que representaban las fuerzas del Eje —o se las quiso hacer representar mediante toda clase de iconografías y simbolismos— sólo había sido un espejismo.

Hiroshima y Nagasaki, dos hitos históricos en el desarrollo de la conciencia moral de la democracia occidental, en el fondo, mostraron a muchos que en la guerra todo está permitido y que si de imponer la fuerza se trata, no hay límites que se puedan considerar razonables o inquebrantables. Matar siempre es matar, y al final cualquiera puede matar mucho y bien si se lo propone seriamente. En última instancia, la catástrofe de las bombas atómicas, como se refleja de manera magistral en películas como *Creadores de sombra* (Roland Joffé, 1989), difuminó de forma radical las fronteras entre los vencedores y los vencidos, ya fuera en lo moral o en lo meramente práctico: el terror nuclear que sustentó los precarios equilibrios de la Guerra Fría se basaba en el sencillo principio de que daba exactamente igual quién llegara a pulsar antes el botón, pues en cualquier caso nadie ganaría.

Pero lo peor no habían sido la guerra en sí o la escenografía perfectamente apropiada de su colofón atómico, sino el racimo de espantos que comenzó a airearse en los meses y años posteriores. El polvo de los campos de batalla apenas empieza a sedimentarse cuando ya se exhiben en los noticiarios las imágenes de Auschwitz y de los tremebundos campos de exterminio erigidos por los japoneses en China, si bien el horror de Hiroshima y Nagasaki motivará que esta historia quede suavizada, cuando no oculta por la mala conciencia de Occidente. Apenas han comenzado los juicios de Núremberg, cuando la izquierda occidental —que no deja de escandalizarse farisaicamente con la brutalidad genocida de Hitler y sus seguidores—, se ve obligada a plegar velas. Stalin, que coyunturalmente se ha aliado con las democracias occidentales para librarse de la amenaza alemana, empieza a ser un enemigo y los esfuerzos realizados para mostrar a la Unión Soviética como un país amigo se diluyen. El resultado es que se empiezan a airear las terribles purgas del estalinismo y del leninismo, así como el horror de los gulags... Consecuentemente, el siglo XX no sólo se convierte en el de las grandes guerras, sino también en el de las grandes masacres, etnocidios, genocidios y dramas humanos que culminará con las limpiezas étnicas e ideológicas de Los Balcanes, Chechenia o Libia. El siglo del odio. De hecho, es tras la Segunda Guerra Mundial que un mundo atónito ante la magnitud de la barbarie «civilizada» debe castigar un delito que hasta entonces había permanecido en la impunidad: el de *crimen contra la humanidad*.

Se ha dicho a menudo que el siglo XX ha sido el de los derechos humanos, y no sólo porque signifique un trágico punto de inflexión en el que se hayan cometido barbaries tan terribles como las ya indicadas, u otras no menos degradantes como el *apartheid*, las más sangrientas tiranías y los fundamentalismos terroristas de todo signo y color. También lo ha sido, de manera muy especial, porque al fin se ha comprendido que tales derechos son una realidad inalienable que debe ser protegida por encima del «bienestar de las mayorías» o de la «razón de Estado». De hecho, sólo tras la Segunda Guerra Mundial, a partir de 1948, los derechos humanos van a ser concebidos como un elemento más del derecho internacional y regulados por organizaciones internacionales de carácter mundial, como la ONU, o regional como el Consejo de Europa y la Organización de la Unidad Africana. Y es que se ha entendido, al fin, que la preservación de los derechos humanos no sólo es imprescindible para la dignificación de la persona, sino también para la estabilidad internacional. Allá donde los seres humanos son perseguidos y tiranizados sistemáticamente, más tarde o más temprano, la situación interna se degrada hasta generar conflictos más amplios y complejos.

Como es lógico, la cultura popular se va a hacer eco por extenso de los horrores y tragedias internacionales, así como de sus consecuencias al punto de que, nos atreveremos a decirlo, ha hecho más por la conciencia mundial ante los desastres humanitarios y los crímenes del odio étnico y nacionalista que una organización como la ONU que, muy a menudo, se ha mostrado inerme e inoperante ante las presiones políticas de criminales y genocidas de toda suerte y color. Al fin y al cabo, los gulags protegidos por la amenaza nuclear de la URSS y los regímenes tiránicos latinoamericanos salvaguardados por Estados Unidos eran tan inatacables en el seno del Consejo de Seguridad de la ONU, como lo puedan ser hoy los regímenes de Birmania y Corea del Norte a los que protege el gigante chino. Consecuencia: muy a menudo sólo mediante la expresión artística en cualquiera de sus formas han sido posibles la denuncia, la concienciación de los espectadores y la persecución, bien sea moral, como sucedió con el exdictador chileno Augusto Pinochet, de los criminales.

Más todavía, el siglo xx puso de moda el crimen político en sus más variopintas manifestaciones, desde el magnicidio cometido por el loco solitario de turno o los conspiradores de rigor, al crimen de Estado diseñado para aplacar —o controlar— a determinados sectores del entorno sociopolítico de los que convenía liberarse, o a los que interesaba someter. Y por ello, precisamente, tanto el crimen de Estado o de guerra, el odio interracial instigado desde el poder y el magnicidio, en todas sus manifestaciones posibles, van a ocupar un lugar central —junto al resto de brutalidades genocidas— entre las imágenes icónicas de la cultura popular contemporánea, al punto de que han llegado a adquirir el rango de subgénero dentro de las manifestaciones artísticas populares destinadas a la protesta y el debate sociocultural. Así, ya en fecha tan temprana como 1915, con la técnica del rodaje cinematográfico prácticamente en desarrollo, David Wark Griffith rueda la primera película estrictamente moderna de todos los tiempos, *El nacimiento de una nación*. Cinta polémica donde las haya por su contenido netamente racista —los héroes salvadores de la patria son encarnados nada menos que por el Ku Klux Klan—, que provocó disturbios tras su estreno en diversas ciudades y uno de cuyos puntos culminantes es precisamente un magnicidio, el de Abraham Lincoln. El primero recreado por el cine en toda su historia.

Para el momento en que Griffith estrena su película ya se han producido otros fenómenos mediáticos que van a prefigurar la cultura popular occidental. El principal de ellos es la guerra de Cuba, primer conflicto bélico internacional narrado masivamente en los medios de comunicación. El primero de cientos en las décadas siguientes. No es extraño, pues, que entre las imágenes más difundidas y reconocibles de nuestro pasado inmediato y pósteres de nuestra época se encuentren el hongo atómico de Hiroshima, las excavadoras desplazando las pilas de cadáveres en Auschwitz, las víctimas de las hambrunas en Ucrania, los niños vietnamitas regados con napalm o las matanzas de hutus y tutsis en Ruanda. Tampoco que una de las películas más vistas

Fotograma de la archifamosa grabación casera que Abraham
Zapruder, casualmente, hizo del más célebre magnicidio
de todos los tiempos: el de John F. Kennedy.

de la historia, rodada por un aficionado con un toma-
vistas, sea precisamente el testimonio de un testigo directo, Abraham Zapruder, quien en la plaza Dealey de
Dallas el 22 de noviembre de 1963 asistió al asesinato
de John Fitzgerald Kennedy, presidente de los Estados
Unidos de América. Y más: en esta tesitura, a casi nadie sorprende que el siglo XXI comenzase con las imágenes del colapso de las Torres Gemelas tras el atentado
islamista del 11 de septiembre de 2001 en Nueva York.
Parece que la fusión de imagen, relato, símbolo y barbarie sean elementos insertos en el ADN mismo de nuestra cultura en tanto que producto audiovisual destinado
al consumo de masas.

Lo más increíble, sin embargo, y quizá un perfecto testimonio del cinismo en el que nos ha sumido el siglo de la barbarie mediática, es que tras exhibirse en horario de máxima audiencia lindezas como las ejecuciones de Nguyen Van Lem[51] y Samuel Doe[52] o la autoinmolación de Thich Quan Duc[53], aún haya quien defienda la inexistencia de las *snuff-movies* —a las que llamamos «información» cuando nos interesa difundirlas— o pueda escandalizarse acerca de los contenidos de algunas expresiones culturales. De hecho, en un medio que, como la televisión, copa audiencias y

---

[51]Soldado del Vietcong ejecutado en plena vía pública de Saigón ante los objetivos de las cámaras del periodista Eddie Adams y de los reporteros de la NBC. Adams, que captó el momento exacto en que el ejecutado recibía el impacto, fue premiado con el premio Pulitzer por esta fotografía que, durante décadas, se convirtió en el testimonio perfecto de los horrores de la guerra. Un éxito amargo: el premiado se sintió durante años culpable al creer que con su conducta había instigado la ejecución de Nguyen.

[52]Presidente-dictador de Liberia entre 1980 y 1990. Tras alcanzar el poder mediante un golpe de Estado y practicar durante su mandato toda suerte de crímenes y felonías, Doe sería depuesto tras una breve pero cruenta guerra civil por Charles Taylor. Las imágenes de la tortura y posterior ejecución de Doe dieron la vuelta al mundo en horario de máxima audiencia.

[53]Monje budista que se quemó hasta morir de *motu proprio* en una calle de Saigón en protesta por el trato que recibían los seguidores de su religión en el país. La imagen y el relato de la autoinmolación del monje les valió sendos premios Pulitzer a los periodistas Malcolm Browne y David Halberstam. Tristemente célebre, esta forma de suicidio-protesta llegaría posteriormente a hacerse verdaderamente popular, ocupando un lugar central en los medios de comunicación.

alcanza todos los hogares, el debate acerca de las líneas que deben o no ser traspasadas en beneficio de la libertad de prensa ha hecho correr ríos de tinta y, aún hoy, se encuentra muy lejos de su resolución. Mucho se ha discutido acerca del tratamiento mediático de los sucesos —en especial aquellos que por su truculencia o especiales características pueden dar lugar a sesgos amarillistas—, de los programas de tele-realidad como forma de entretenimiento o de los contenidos que deberían exhibirse en determinados horarios. Tampoco ha sido raro que los propios medios hayan intentado a menudo pactar una regulación de sus contenidos sin éxito alguno. La solución más habitual, una vez enfrentados los medios al dilema ético-moral que supone arriesgarse a afrontar críticas nada inocentes cuando se pretende informar con adecuación del delito, ha sido simplemente la de guardar silencio. Inexplicablemente, el periodismo empresarial del presente, acorralado desde todos los ángulos y mediante toda clase de estrategias perversas, no ha sabido encontrar un término medio entre el servicio público y el amarillismo.

Sea como fuere, la película *El juicio de Núremberg* (1961), de Stanley Kramer[54], dará el pistoletazo de salida a lo que será, en adelante, el relato en clave artística y docu-dramática de toda clase de barbaries y crímenes cometidos por los seres humanos en aras de los «grandes ideales». Con ella, tal vez, ha comenzado un proceso

---

[54]En España, de manera perfectamente equívoca, se estrenó como *Vencedores o vencidos*.

de lenta pero progresiva inmunización ante estos asuntos que nos ha conducido a contemplarlos como un elemento más del paisaje socioantropológico de nuestro tiempo:

> En algún lugar del tiempo suena un disparo. *¡Bang!* El eco está grabado en nuestro inconsciente colectivo. *¡Bang, bang!* Es una bala en el corazón del mundo. En Miami, un abogado del distrito se desangra hasta la muerte en la calle. En Bosnia, un reformista popular es tiroteado junto a una cafetería. *¡Bang, bang!*... Se oyen disparos en Nicaragua, en Irlanda y en Costa de Marfil. Caen políticos y disidentes, las economías oscilan, países enteros cambian de forma. Es el sonido de la historia cambiando. A veces son tres disparos... o cuatro... o cinco. En Dallas un desfile de coches gira a la izquierda... *¡Bang!* Un presidente elegido democráticamente cae de lado y un golpe de Estado ha tenido lugar. Tres disparos, un tirador, fin de la historia. Días después, suena otro disparo. El pistolero loco y solitario es tiroteado a su vez, y no queda nadie que hable. La gente moverá la cabeza y volverá a su vida, y maldecirá el nombre del asesino para siempre... Dejando que el auténtico asesino vuelva a hacerlo una y otra vez.[55]

---

[55] JENKINS, P.; GARNEY, R. y BUSCEMA, S. «*The dogs of war: Part 1*». En: *The Incredible Hulk*, Vol. 3, 14. Marvel Entertainment, 2000.

Kramer, autor reincidente en esta clase de temáticas como Otto Preminger, crea escuela y lo hace en paralelo a la evolución del mercado literario y periodístico de su tiempo, constante fuente de inspiración para guionistas y directores de medio mundo. Funda, por tanto, una tradición cinematográfica revisionista y harto crítica tanto con la sociedad presente como con la pasada que la inspiró y que, posteriormente, durante la década de 1970, abanderarán los Giuliano Montaldo, Gillo Pontecorvo, Werner Herzog, Arthur Penn, Stuart Rosemberg o el aclamado Reiner Werner Fassbinder, uno de los primeros cineastas que recupera de manera activa el papel protagonista de la mujer en la cultura y la sociedad. Autores y temas críticos, duros, a menudo escasamente amables para el espectador que anticipan la pasión por el documental del presente.

11

LOS TERRIBLES VIDEOJUEGOS

Los primeros juegos para ordenador tal y como hoy los entendemos aparecieron ya en la década de 1950, pero estos utilizaban gráficos vectoriales y no matriciales, por lo que no pueden ser considerados específicamente como «videojuegos»[56]. Además, tampoco gozaron en aquel momento

---

[56] Una imagen vectorial es una imagen digital formada por objetos geométricos independientes (segmentos, polígonos, arcos, etcétera). Cada uno de ellos viene definido por distintos atributos matemáticos de forma, posición, color, etc. Este formato de imagen es completamente diferente al formato de los gráficos rasterizados, también llamados «matriciales», ya que están formados por píxeles. El interés principal de los gráficos vectoriales es que permiten ampliar el tamaño de una imagen a voluntad sin sufrir el efecto de escalado que sufren los gráficos rasterizados. Asimismo, permiten mover, estirar y retorcer imágenes de manera relativamente sencilla.

de popularidad alguna y fueron concebidos por sus creadores como meros experimentos destinados a mostrar el modo en que una computadora podía desarrollar determinadas tareas. De hecho, se considera que el nacimiento oficial de los videojuegos ocurre en 1972, cuando la compañía de productos electrónicos estadounidense Magnavox lanzó la primera videoconsola de sobremesa. Este producto, la Magnavox Odyssey, fue concebido y diseñado en 1968 por Ralph Baer, un ingeniero germano-estadounidense a quien se le considera oficialmente como «padre» de los videojuegos, pero no empezó a fabricarse de cara a su comercialización hasta enero de 1972.

La Magnavox Odyssey tendría un éxito moderado en sus comienzos; sin embargo, con el lanzamiento del juego arcade *Pong,* de Atari, un simple y rudimentario simulador del deporte del ping pong que inundó los bares y centros comerciales y recreativos de medio mundo, comenzaron a popularizarse los videojuegos y el público mostró interés en esta nueva industria del entretenimiento. De hecho, muy pronto uno de los juguetes más deseados y envidiados por los chavales de medio mundo fueron precisamente las versiones domésticas —en formato videoconsola— de *Pong.*

Su uso también está muy extendido en el ámbito de la producción de imágenes en tres dimensiones tanto dinámicas como estáticas. Todos los ordenadores actuales traducen los gráficos vectoriales a gráficos rasterizados a fin de poder representarlos en pantalla, al estar esta constituida por píxeles.

Posteriores actualizaciones de la Odissey llevaron a diferentes evoluciones de la consola original. Así la Odissey 100 o la 200, que incorporaban una pantalla de puntuación, permitían hasta cuatro jugadores y se vendían junto con un tercer juego llamado *Smash*. El hecho de que la cadena de grandes almacenes estadounidense Sears comprase los derechos del sistema desarrollado para sus recreativas por Atari y lo introdujera masivamente en el mercado motivó que pronto se produjera una auténtica inundación de videoconsolas clónicas con sus propias versiones de *Pong* y otros juegos derivados. La industria del videojuego, pues, había nacido.

EMPIEZAN LOS LÍOS

Death Race, aparecido en 1976, con la industria del videojuego prácticamente recién consolidada, fue el primer videojuego en indignar a la opinión pública por su contenido imaginariamente violento. Hoy en día, observar los gráficos y el argumento de este producto más que a la indignación conduce a la risa, pero no es menos cierto que el mundo era en aquellos días bastante más pacato con respecto a los contenidos accesibles a niños y jóvenes. Desarrollado por Exidy, *Death Race* —o 'carrera mortal'— nos ponía detrás del volante de un bólido que ganaba puntos por atropellar gente… En efecto, aquella socorrida broma que todo el mundo ha hecho alguna vez, volante entre las manos, acerca de lo que puntúa atropellar a alguien tiene una base cultural real y efectiva. Como todo lo humano.

La verdad es que, más allá del concepto del videojuego en sí mismo, resultaba harto complicado asistir a escenas realmente violentas en los dos o tres píxeles que componían cada imagen más allá de la imaginación calenturienta de algunos, por lo que los creadores de Exidy se defendieron asegurando que las víctimas no eran personas, sino *gremlins*[57]. Sea como fuere, al ser atropellados, aquellos bichitos daban gritos bastante desagradables y eran reemplazados en la pantalla por una cruz, lo cual, sin duda, resultaba raro para señalar el lugar del fallecimiento de un pretendido gremlin. El objetivo del juego, por supuesto, era atropellar tantos de aquellos seres —dejémoslo ahí— como fuese posible, sin chocar contra cualquiera de las cruces que quedaban en el camino a medida que íbamos liquidándolos, y lo cierto es que la opinión pública repudió el juego con tal virulencia que el caso llegó incluso a ocupar programas de televisión en la franja de máxima audiencia.

En realidad, este videojuego era un intento bastante descarado por parte de Exidy de aprovechar el éxito de la

---

[57]Criaturas mitológicas de naturaleza malévola y bastante mal carácter muy populares en la tradición anglosajona. Su nombre procede del inglés arcaico (*grëmian*: «mortificar o hacer enfadar»). Son populares como criaturas dedicadas a sabotear maquinaria de todo tipo, idea que procede de un relato muy difundido entre los pilotos de la Royal Air Force que sirvieron en Oriente Medio durante la Segunda Guerra Mundial, y con el que se pretendía explicar los frecuentes accidentes que se sucedían en sus vuelos.

espantosa película de 1975 *Death Race 2000*. Precursora de éxitos posteriores como la conocida saga australiana de *Mad Max*, esta cinta era un preclaro ejemplar de serie B producido por Roger Corman, dirigido por Paul Bartel y protagonizado, al alimón, por dos de los grandes tipos duros del cine norteamericano: David Carradine y Sylvester Stallone. En todo caso el videojuego alcanzó sus objetivos de manera más que correcta, pues la película, que también iba de atropellar al personal sin contemplaciones y con bastante virulencia, ya había provocado un escándalo de idénticas proporciones al que luego generaría el propio *Death Race*. Y no terminaría ahí la cosa de los atropellamientos masivos, pues mucho más adelante, en 1997, el no menos controvertido *Carmageddon* seguiría el legado de su predecesor setentero, si bien con gráficos en 3D y una gresca sociocultural mucho mayor debida, como es lógico, a su mayor realismo estético. De hecho, en posteriores versiones, los desarrolladores —Stainless Games— tuvieron que modificar el color de la sangre, que paso del rojo al verde, y reemplazar a los humanos por zombis a fin de tranquilizar el ruido de fondo. Atropellar a un «muerto», al parecer, era intrínsecamente menos violento que despachurrar contra el asfalto a un «vivo».

La segunda gran polémica vino en 1983 de la mano del producto distribuido por la sempiterna Atari *Custer's Revenge* (La venganza de Custer), videojuego desarrollado por Mystique que no solo tenía un rotundo contenido sexual, nítido por lo demás en la caja de presentación, sino en el que además la premisa de partida resultaba tan estremecedora como ideológicamente repulsiva: encar-

Portada de la versión para PlayStation
del controvertido *Carmageddon,* el videojuego
en el que podías atropellar hasta al gato.

nando el papel del mítico general Custer, que murió con
las botas puestas en Little Big Horn, el jugador tenía que
cruzar de un lado a otro de la pantalla esquivando una lluvia de flechas para, finalmente, violar a una indígena atada
a un poste. Más o menos en eso consistía la dichosa «venganza» que, por cierto, tampoco se veía con demasiada nitidez porque los gráficos seguían en el ámbito de lo muy
rudimentario. Lo cierto y verdadero es que, más allá de
lo terrible de su propuesta, el juego era pésimo, aburrido
y sólo es recordado aún por su funesta incorrección política. Tanto es así que diferentes asociaciones en defensa

de los derechos de las mujeres alzaron su voz de inmediato. También elevaron su voz, obviamente, los representantes de los nativos americanos, quienes protestaron airadamente contra un videojuego que consideraban, y con razón, tan insultante como intelectualmente obsceno. Todo este revuelo, montado a partir de un producto menos que mediocre, provocó una ola publicitaria que llevó a jugarlo a muchas más personas de las que lo hubieran hecho en condiciones normales. La inesperada controversia cazó a tanto despistado que este producto objetivamente malo vendió nada menos que ochenta mil copias, lo cual es mucho para el volumen de mercado que el mundillo del videojuego manejaba en aquel momento.

REGULANDO EL NEGOCIO

En esta carrera de escándalos mediáticos que ha sido —y será— la inclusión de la violencia y el crimen en cualquiera de sus formas dentro del mundo del videojuego, ocupa un papel central el absurdo de *Night Trap* (Trampa nocturna). Un producto desarrollado por Digital Pictures cuyo contenido violento es nulo y sólo es condenado por quien habla de él por boca de ganso. Pese a todo, causó un revuelo tan grande en el año 1992 que fue, junto con *Mortal Kombat*, responsable de la creación del ente calificador de contenidos para el negocio del videojuego en Estados Unidos, el Entertainment Software Rating Board (ESRB).

La verdadera trampa del *Night Trap* en realidad se tendía al comprador porque el videojuego en sí era conceptualmente muy avanzado, pero realmente muy aburrido, si bien muchos aficionados y coleccionistas lo conservan —e incluso persiguen en subastas y mercadillos— porque ha llegado a ser considerado un trabajo «de culto» indispensable en el estante de todo aquel que se diga experto en la materia. No obstante, se debe insistir en que, pese a la ineficacia con la que luego se plasmó en su forma final, argumentalmente es interesante al proponer, tal vez por vez primera en la cultura audiovisual contemporánea, el formato del *reality-show*. El hecho es que se inducía al jugador a formar parte de una especie de grupo de seguridad que debía mantener vigilada una casa en la que pasaba la noche un grupo de virginales chicas a fin de defenderlas de los ataques de unos seres vampíricos.

Decimos *reality-show* porque, en efecto, se ponía a disposición del jugador la posibilidad de navegar en tiempo real por las videocámaras instaladas en las diferentes habitaciones de la residencia, siendo los gráficos en formato vídeo. Consecuentemente, el usuario podía jugar a ser todo un mirón profesional en la medida en que se podía observar impunemente a las muchachitas, que iban y venían de un lado a otro de la casa en paños menores —nunca desnudas— y diciendo toda suerte de sandeces. La misión, por consiguiente, consistía en navegar por las habitaciones para ir cazando mediante el accionado de diversas trampas a los distintos vampiros que acechaban en las sombras a las inocentes jovencitas. Como puede verse, el asunto no era para perder los nervios ni hacía llegar la sangre al río, pero la propuesta armó un escándalo tremendo al punto de que el producto fue calificado de sexista y violento sin paliativos, y censurado en varios países. Es por ello que muchos neófitos en la materia, antiguos jugadores o simples comentaristas indocumentados, aún hablan de *Night Trap* como aquel videojuego en el que «se mataba a las jovencitas», cuando la realidad era justamente la contraria: el jugador era el héroe que salvaba a las vulnerables muchachas de un peligro cierto.

Sin embargo, el jaleo de verdad lo organizó *Mortal Kombat*, producto de Midway dedicado a la lucha que ya ha visto hasta nueve entregas a lo largo de los últimos veinte años. Un clásico absoluto y revolucionario en el mundo del videojuego, sobre todo en el ámbito de las máquinas para salones recreativos, porque fue de los primeros en ofrecer unos gráficos y movimientos realistas. Sin embargo, su violencia desbordaba el marco de lo conceptual y era por vez primera real, eficiente e indiscutible. El juego, incluso antes de reciclarse para llegar al mundillo de las consolas domésticas, hizo las delicias de los jugadores de medio mundo, en su mayoría adolescentes que se dejaron millones de monedas en la ranura del *Mortal Kombat*, pero escandalizó a un mundo adulto que observaba atónito cómo la sangre y las vísceras de los luchadores chorreaban por la pantalla golpe tras golpe. El juego, para su momento y así hay que reconocerlo, no sólo era innovador tecnológicamente hablando, sino también brutal, impactante y adictivo.

Como siempre sucede en estos casos, llovía sobre mojado. La controversia previa de *Night Trap*, añadida a la que causaría *Mortal Kombat*, sobre todo en sus versiones para videoconsola doméstica, terminó siendo discutida en el Senado de Estados Unidos. La historia volvía a repetirse y concluiría, por enésima vez, con la creación de un sistema de regulación: la ESRB. Y hay que situarse en las coordenadas precisas para comprender en sus justas dimensiones este fenómeno que hoy, tal vez, pueda provocarnos una leve sonrisilla maliciosa. Nos encontramos en el año 1993 y la industria del videojuego ha dejado de ser la nebulosa imprecisa de sus dubitativos inicios para empezar a convertirse en el negocio multimillonario y movilizador de masas del presente. La culpa la tiene la tremenda revolución que supusieron los nuevos modelos de videoconsola para el hogar. SEGA estaba comercializando ya su SEGA Génesis y Nintendo, por su parte, su conocidísima Super Nintendo. Y en ese momento, bastante alejado de lo que ocurre en la actualidad con estos aparatos que forman ya parte del paisaje tecnológico de todos los hogares, las consolas domésticas eran consideradas juguetes elitistas para uso y disfrute de niños y adolescentes, siendo realmente muy pocos los adultos que decidían ponerse a jugar. Esto explica en gran medida que el asunto cobrase tamaña relevancia.

Los padres, como es lógico, observan las actividades hogareñas de los chicos y acceden, pues, a los contenidos violentos de ese juego de peleas con el que los críos pasan las horas muertas, quedando aterrados ante los contenidos. Algunos progenitores concienciados, con toda la razón de su parte, investigan y descubren que productos como *Mortal Kombat* —y otros similares—, cobijados bajo la regulación general de la industria del juguete, salen a la calle sin ningún tipo de control, siendo accesibles a niños de cualquier edad y condición. El mercado del videojuego estaba liberalizado a tal punto que eran las propias empresas creadoras y distribuidoras del *software* las responsables de calificar sus propios productos, así como de regular el contenido de los mismos. Y, obviamente, no era suficiente, porque al final ocurría que nadie se controlaba, ni sabía cómo hacerlo, ni dónde ubicar los límites. La polémica estaba servida y no tardó en alcanzar la esfera pública a todos los niveles.

De hecho, la japonesa Nintendo, fabricante de *hardware* y *software* de entretenimiento, así como distribuidora, fue la primera empresa que había clamado por una regulación estandarizada de los contenidos casi desde los mismos comienzos de la industria, y durante muchos años renunció —aún lo sigue haciendo en algún caso—, incluso, a la distribución para sus videoconsolas de aquellos videojuegos que pudieran considerarse especialmente violentos o de mal gusto. Así, la versión de *Mortal Kombat* para la Super Nintendo salió ya censurada por imperativo del distribuidor, cosa que no ocurrió en el caso de la versión para la SEGA Génesis, lo cual provocó un enconado enfrentamiento mediático y duros cruces de acusaciones entre SEGA y Nintendo a costa de este asunto.

Así pues, tras la inevitable revisión de los contenidos realizada por la pertinente comisión del Senado de Estados Unidos, y sobre todo a causa de la enorme polémica que se generó entre los dos gigantes del negocio, la Interactive Digital Software Association o IDSA

—hoy llamada Entertainment Software Association (ESA)— decidió en 1994 crear el ESRB. Fue una estrategia inteligente. Tal y como había sucedido con el cine, y posteriormente con el cómic, el Senado, utilizando una táctica de probada eficacia, se limitó a «sugerir» que tal vez le convendría a la industria un procedimiento de autocontrol. Por supuesto, la IDSA captó el mensaje: mejor autorregularse que ser tutelado por el gobierno federal, cuyas decisiones arbitrarias acerca de un negocio cuyos entresijos desconocía y que seguramente resultarían muy restrictivas hubieran devenido en un perjuicio económico y creativo generalizado.

De esta guisa, un organismo totalmente independiente que se financia con los aportes económicos que están obligadas a realizar las compañías desarrolladoras, se encarga de evaluar los videojuegos que se desarrollan y determina a qué clase de público deben ir destinados sin que tal decisión pueda ser discutida, sino tan sólo acatada, por el propio desarrollador. Los criterios del ESRB son bastante sencillos en la medida en que se concentra en tres aspectos concretos del videojuego para atender a su calificación final y así servir de orientación al consumidor: violencia física, contenido verbal y contenido sexual.

En Europa el sistema de clasificación no fue homogéneo hasta la aparición en 2001 del código PEGI (acrónimo de Pan European Game Information). Cada país tuvo su propio organismo regulador, con sus propias normas, hasta que la coordinación de la Interactive Software Federation of Europe (ISFE) comenzó a movilizarse para la unificación del sector —siempre dentro de los márgenes impuestos por el Parlamento Europeo y de acuerdo a los editores y distribuidores de *software*— a escala continental[58]. El resultado de este trabajo fue la aparición del PEGI, que establece una clasificación por edades para videojuegos, siendo válido en treinta países europeos.

La ISFE ha promovido desde entonces, y por una parte, el desarrollo de los diferentes criterios y categorías de edad para la clasificación de contenidos de *software* interactivo homogeneizados para Europa, al mismo tiempo que los descriptores de contenido vinculados a la clasificación de edad. Por otra, el desarrollo de un sistema de administración y seguimiento del procedimiento de clasificación de edad para toda Europa. Para que el código regulador funcione bien se combina la autoevaluación del contenido de los videojuegos, por parte de los editores, con un análisis de dicha evaluación por parte de un organismo independiente.

Y lo cierto es que durante un tiempo, al menos, el ESRB y el PEGI demostraron ser bastante efectivos, si bien hoy en día, cuando se ha generado una nueva ola de criticismo conservador —e ideológicamente interesado como es costumbre en esta clase de movimientos— hacia el mundo del videojuego, hay quienes opinan que sus procedimientos y decisiones son ineficaces y deberían ser revisados en profundidad. Sobre todo a causa de la

---

[58]En España, hasta la aparición del PEGI, los criterios de regulación fueron desarrollados por la aDeSe: Asociación Española de Distribuidores y Editores de *Software* de Entretenimiento.

evolución seguida por un género particular de videojuego conocido como FPS —*First Person Shooter* o 'tirador en primera persona', también denominado popularmente *shot'em up*. Sería la empresa tejana id Software quien haría muy popular, y pingüe en beneficios económicos, este género considerado por muchos especialistas y críticos no sólo como el más violento de todos los tiempos, sino también como el más difícil de controlar y de regular a todos los niveles.

A TIRO LIMPIO

Todo comenzó en el año 1992 con la aparición de *Wolfenstein 3D*, un sorprendente e innovador videojuego para ordenadores personales, que ofrecía la posibilidad de jugar desde una perspectiva en primera persona y en el que nuestro cometido era simple: encarnábamos el papel de un prisionero aliado y debíamos escapar de un castillo repleto de nazis dispuestos a liquidarnos sin contemplaciones[59]. El *Wolf 3D*, como usualmente es conocido entre los aficionados pues hoy es también una disputada pieza de coleccionista, nunca estuvo exento de problemas, críticas y disgustos que lejos de amilanar a los

---

[59] El éxito del videojuego hizo que se desarrollaran varias secuelas no menos conocidas destinadas no sólo a la ampliación argumental de la aventura, sino también a su mejora tecnológica: *Spear of Destiny* (aparecido a finales del mismo 1992), *Return to the Castle Wolfenstein* (2001); *Wolfenstein: Enemiy Territory* (2003) y *Wolfenstein* (2009).

posibles usuarios, contribuyeron sobremanera a su éxito. En esta ocasión fue el uso sistemático de la esvástica —y otros contenidos alusivos al nazismo como el empleo de la canción *Horst Wessel*, himno del partido nazi— en los diferentes niveles, lo que escandalizó a todo el mundo, pero no así la violencia en cuanto tal. De hecho, en Alemania, país en el que está completamente prohibida la exhibición pública de símbolos nazis, así como cualquier forma de apología del nazismo excepto en el caso de que las circunstancias lo justifiquen adecuadamente, como ocurre en los libros de historia, el juego fue prohibido sin contemplaciones en 1994[60]. Fue en gran medida a causa de este escándalo político que Nintendo, en su

---

[60]El código penal alemán (o *Strafgesetzbuch*), en su artículo 86-a, establece que: «Será castigado con pena privativa de libertad de hasta tres años o con multa: 1.º el que difunda en territorio nacional signos distintivos de uno de los partidos y asociaciones declarados inconstitucionales, o los emplee en una reunión o en escritos difundidos por él; 2.º el que cree, conserve disponibles, importe o exporte objetos que exhiban o contengan los signos distintivos de este tipo, para la difusión y empleo en el territorio nacional o extranjero en la forma señalada en el apartado 1.º. Signos distintivos en el sentido del apartado 1.º serán, en particular, banderas, emblemas, uniformes, consignas y modos de saludar. También se considerarán signos distintivos en el sentido del apartado 1.º aquellos similares con los que puedan confundirse». Posteriormente, y en atención a este articulado, las autoridades alemanas señalaron diferentes símbolos como prohibidos, en su mayoría aquellos que suponen la publicidad o enaltecimiento del nazismo. Uno de los efectos curiosos de esta medida lo padeció el grupo de *rock* estadounidense Kiss. Dado que las «eses» de su logo recuerdan a las empleadas por la organización dirigida por Heinrich Himmler, en Alemania el logotipo se exhibe pertinentemente transformado.

línea de censurar los videojuegos conflictivos a fin de no ver dañada su cuenta de beneficios, hizo que id Software extrajera toda referencia simbólica al nacionalsocialismo antes de proceder a la distribución mundial de la versión para su videoconsola.

No obstante, a los desarrolladores tejanos de id Software les iba la marcha, como demostró la presentación en 1993 de otro juego considerado mítico por los aficionados, *Doom*, un producto similar en sus aspectos visuales a *Wolf 3D*, pero dotado de la relevante particularidad de que el jugador se enfrentaba nada menos, y rizando el rizo, a las mismísimas fuerzas infernales. El protagonista —el tema no pasaba de ser una copia burda de los relatos de Lovecraft y resultaba bastante tonto desde un punto de vista argumental— era un marine atrapado en una estación marciana llamada Phobos. Un experimento disfuncional había abierto de par en par las puertas de una dimensión infernal paralela por lo que en su huída desesperada el soldado se pasaba todo el tiempo masacrando demonios y otros monstruos que se habían colado en nuestro lado por la abertura interdimensional.

Es sorprendente que durante los primeros años de *Doom* —y de su secuela prácticamente inmediata, *Doom 2*— en el mercado nadie se quejara en demasía acerca de sus contenidos. Millones de jugadores a lo largo y ancho del mundo disfrutaron de las masacres y tiroteos que proponía este entretenimiento que, a decir verdad, era adictivo y harto difícil de abandonar una vez se probaba. De hecho, *Doom* es culpable en buena medida de que muchos adultos comenzaran a interesarse por los videojuegos y fue el primero de una larga y triunfal serie de productos similares —algunos de la propia id Software, como *Quake*, otros elaborados por terceros a partir de su revolucionario motor gráfico— que hicieron las delicias de los amantes del videojuego… Alguna madre quedaba momentáneamente escandalizada, especialmente por las simbologías satánicas que aparecían en la pantalla de vez en cuando; el senador estadounidense Phil Talmadge se empeñó sin éxito en limitar el acceso al juego… Incluso saltó a la palestra un grupo de iluminados, no exentos de cierta paranoia tecnológicamente injustificada, que trató de demostrar que *Doom* era el primer paso hacia una realidad virtual en la que se podría asesinar de un modo realista dentro de un videojuego y que, con el tiempo, se convertiría en una suerte de campo de pruebas para crímenes reales. Poco más que ruido sin nueces hasta que en 1999 sucedió la tremenda tragedia del Instituto Columbine y todo cambió por completo.

La mañana del 20 de abril de aquel año, en el Instituto Columbine —sito en Littleton, una localidad del condado de Jefferson (Colorado)— discurrió con entera normalidad hasta pasadas las 11:15 de la mañana, momento en el que dos alumnos, Eric Harris y Dylan Klebold, de dieciocho y diecisiete años de edad respectivamente, entraban en el recinto armados hasta los dientes con escopetas, carabinas semiautomáticas, pistolas e incluso explosivos. A lo largo de los cincuenta y cinco minutos siguientes a su llegada, haciendo fuego sobre todo aquel que se fue cruzando en su camino, inundaron de terror y sangre el centro. Los últimos en caer fueron ellos mismos al suicidarse de sendos disparos en la cara. El saldo final de la matanza perpetrada por Harris y Klebold fue de quince muertos y veintidós heridos de diversa consideración[61]. La peor masacre histórica cometida en un centro académico estadounidense hasta entonces... Y algo más. La tragedia de Columbine generó una tremenda brecha social, produjo una grave controversia en el seno de la cultura nacional y, sin duda, abrió como nunca hasta entonces el debate sobre el acceso a las armas en Estados Unidos pues los jóvenes asesinos, iniciados en esta materia por sus propias familias, se hicieron con la mayor parte de su arsenal sin problema alguno a través de internet.

De paso, Columbine se llevó por delante buena parte de las excusas de las que se había valido hasta entonces la industria del videojuego para resistirse a sus más contumaces detractores, e incluso se convirtió en argumento para otro videojuego singularmente tremendo y polémico, *Super Columbine Massacre*, un RPG —o videojuego de rol— diseñado por el direc-

---

[61]La película *Elephant*, de Gus van Sant (2003), ganador por este trabajo de la Palma de Oro en el festival de Cannes, ofrece una versión discutible y no acreditada de la relación entre los protagonistas de la masacre y de sus posibles motivaciones, pero también —y por ello merece la pena— una escrupulosa y magníficamente rodada reconstrucción a tiempo real del tiroteo en el Instituto Columbine.

Así presentó TIME su reportaje fotográfico realizado
a partir de las grabaciones de las cámaras de seguridad
del Instituto Columbine. Para algunos información,
pero para otros simple incitación a la violencia.

tor de cine Danny Ledonne y difundido por internet en
2005. En él se puede asumir la personalidad de Harris y
Klebold para seguir todos sus pasos y motivaciones hasta culminar la matanza en el instituto. Ledonne, realiza-
dor posteriormente de otro documental sobre el tema,

Playing Columbine, en el que se profundiza en la industria del videojuego violento, manifestó que con su peculiar aportación pretendía ilustrar a los jóvenes acerca de los perjuicios de la violencia y avivar el debate en torno a las motivaciones de la juventud, sus intereses, tendencias, ideas, formas de entretenimiento y visiones de la vida. Hubo críticos que entendieron y aceptaron lo que Ledonne —bienintencionado en el fondo, aunque tal vez no muy acertado en la forma— había pretendido hacer, pero en general su aportación tuvo una acogida muy negativa e incluso fue acusado por algún periódico, cierto que sin mucho fundamento, de haber instigado otro tiroteo en un centro académico: el perpetrado en septiembre de 2006 por Kimveer Gill en el Dawson College de Montreal. Gill asesinó a una alumna e hirió a otros diecinueve compañeros.

El hecho es que la atónita sociedad estadounidense, absorbida por el enorme dolor de una tragedia sin precedentes, necesitada de explicaciones plausibles a los horrorosos acontecimientos de Littleton, puso en marcha una desesperada caza de brujas que se extendería como un reguero de pólvora por todo Occidente. En España, por ejemplo, país tradicionalmente exento de este debate, el asunto comenzó a ocupar por vez primera espacio en los informativos de televisión y las páginas de los periódicos, anticipándose de este modo a lo que sucedería poco después en casos como el del *asesino de la catana*. Del murciano José Rabadán, que entonces contaba dieciséis años de edad, se dijo con escaso fundamento, en mitad del ruido de fondo, que había actuado impulsado por imitación del videojuego *Final Fantasy VIII*[62].

El hecho es que, tras Columbine, no tardaron en activarse los dedos acusadores por doquier: Eric Harris, jugaba habitualmente a *Doom*, por lo que el juego tenía que ser el desencadenante de todo. De hecho, en uno de los vídeos que los chicos grabaron en los días previos a la matanza, y en los que mostraban parte de su planificación de la misma, se le escuchaba decir, «esto va a ser como el jodido *Doom*». Harris y Klebold, por lo demás, escuchaban con asiduidad los discos de Marilyn Manson, por lo que esa música pervertida también tenía que ser culpable de algo... Ya estaba resuelto el enigma y de manera tan súbita y concreta como se presentó, sin que hicieran falta mayores análisis o molestos estudios que podrían conducir a la gente a lugares a los que nadie quería ir. Quemada la bruja de turno en el cadalso, rodeada de los vítores de la muchedumbre, aventadas sus cenizas a los cuatro vientos, la vida podía continuar sin

---

[62]La relación entre el crimen cometido por Rabadán —que no era un gran aficionado a los videojuegos— y *Final Fantasy VIII* es dudosa y argumentalmente muy discutible en la medida en que la historia tiene poco que ver con sus actos. Además, como bien señalan Luis Rendueles y Manuel Marlasca en su libro *Así son, así matan* (Madrid, Temas de Hoy, 2002), Rabadán reconoció que tenía lagunas de concentración, por lo que no había sido capaz de terminarse el videojuego cuando cometió el crimen. Eso sí, nadie pareció escandalizarse porque un chaval de dieciséis años tuviera acceso a una catana que, por cierto, le había regalado su propio padre.

necesidad de mayor autocrítica. La música puede matar y los videojuegos también[63]. Simple, sencillo y eficiente, pero muy tonto.

Transgrediendo los límites

En todo caso, bastante antes del desastre de Columbine, cuando ya empezaban a llover las críticas y las demandas que nunca prosperaron sobre el controvertido *Doom*, cabría imaginarse que la propia industria del videojuego se decidiría a aflojar en cuanto a la violencia de sus contenidos por su propia seguridad. Pero no fue esto lo que sucedió. Antes al contrario, el caso id Software había demostrado a los siempre ávidos ejecutivos de las compañías que no existe publicidad mala y que si querías triunfar en el mercado con un título, independientemente de su calidad, era necesario armar un buen escándalo en los medios de comunicación.

---

[63]El controvertido Michael Moore realizó en el año 2002 *Bowling for Columbine*, filme ganador del Oscar de la Academia al mejor documental, en el que, tratando de dilucidar de forma crítica la razón de ser de esta masacre, se profundiza con enorme eficacia narrativa en las motivaciones y razones socioculturales y políticas imperantes en Estados Unidos que podrían explicar la violencia desatada que vive a menudo este país, así como su pasión por las armas de fuego. Uno de los entrevistados en el documental, por cierto, es el propio Marilyn Manson.

Precisamente por ello, los creativos de la desarrolladora Running With Scissors, Inc. se despacharon a gusto con *Postal*, un título que no recurría al formato FPS —pues la perspectiva era isométrica y se jugaba en tercera persona—, pero tampoco le hacía falta para montar jaleo. El protagonista del juego era un hombre normal, gris, que regresa de su aburrido trabajo para encontrarse con que el banco le ha quitado la casa por no pagar en plazo la hipoteca... Y, al igual que le sucede a Michael Douglas en *Un día de furia* (Joel Schumacher, 1993), película también enormemente discutida en su momento y en la que este videojuego se inspiró sin disimulo de clase alguna, monta en cólera, se arma hasta los dientes y se lanza a la calle. La única regla de *Postal* era que no había reglas: se podía disparar a todo y contra todos (incluso contra uno mismo), reventar vacas, aplastar gatos, entrar en una iglesia o en un comercio a tiro limpio, sacar ojos y matar a mansalva por lo que, ocasionalmente, era tan violento y asqueroso que los propios personajes del videojuego vomitaban, chillaban e incluso suplicaban por su vida ante la estupefacta mirada del jugador.

Este monumento al mal gusto salió a la calle en 1995, inicialmente en una versión para los ordenadores Macintosh de Apple por lo que pasó prácticamente inadvertida. El furor internacional de *Postal* llegaría en 1997, año en el fue lanzada la versión para PC y se convertiría en el regalo de Navidad favorito para los aficionados, pero también en el juego más controvertido de la década. No en vano terminó siendo prohibido en diez países —lo cual no evitó que se jugase mediante copias pirata—, puesto en la lista negra en Estados Unidos, e incluso recibió una demanda del servicio de correos nacional por los posibles perjuicios que su título podría causar a la institución. Mucha gente, incluidos algunos jugadores, pensaron que *Postal* era ya excesivo por lo que sus detractores aumentaron en proporción directa a sus seguidores. De hecho, el videojuego ha visto una segunda entrega —ya en formato FPS— en el año 2003 (*Postal 2*), e incluso ha sido estrenada su propia adaptación cinematográfica en 2007 de la mano del director alemán Uwe Boll, experto en llevar videojuegos al cine y considerado por la crítica internacional, con toda la razón, como uno de los peores cineastas de la historia.

Lo mismo, mejor pecar por exceso, debieron pensar los desarrolladores de Paradox Entertainment cuando produjeron *Thrill Kill*, un videojuego que era tan extremadamente violento que no llegó a salir a la calle oficialmente, pues Electronic Arts —la empresa que iba a distribuirlo— canceló su lanzamiento en 1998 al visionar la versión final para la videoconsola PlayStation. Se arguyó entonces para justificar tal decisión que el juego tenía un exagerado, absurdo e incoherente nivel de violencia.

Al parecer, los combatientes de *Thrill Kill*, pues se trataba de un juego de lucha en 3D, estaban condenados en el infierno, debiendo pelear entre ellos para obtener el gran premio final de la competición: volver al mundo de los vivos. Como es lógico, y dado el talante de los personajes del videojuego, todos ellos criminales de la peor catadura, las peleas se manejaban en unos niveles de brutalidad inusitada en los que no faltaban las amputaciones o las vejaciones sexuales[64]. Además, y pese a que nunca vio la luz «oficialmente», existen versiones pirata del videojuego para PlayStation y PSP que han hecho las delicias de los fanáticos más aguerridos del género. Por otra parte, el motor gráfico creado para *Thrill Kill* ha sido luego vendido por los desarrolladores y reutilizado en otros muchos juegos de lucha en 3D.

A partir de aquí, claro está, todo era ya posible. Si había muchos videojuegos en los que la violencia se había convertido en una suerte de aditamento, ¿por qué no dar el siguiente paso lógico y convertir al mismo jugador en un criminal? Si era posible jugar a matar, a golpear o a torturar, ¿por qué no jugar a delinquir? Así, bajo esta sencilla pero contundente premisa, va a nacer una de las más discutidas e influyentes sagas del panorama del videojuego contemporáneo: *Grand Theft Auto*, más conocido entre los aficionados, simplemente, como *GTA*.

---

[64] No puede esperarse otra cosa de un videojuego protagonizado por tipos como Oddball, quien en vida fue un perfilador del FBI que tras años de perseguir a asesinos en serie había terminado por convertirse en uno de ellos, o del doctor Faustus, un cirujano plástico que en lugar de arreglar las imperfecciones físicas de sus pacientes se divirtió desfigurándolos hasta el día de su propia muerte. Y así toda una galería de villanos sadomasoquistas que peleaban empleando toda clase de recursos, como el de golpear al rival con el mismo miembro que le acababan de amputar.

Creado por la compañía escocesa Rockstar, las primeras dos entregas de la serie, de 1997 y 1999 respectivamente —muy imitadas en el mercado del videojuego a todos los niveles, por cierto—, eran realmente excelentes e innovadoras a la hora de concebir el juego, pero fueron poco apreciadas por la mayoría de los jugadores al tratarse de juegos producidos en 2D en un momento en el que se imponía a todos los niveles la tecnología de las tres dimensiones, y pasaron por ello relativamente desapercibidas. De tal modo, pese a que en lo relativo a sus contenidos no eran menos discutibles, sólo fue con la llegada de *GTA3* y el consiguiente éxito de ventas que estalló también el escándalo. Más todavía: fue gracias al escándalo de *GTA3* que muchos jugadores que no habían disfrutado de las primeras entregas se animaron a hacerlo. Y es que *GTA* proponía algo inédito, como lo es un videojuego en el que el escenario es grande y abierto, lo cual permite al jugador desplazarse a su antojo con total libertad e ignorando o persiguiendo determinados objetivos a su gusto. Así, el usuario de *GTA* se topaba por vez primera con un videojuego en el que no había que realizar una serie de tareas específicas para ganar y en el que, por supuesto, el concepto mismo de «ganar» o «perder» era relativo.

Argumentalmente, desde la primera entrega, la cosa era como para escandalizar a los más timoratos del barrio en la medida en que *GTA* proponía al jugador desarrollar una carrera criminal en toda regla y, de este modo, ir sumando puntos para prosperar en el mundo del hampa. En todo caso, a partir de la aparición de *GTA3* en

2001, el producto no sólo se presenta ya en formato 3D, sino que también empiezan a existir una trama argumental y toda una serie de personajes, objetivos y misiones que cumplir —siempre con entera libertad— que se irán cruzando a lo largo de las siguientes entregas, dando al jugador la idea de unidad y, lo que es más importante, de realidad. No obstante, el denominador común siempre va a ser el mismo: en el caso de *GTA3*, progresar en la cultura criminal de la imaginaria Liberty City, ciudad inspirada en Nueva York, para lo que será necesario robar, matar, violar, traficar con drogas, tratar con blancas, extorsionar, chantajear, corromper, sobornar y todas aquellas lindezas que sea preciso poner en práctica de cara a la consecución de los objetivos propuestos. Como es lógico, fue mucha la gente que se tiró de los pelos a costa de todo esto.

La británica Rockstar ha recibido miles de denuncias procedentes de todos los sectores imaginables, desde deportistas a estrellas del *rock*, desde particulares hasta asociaciones de vecinos, desde organizaciones pro derechos humanos a colectivos nacionalistas de diferentes países, desde agrupaciones políticas a cuerpos policiales, desde foros religiosos a defensores del medio ambiente, y de todas ellas ha ido saliendo no sólo airosa sino también fortalecida. Cuanta mayor controversia han generado los diferentes videojuegos de su prolífica saga, más se ha esforzado por transgredir los límites en el siguiente, más simpatías ha concitado entre los usuarios y más ventas ha cosechado, al punto de que se estiman en más de setenta millones las unidades de producto que ha vendido a lo largo de los años[65]. Un dato, por cierto, para pensar en estadísticas: si tan perversa es la violencia representada en los videojuegos y *GTA*, escabroso entre los más escabrosos, se encuentra presente en millones de hogares, en manos de cientos de millones de jugadores potenciales a lo largo y ancho del mundo, las mentes más calenturientas de este negocio deben estar razonando que tenemos a cientos de millones de personas, criminales potenciales, «preparando» en un ominoso silencio el próximo golpe. Lástima que este razonamiento sea simplemente absurdo.

Pero lo más divertido de Rockstar es que, como se ha mostrado, ha hecho del vicio virtud. Será por ello que lejos de escarmentar, en mitad de la tempestad legal provocada por *GTA3*, comenzó a comercializar otro juego, *Manhunt* (Caza humana), mucho más violento que los otros tal y como su título hace sospechar de inmediato pero, paradójicamente, no tan criticado de cara al gran

---

[65] El peor de todos los escándalos provocado por Rockstar vino de la mano de *Hot Coffee*, un minijuego de contenido sexual explícito oculto en su producto *GTA: San Andreas*. Los desarrolladores fueron puestos por las autoridades en la encrucijada de retirar el videojuego de los comercios a fin de extirparle el «código malicioso», o bien aceptar la calificación AO (*Adults Only*, que reserva en exclusiva el ESRB para los juegos pornográficos, por lo que es muy castigada en las ventas por parte del público estadounidense). Personalidades políticas de la talla de Hillary Clinton utilizaron el escándalo *Hot Coffee* para arremeter por enésima vez contra la supuesta ineficacia del código ESRB. En Europa nunca se produjo este problema pues, desde el primer momento, el juego fue calificado por PEGI para mayores de dieciocho años.

público por la simple y llana razón de que tuvo un éxito mucho más limitado. En efecto, parece que la variable económica tiene un gran peso a la hora de polemizar en torno a determinados productos audiovisuales y ello debería darnos mucho en lo que pensar y, quizá, replantearnos la cuestión acerca de la artificiosidad u honestidad de buena parte de estos debates.

Manhunt, cuya primera versión aparece en 2003, es un videojuego en clave de aventura que es catalogado en la tipología conocida técnicamente como *survival horror* —es decir, 'sobrevivir al horror'— cuyos máximos exponentes son sagas también muy criticadas por sus niveles de violencia implícita y explícita como *Silent Hill* o *Resident Evil*. Los autores de *Manhunt*, que ubican su desarrollo en la inexistente ciudad de Carcer City, nos metían en la piel de James Earl Cash, un convicto de asesinato que había sido condenado a muerte mediante inyección letal, pero que no obstante será sustraído de la ejecución en el último momento por un salvador anónimo que se hace llamar «Director». Por supuesto, hay gato encerrado pues este benefactor desconocido pone a Cash una sola y sencilla condición antes de soltarlo en uno de los peores y más peligrosos barrios de la ciudad: debe seguir todas y cada una de sus instrucciones hasta el final de la noche. En realidad, todo es un timo, porque el «Director» lo que pretende es rodar una *snuff-movie* a costa de la sangre de Cash, que no acabará de salir de un jaleo sangriento cuando se meterá en otro todavía peor. Por si alguien pretende animarse no contaremos el desenlace de esta truculenta historia, inspirada sin duda alguna en la novela de Stephen King *The running man* (editada en España como *El fugitivo*), que viera la luz en 1982.

El hecho es que *Manhunt*, cuyas tramas, pues hay varias entregas, se cruzan hábilmente con las de la saga *GTA*, consiste en una sucesión constante de asesinatos puros y duros, algunos realmente espantosos y sádicos, que el jugador se ve necesitado —obligado— a cometer para poder salir airoso de las situaciones más complejas, y nada hubiera sucedido si ESRB y PEGI hubieran acertado con la calificación del videojuego, que se presentó en los mercados como adecuado para una franja de edad menor de lo que hubiera sido deseable. De hecho, en países como Nueva Zelanda fue directamente prohibido. Ello motivó que poco después de aparecer *Manhunt*, cuando el joven de catorce años Stefan Pakeraah fuera asesinado a martillazos y cuchilladas por un amigo de diecisiete, Warren Leblanc, en un parque de la ciudad inglesa de Leicester, y cuando posteriormente se descubriera que el asesino confeso y su víctima eran dos grandes aficionados al juego de marras, mucha gente sumara dos más dos sin ambages. Lo que nunca se explicó a la justicia ni a la opinión pública son los motivos por los que los padres del finado Stefan le permitían jugar a ese videojuego violento —calificado de manera nítida en el envase como apto para mayores de dieciocho en el Reino Unido— que tanto les horrorizaba, o consentían en que se viera con un joven mayor que él al que siempre habían considerado, así se dijo en el juicio, «intrínsecamente perverso». Era más fácil culpar a los videojuegos, clamar por su prohibición y echar la culpa a una sociedad que «permite» que tales cosas se pongan en circulación. En general, nos resulta más sencillo despotricar ante la perversión del mundo que ejercer la acción educativa y tutelar sobre los hijos a la que un padre o una madre están obligados moral y jurídicamente.

Es la vía fácil. Hechos como el ridículo realizado por un buen puñado de abogados, criminalistas y periodistas estadounidenses a la hora de analizar la más reciente masacre de Virginia Tech evidencian que más que de una explicación el recurso a la violencia inherente a los videojuegos para justificar la presencia del crimen tiene todo el aspecto de ser una simple excusa[66]. Otra forma nueva, pero no menos sutil que las de antaño, de demonizar la cultura popular y sus manifestaciones más pujantes... la radio, el cine, el cómic, el videojuego, o lo

---

[66]El 16 de abril de 2007, a las 7:15 de la mañana, el estudiante de origen coreano y de veintitrés años de edad Cho Seng-Hui salió de su habitación, ubicada en una residencia del propio campus del Instituto Politécnico y Universidad Estatal de Virginia, en Blacksburg, y cruzó las instalaciones universitarias abriendo fuego aleatoriamente, a diestro y siniestro, para terminar suicidándose en torno a las 9:30 horas. En ese lapso de tiempo abatió a treinta y dos personas. Los motivos últimos de Cho, a pesar del vídeo repleto de incoherencias que envió a la televisión poco antes de suicidarse, son desconocidos. Existen múltiples especulaciones al respecto, si bien hay un detalle ominoso que nunca ha podido ser explicado y ha dado lugar a toda clase de teorías, pues Cho se había tatuado en uno de sus brazos, con tinta roja, dos palabras: «Ismail Ax». Quizá no fuera otra cosa que la manifestación física de un delirio.

que haya de venir, como recurso perfecto para ocultar gestiones ineficaces, políticas erróneas, fallas lamentables en los sistemas educativos, leyes inoperantes y fracasos preventivos. Sería en este perverso afán criminalizador que, cuando todavía no se conocía oficialmente el nombre del asesino de Virginia Tech, ya uno de los grandes cruzados contra el videojuego en Estados Unidos, el abogado Jack Thompson, estaba echando la culpa de la matanza a uno de los productos de la saga *Half-Life*, concretamente la ampliación de este popular videojuego de Sierra Entertainment que lleva por título *Counter-Strike*. Una opinión luego secundada por diarios de la categoría del *Washington Post* y que, por fin, hubo de ser desmentida: el autor de la matanza no era —nunca lo había sido— ni tan siquiera aficionado a los videojuegos.

Crimen sin pruebas

Habitualmente se habla de la violencia representada en las diferentes manifestaciones de la cultura popular —cine, cómic, literatura, etcétera— y su vinculación con la violencia real como de un «hecho científicamente comprobado». Este supuesto nexo ya prácticamente ni se discute, en algunos foros, cuando nos referimos a los videojuegos. No obstante, el recurso al poder explicativo de la ciencia es otro cliché cultural más que, a menudo, funciona más como fórmula retórica destinada a salir victorioso de la polémica. Es habitual que la inmensa mayoría de estudios científicos —especialmente los serios— estén repletos de letra pequeña, salvedades, detalles accesorios y matices que, por supuesto, nadie lee porque a nadie interesa aquello que no le da la razón. Así, por ejemplo, un equipo investigador de la Universidad de Indiana publicó un controvertido estudio acerca de la influencia de los videojuegos violentos en las emociones de adolescentes problemáticos y no problemáticos, utilizando para ello registros de resonancia electromagnética. En efecto, como era esperable, se mostró que el registro emocional del jugador se veía afectado, por lo que diferentes medios de comunicación lo emplearon —otra vez— como el argumento «definitivo» a la hora de criminalizar el uso de los videojuegos violentos.

Pero lo que en realidad explicaba la investigación del grupo de Indiana era que juegos violentos y no violentos activaban diferentes regiones del córtex cerebral. De tal modo, el grupo que jugó durante media hora a un FPS mostró un incremento de actividad emocional a la par que una reducción en aquellas áreas relacionadas con la planificación, la concentración y el autocontrol. A la inversa, los sujetos que jugaron a títulos no violentos mostraron menor impacto emocional y mayor actividad frontal. Frente a lo que muchos quisieron ver como una prueba de la atrocidad de cierto tipo de videojuegos, los autores del trabajo manifestaron que sólo se podía hablar de efectos a corto plazo y que la mayor emocionalidad tampoco se traducía en violencia real. Así, los videojuegos violentos llevaban al individuo a desplegar emociones simuladas equivalentes a las que se producen cuando se visiona una película o se practica otro tipo de entretenimiento de similares características como, por ejemplo, un deporte de contacto.

La pregunta, por consiguiente, no pasa como muchos creen de manera bastante simple por determinar en qué medida los videojuegos violentos inciden en la violencia real, sino la de concretar si esa conexión existe y de qué tipo es. De hecho, es lógico pensar que una cultura como la nuestra, que instiga al consumo de una abundante dosis de violencia como forma de entretenimiento, ha de generar consecuencias en la salud mental y moral de sus componentes. Basta con saber sumar para llegar a esta conclusión. Sin embargo, la comprensión socioantropológica de las sociedades a menudo establece que este tipo de aseveraciones son prejuiciosas en la medida en que las cosas nunca son tan obvias y que, en realidad, los símbolos culturales funcionan a muchos niveles, latentes y manifiestos, de manera que es imposible precisar a priori. De hecho, la ciencia nos muestra constantemente que el sentido común que aplicamos para conducirnos en nuestra vida diaria apenas si araña la corteza de la realidad, siendo inútil a la hora de comprender el funcionamiento íntimo de los fenómenos del mundo.

Las investigaciones más recientes realizadas con niños y adolescentes en materia de exposición a la violencia, y que no sólo hacen referencia a videojuegos, sino también a toda otra clase de medios culturales y manifestaciones artísticas, desde películas a cómics, pasando por cine, música o televisión, parecen confirmar que lo relevante, por encima de cualquier otra consideración, es el factor sujeto. Así, la agresividad sólo parece verse incrementada ante la exposición a estímulos violentos en el caso de aquellas personas que ya tienen rasgos de personalidad agresivos y toda otra suerte de variables concomitantes como problemas psicológicos, escasa resiliencia, familias desestructuradas o entornos violentos y poco protectores, mientras que no causan efecto alguno en el resto de las personas. Así, el problema no estaría en el medio o en el mensaje, sino en la lectura particular que los individuos hacen del mismo, no existiendo, por tanto, relación alguna de causa-efecto entre jugar a un FPS como *Call of Duty* y el deseo de empuñar un arma de fuego para asesinar a alguien.

Así, en la línea de lo expuesto, muchos han sido los países —comenzando por Estados Unidos, lugar en el que este asunto ha generado mayor controversia tradicionalmente— que han financiado el trabajo de grupos de investigación a fin de determinar en qué medida son peligrosos los videojuegos y cómo habrían de ser legislados tanto sus contenidos como su distribución. Tantos que, de hecho, realizar un listado exhaustivo de estas investigaciones resultaría complejo y tedioso. Citaremos, sin embargo, un par de ejemplos preclaros que deberían servir al lector para poner en tela de juicio, o al menos en cuarentena, muchas de las informaciones gratuitas y alarmistas que circulan en torno a esta cuestión:

1. A causa de la presión popular y política en torno a este asunto, el Estado de Washington se planteó seriamente la posibilidad de desarrollar una legislación para regular los videojuegos. Puestos

en marcha los mecanismos de análisis adecuados por parte del Departamento de Salud Pública, financiadas las pertinentes investigaciones realizadas por equipos de prestigio y especialistas de incuestionable calidad profesional y revisada pertinentemente toda la literatura existente, se concluyó que no existía evidencia suficiente que justificara una ley semejante.

2. Otra iniciativa similar a la anterior adoptó el gobierno danés. En este caso fue el Ministerio de Cultura de Dinamarca el que analizó pormenorizadamente toda la literatura científica publicada en torno a la materia. Y se concluyó que los estudios que señalaban a los videojuegos como causantes de violencia real tenían graves problemas metodológicos, habían sido adecuadamente contestados por otras investigaciones y, en general, fueron objeto de críticas fundadas y coherentes. Así, por ejemplo, se determinó que este tipo de estudios a menudo incurrían en una ignorancia intencionada de elementos necesariamente relevantes, como el nivel socioeconómico y cultural o los problemas familiares de los participantes, o bien en diversas imprecisiones conceptuales.

La American Psychological Association (APA) cuenta con una larga historia de oposición sistemática hacia los videojuegos que se remonta al año 2000, momento en el que publicó en una de sus revistas uno de los estudios más citados sobre la materia y que, por ello, más han popularizado entre especialistas y legos la creencia de que los videojuegos son causantes de la violencia en niños y adultos. El hecho es que la APA secundó el contenido de este trabajo —realizado por Craig Anderson, un reputado especialista doctorado en Stanford— publicitándolo por extenso en su página web y sembrando, con ello, un desconcierto generalizado que sirvió para apoyar el criterio de los disconformes con los derroteros que estaba adoptando la industria del videojuego. Y estamos ya en el ámbito de las palabras mayores debido a que la APA no sólo es la mayor organización de profesionales de psicología de Estados Unidos, sino también el organismo de referencia en la materia a nivel mundial. Pero el artículo de Anderson ha sido ampliamente discutido, en la medida en que ha sido muy malinterpretado, sin que ni la APA ni su propio autor hayan hecho lo más mínimo para deshacer tales malentendidos.

Es habitual entre los profanos en materia científica la confusión entre los conceptos de «correlación» y de «causalidad». Que A y B correlacionen significa que suelen presentarse juntos dentro de un contexto determinado sin que uno sea necesariamente causa o efecto del otro; que A sea causa de B, sin embargo, significa que siempre que aparezca el fenómeno A tendrá que venir seguido ineludiblemente del fenómeno B. Ejemplo: los niños bien alimentados suelen crecer más, lo cual implica que dieta y crecimiento están en correlación, pero la relación no es de causalidad en la medida en que se puede estar bien alimentado y, no obstante, crecer poco... Y eso se dice en el célebre trabajo de Anderson, así como muchos otros que se sitúan en su misma línea: que existe *correlación* entre las actitudes agresivas de algunos sujetos y los videojuegos violentos, pero no *causalidad*, pues ni este estudio ni otro cualquiera ha sido capaz de establecerla hasta el presente.

Por otra parte, hay que diferenciar entre los conceptos de «agresividad» y de «violencia» ya que a menudo se emplean como sinónimos, pero no lo son. El concepto genérico de agresividad no habla de un acto, sino de una cualidad, es decir, de una tendencia o disposición hacia la comisión de cierto tipo de actos. Así, la agresividad puede manifestarse como una capacidad relacionada con la creatividad, la audacia y la solución pacífica aunque decidida de conflictos. Contemplada de este modo la agresividad es una cualidad potencial que se pone al servicio de lo biológico. Con la evolución del lenguaje se ha establecido una vinculación popular, si bien confusa, entre agresividad y violencia, aunque debe hacerse notar que esta clase de vínculo sólo tiene sentido en referencia al ser humano. Así, frente a la agresividad, que podríamos considerar benigna en la misma medida en que adaptativa, existe una forma perversa o maligna, específica de nuestra especie a la que denominamos violencia. Queda claro, por tanto, que no se puede equiparar todo acto agresivo con la violencia en la medida en que esta queda limitada a aquellas agresiones que se distinguen por su malignidad para con la integridad física, psíquica o moral de terceros. Esto es importante porque generalmente las leyes sancionan las conductas violentas, pero no las conductas propiamente agresivas.

El propio Anderson muestra en su artículo tener una visión ciertamente distorsionada acerca de lo que es o no violento cuando equipara sin rubor alguno los contenidos de juegos tan amables al consumidor como *Super Mario Bros* —el preferido por sus encuestados— a los de *Mortal Kombat*. Sorprendentemente, nada tiene que decir acerca del segundo juego en orden de preferencia para sus «sujetos experimentales», el famosísimo *Tetris*. Quizá porque apilar unos bloques de colores no era el tipo de actividad de la que se podía sacar partido en la dirección deseada. Y lo más sorprendente: sin prueba de clase alguna afirma que a largo plazo el uso de videojuegos violentos puede incluso alterar las bases de la personalidad del jugador. Sería arduo, por lo demás, entretenernos en discutir estas y otras afirmaciones de grueso calibre y atrevimiento impropio en un científico serio, cuando además ya hay autores, como la socióloga Karen Sternheimer, que han puesto de manifiesto todas sus deficiencias metodológicas, que no son pocas y resultan habituales en este tipo de trabajos. De hecho, la propia APA, apabullada ante la ola de críticas que ha venido recibiendo a cuenta de este tema en los últimos años, se ha visto obligada a reconocer públicamente en más de una ocasión que en ningún caso existe evidencia alguna de relación de causalidad entre los videojuegos, la violencia o el crimen.

12

EL TRIUNFO DEL ANTIHÉROE

La década de 1960 es, sin duda alguna, la de la imagen. La televisión, ese medio de comunicación de masas por excelencia, se implanta y crece para ganar audiencias y espacios de manera irrefrenable y, a la par, ocupando el lugar central en la vida pública y la influencia que antaño coparon la prensa y la radio. Del mismo modo que en las décadas pasadas las familias se reunían en torno al receptor de radio o compartían un periódico que reunía elementos destinados a todos los públicos, ahora el lugar preeminente del hogar lo va a ocupar la pantalla del televisor. La nueva bola de cristal de los tiempos modernos que, poco a poco, acabará con todas las conversaciones hogareñas e incluso será capaz de vencer al más fuerte de los espíritus críticos. Así, de la mano del televisor se impone la cultura de lo audiovisual y, como diría Sartori, el hombre se transforma en *homo videns*; en el tipo que sólo sabe, entiende o cree aquello que ve.

La televisión terminará por imponer sus códigos y modos de conducta al resto de artes visuales, comenzando por el cine. El lenguaje cinematográfico cada vez será más televisivo y el discurso narrativo del telefilme, de la teleserie, de la narración visual, en suma, irá inundando los espacios creativos e incluso informativos y educativos. Con la televisión llega la época de los grandes relatos culturales, del mundo transformado en un guion que se transustancia en imágenes, secuencias, planos y contraplanos. La experiencia televisiva de la guerra de Vietnam mostró el poder del medio e impuso su criterio en la cultura popular contemporánea de manera radical e incontestable. Los efectos de la retransmisión masiva y descarnada de la tragedia vietnamita resultaron nefastos para los intereses del gobierno estadounidense precisamente a causa de las inevitables disensiones entre lo que era lícito transmitir según las autoridades y el asumido deber de informar por parte de los periodistas. Un debate que ya había empezado a producirse durante la última fase de la guerra de Corea, si bien en aquel momento la televisión sólo llegaba a un 40 % de los hogares estadounidenses, por lo que los efectos de esta división de criterios sólo afectó de manera tangencial a las audiencias, y las repercusiones en la opinión pública terminaron siendo vagas.

El asunto cambió radicalmente en el caso de Vietnam. Lo que se pretendía como la exhibición de un gran paseo militar de la maquinaria bélica del capitalismo y la democracia contra la iniquidad del comunismo, terminó degenerando, a causa de la inesperada y tenaz resistencia del Vietcong, en la muestra masiva y sin paliativos de lo peor de la condición humana aderezada, además, por el hecho de que buena parte de la intelectualidad no estaba por la tarea de apoyar una intervención militar que venía a consolidar políticamente a un gobierno despótico y cruel, no muy diferente de aquel encarnado por Hitler y contra el que se hubo de combatir durante la Segunda Guerra Mundial.

Lo cierto es que el libre deambular de periodistas y cámaras por los diferentes teatros de operaciones de la contienda motivó que los reportajes de guerra, emitidos prácticamente sin censura ni control gubernativo, mostraran al gran público una imagen real y descarnada de la guerra: un lugar bastante poco amable, muy diferente del vendido en las arengas políticas, en el que la gente mata, muere y comete o padece abusos, aberraciones y brutalidades de toda especie. No es de extrañar, por tanto, que la reacción de ese público ante el mensaje recibido fuera radicalmente opuesta a la pretendida en un comienzo, y que de la euforia se pasara sin solución de continuidad a la desmoralización y la protesta masiva. De tal manera, incluso la victoria parcial del ejército estadounidense tras la ofensiva del Tet en 1968 llegó a ser interpretada por el norteamericano medio como una derrota, lo cual no dejó a la Casa Blanca otra opción que plantearse una salida más o menos razonable del conflicto. Por lo demás, los medios no sólo habían logrado facilitar el acceso a lo real de la audiencia, sino que habían llegado a hacerse perfectamente conscientes de su poder y su protagonismo, desenmascarando sin recato alguno los embustes de la propaganda militar y política.

El gobierno estadounidense no fue el único en aprender la dolorosa lección del *Vietnam reality*. En las cancillerías de todo el mundo «libre» se comprendió la necesidad de controlar el quehacer de los medios de comunicación a la hora de cubrir eventos de estas características que, por su propia idiosincrasia, podían llegar a resultar terriblemente desestabilizadores, mostrados tal y como se sucedían en realidad. Y lo interesante es que el mismo poder espectáculo del que los medios de comunicación de masas se habían valido para llevar los terrores y falacias de Vietnam a las audiencias en horario de *prime time* terminó por verse reutilizado para satisfacer intereses nacionales, cuestiones de Estado y ofrecer una visión completamente distorsionada de los hechos, pero más tranquilizadora para el público y, por supuesto, afín a las necesidades políticas del mandatario de turno. Como es lógico, la primera cosa que debía ser controlada en estas condiciones era el anterior acceso indiscriminado de los profesionales de los medios a los acontecimientos tal cual se sucedían realmente, ya fuera en la vanguardia o en la retaguardia. Toda acción genera una reacción y todo cambio obliga a los implicados —ya sean emisores o receptores— a reposicionarse. Nacía así una nueva concepción de la cultura popular «políticamente correcta», basada en nociones harto confusas como la del «interés público».

Malos «simpáticos»

Norman Bates, observado en perspectiva, se presenta como la semilla de ese reposicionamiento cultural en lo tocante a las vicisitudes del criminal de ficción, pues Hitchcock consiguió que el monstruo asesino de su película resultara atractivo, sugerente, sexualmente deseable e incluso digno de lástima. El Vietcong regó el terreno al poner en valor la resistencia numantina del supuestamente débil frente a la tiranía del poderoso y concitar, con ello, las simpatías de buena parte de la intelectualidad de Occidente, haciendo tabla rasa de matices ideológicos o morales. Las novelas policiacas y los cómics aportaron su buena dosis de luz solar al evento cuando pusieron en valor el papel necesario —crucial— de los criminales en las novelescas aventuras de los héroes al recuperar la idea del asesino listo, retador, que pone en jaque a sus perseguidores y que incluso es capaz de vencerles llegado el caso, a poco que se despisten. Casos reales como el de Albert de Salvo, «el Estrangulador de Boston» —o el de nuestro Jarabo, por supuesto[67]—, pusieron de manifiesto que la maldad era capaz de esconderse bajo un rostro atractivo, tras una sonrisa construida en el sillón del

---

[67]No podemos pasar por aquí sin recomendar al lector la excelente interpretación del Estrangulador de Boston que Tony Curtis realizó en la película homónima (Richard Fleischer, 1968) y, por supuesto, el excelente y muy convincente Jarabo que Sancho Gracia recreó para la mítica serie de Televisión Española *La huella del crimen* (Juan Antonio Bardem, 1985).

dentista para tomar el aspecto de un *latin lover* seductor... De todo ello, de una extraña y densa amalgama de elementos sociales, antropológicos, ideológicos y económicos, surgió un nuevo modelo de héroe inverso y paradójico, extraño, odiado, temido, respetado, admirado e incluso amado al mismo tiempo que comenzó a inundar todas las manifestaciones de la cultura popular de la década de 1970. La imaginación desbordada del artista parirá por esta vía todo un elenco de asesinos y criminales fascinantes, cautivadores, impresionantes, filosóficos e incluso divertidos.

Uno de los primeros y más convincentes malos simpáticos es el célebre Parker que construyó el novelista estadounidense Donald E. Westlake, pues con él nace un paradigma incuestionable que se ha convertido en un verdadero modelo artístico para muchos. La primera novela de la saga protagonizada por este criminal harto peculiar —*The Hunter* (A quemarropa)—, luego llevada al cine por John Boorman, apareció en 1962. Fue la primera de las otras veinticuatro, la última publicada a título póstumo en 2008, que Westlake le dedicó. Parker es un delincuente irredento que no acepta más normas que las suyas propias, que sigue sus propios instintos, que no duda en utilizar la violencia si es necesario y que, no obstante, mantiene un curioso código de moralidad —trabajo bien hecho, pago al contado, no te vayas de la lengua— que está dispuesto a defender contra viento y marea, incluso en solitario y frente a organizaciones criminales poderosísimas de todo pelaje y condición. Un tipo que, al fin, termina por resultar interesante y atractivo a un lector que acaba identificándose, paradójicamente, con esta singular filosofía del honor entre ladrones.

En efecto. Los nuevos malvados de la cultura popular van a ser, en buena medida, hombres y mujeres en cierto modo honorables, atractivos o lastimosos. Aventureros, castigadores, canallas y con un punto de humor negro cuando no de crítica social, en ocasiones harto verborreica y sobreactuada, que los hará intelectualmente más profundos y sugerentes. Malos cada vez más lejanos a los del mundo real —donde casi siempre son vulgares, anodinos y desagradables— y precisamente por ello mucho más interesantes al espectador que el criminal cruelmente torpe que se relata en las crónicas de sucesos. De hecho, no será raro que muchos de estos criminales ficticios tengan alguna clase de buena razón para ser como son y hacer lo que hacen, como tampoco que a menudo los buenos comiencen a utilizar estrategias brutales y harto maliciosas para lograr imponer sus parodias de justicia. De este modo, nos iremos deslizando desde el héroe bondadoso de décadas anteriores, ese que siempre intentaba salvar la vida al malo de la película en el último momento, tendiéndole la mano cuando colgaba al borde del abismo, al héroe justiciero y bravucón del presente que a menudo resulta indistinguible de ese malo al que, por supuesto, termina asesinando sin compasión alguna para deleite jubiloso del público.

Quizá todo resida en el hecho, complejo en su forma pero sencillo en su fondo, de que los acontecimientos que empiezan a desencadenarse a mediados de la década de 1950 y que estallan en la convulsa década de 1960 supusieron el final de la inocencia. La constatación de que el paraíso de prosperidad imaginado por los más optimistas tras la catarsis de la Segunda Guerra Mundial no sólo no había terminado de llegar una vez atravesado el desierto de la Guerra Fría, sino también que ya no llegaría jamás. El mundo estaba tensionado, al borde del colapso sociocultural y en el filo del holocausto nuclear. Los crímenes contra la humanidad eran noticia diaria, el terrorismo internacional un azote incuestionable y las crisis políticas y económicas —ya fueran regionales, nacionales, mundiales— se sucedían a tanta velocidad que comenzaban a solaparse las unas con las otras.

El temor invadía las calles, las «buenas costumbres» eran cuestionadas públicamente, el racismo y la xenofobia suponían una evidencia incontestable, como probaba el creciente movimiento por los derechos civiles y la causa abierta contra el Ku Klux Klan en Misisipi; episodios que prologaron el advenimiento de Malcolm X, los Panteras Negras, el *black power* y el asesinato de Martin Luther King. La desigualdad social y cultural era ya un hecho insoslayable que desde una Europa que salía de un estado ruinoso se observaba con expectación y que entre los países del Pacto de Varsovia se celebraba —e instigaba— con alborozo en tanto que una muestra más del colapso moral y material del capitalismo. El desaliento generalizado, lógicamente, alcanzó a las vanguardias literarias y artísticas. Germinó para adoptar la forma del no hay futuro, del no hay remedio factible, del no hay buenos ni malos sino tan solo circunstancias. Visionarias por su carácter anticipatorio de las miserias humanas que se avecinaban durante las décadas siguientes fueron las aportaciones literarias de autores como Faulkner, Tennessee Williams o Horton Foote.

Foote, concretamente, publicaría en 1952 *The Chase*, novela cuyo título no dirá gran cosa a muchos lectores, pero que posteriormente inspiraría a Arthur Penn para rodar y estrenar en 1966 una de las más críticas películas de su época: *La jauría humana*. En tanto que historia recordada por una de las más grandes interpretaciones de Marlon Brando, cosa que tal vez haya eclipsado la fuerza incuestionable de su contenido, la película de Penn es un aldabonazo hacia el tedio de una sociedad ultraconservadora, aburrida, autocomplaciente, repleta de vergüenzas y tensiones bajo esa superficie aparentemente calma de convenciones sociales, falsa moralidad y vida acomodada. El fin del mito. La constatación de que esa cultura del supuesto bienestar que se limita a esconder la basura bajo la alfombra convencida de que lo que no se ve, no existe, ya no funciona ni puede funcionar. La porquería oculta se ha podrido y hiede.

Esa es, precisamente, la gran lección que Truman Capote ofreció al mundo de la cultura tras publicar *A sangre fría* en 1966: el terrible asesinato de la familia Clutter en la pequeña localidad de Holcomb, Kansas, en 1959, fue el acontecimiento escogido por Capote para trasladar al gran público la desesperación inherente a ese final de la inocencia al que aludíamos. Para certificar la defunción de un *statu quo* decadente e insostenible, para lo cual Capote se sirve de la desgracia de una familia mo-

Dick Hickock (izquierda) y Perry Smith (derecha), los autores convictos, confesos y ejecutados del asesinato de la familia Clutter, y protagonistas de una de las más grandes y controvertidas novelizaciones de un crimen real de todos los tiempos: *A sangre fría.*

delo que ejemplificaba a la perfección el ideal de vida norteamericano: ese cliché de aparente bienestar y prosperidad que todo el mundo occidental envidiaba y pretendía emular a cualquier precio.

Los Clutter, matrimonio con dos hijos adolescentes, eran el arquetipo del sueño americano difundido por la propaganda política y económica estadounidense de la década de 1950. La familia a la que todo norteamericano medio —tal vez todo europeo por inevitable simpatía propagandística— querría parecerse y que perfectamente podría haber ocupado el papel de modelo social a seguir en cualquier publicación de la época. Prósperos y respetados agricultores de clase media, gente religiosa y de orden. Personas trabajadoras, amables, sanas, sin vicios ni enemigos, si exceptuamos la codicia de quienes fueron sus asesinos, Richard Eugene Hickock y Perry Edward Smith. Dos convictos en libertad condicional que habían creído el embuste —difundido por un antiguo empleado de los Clutter que compartió celda con Hickock— de que en la casa de los granjeros había una caja fuerte con al menos diez mil dólares. No la hallaron al internarse en la morada de la familia en mitad de la noche, pues ni existía tal caja ni era el granjero Clutter un hombre al que gustara llevar dinero encima o acumular grandes sumas en el hogar, pero de todas formas y por diferentes circunstancias terminaron asesinándolos a todos mientras dormían.

Hickock y Perry, sin dinero alguno a excepción de los míseros cincuenta dólares que fueron capaces de encontrar tras peinar la casa de la familia Clutter, huyeron a México para regresar luego a Estados Unidos, por donde deambularon sin rumbo fijo hasta que fueron finalmente identificados como los asesinos y convenientemente detenidos. La peripecia judicial contra ellos, bastante mediática debido a que el caso concitó un enorme interés popular, sería larga y tortuosa. En primera instancia y de forma bastante rápida serían condenados a la horca en 1960, pero se impugnó el veredicto ya que, al parecer, se habían violado los derechos de los acusados durante la instrucción del proceso. La causa se reabriría hasta que finalmente, en 1965, los criminales fueron ejecutados. Allá estuvo Truman Capote, quien persiguió todos los detalles de la historia desde el momento en que los cuerpos estaban aún calientes y se desconocía la identidad de los autores de la masacre, hasta el momento en que estos fueron ahorcados[68].

A lo largo de seis largos años, Capote entrevistó a cientos de personas y recorrió personalmente todos los lugares de la historia. Luego noveló todos los acontecimientos detalle por detalle. Un esfuerzo ciclópeo que le sumiría en una larga depresión que le ataría de por vida a las drogas y el alcohol, pero tras el que logró publicar una de las más descarnadas y terribles novelas de todos los tiempos: una verdadera (*true-novel*) en la que demostraba que cualquiera, con total independencia de sus actos, deseos, virtudes y defectos, puede ser víctima o victimario en una sociedad en la que las personas no son nunca dueñas de sus propios destinos y se mueven constantemente impulsadas, motivadas, determinadas, por fuerzas que ni conocen ni controlan. Un mundo en el que nadie es enteramente culpable o inocente en la misma medida en que todos, de un modo u otro, terminamos siendo presa de las circunstancias. Una realidad en la que nadie está a salvo y en la que, por cierto, carece-

---

[68]La excelente película biográfica *Truman Capote* (Bennett Miller, 2005), basada fundamentalmente en el libro escrito por Gerald Clarke, narra de manera pormenorizada la peripecia vital del autor mientras perseguía los detalles de la historia a lo largo del tiempo. Cabe destacar la excelente interpretación del escritor en la piel del actor Philip Seymour Hoffman.

ría de sentido establecer divisiones ético-morales tajantes y doctrinarias[69].

Truman Capote, a la par que aclamado por crítica y público por su honesto esfuerzo tanto como por la calidad incuestionable del trabajo, recibiría como era de esperar grandes varapalos desde algunos colectivos sociales, así como por parte de algunas autoridades policiales y judiciales, por el determinismo y el talante de denuncia sociopolítica que rezumaba su novela, así como por el hecho de que, en algunos momentos, parecía esforzarse por poner al lector de parte de los asesinos. El doctor Bill Bass, fundador de la famosa «Granja de Cadáveres» de la Universidad de Tennessee, relata que uno de sus amigos personales, el director adjunto del Kansas Bureau of Investigation y uno de los principales investigadores del caso Clutter, Harold Nye, nunca tuvo una buena opinión del escritor, pues pensaba que se había tomado demasiadas licencias a la hora de contar la historia. Más aún: «Cuando Harold fue a la habitación del hotel de Capote para una entrevista, el escritor lo recibió con una *negligé* de encaje. El mojigato de Harold debió de quedarse de una pieza, pero se lo calló durante años,

---

[69]Por supuesto, la novela de Capote llegó al cine en una excelente versión homónima de 1967, dirigida por Richard Brooks, quien consiguió imprimir a la narración un muy apropiado aire de docudrama. La cinta recibió una gran acogida de crítica y público y se encuentra entre los grandes clásicos del cine de la década de 1960.

hasta que se lo contó al escritor George Plimpton, cuando este escribía una biografía de Capote»[70].

Los otros monstruos

En paralelo al proceso creativo de Truman Capote, por cierto, ocurre que los productores de entretenimiento comienzan a comprender que los monstruos deformes de toda la vida ya no funcionan. Eso es un hecho. El final de la inocencia, entre otras cosas, ha hecho también al público más crítico, más escéptico, menos impresionable, poco asustadizo y mucho más duro de pelar. Nadie cree ya que los vampiros transilvanos caminen con capas por callejuelas oscuras, que se pueda hacer a un ser humano con pedazos de otro, o que los hombres se puedan metamorfosear en bestias sedientas de sangre cuando la flor del lobo florece y la luna llena crece. Los monstruos del pasado se han visto reemplazados por los de las páginas de sucesos de la prensa y los noticiarios de radio y televisión. Criminales terribles y asesinos despiadados a los que nadie comprende ni sabe descifrar, pero que están entre nosotros porque «son nosotros» y se mueven por las mismas pasiones de fondo que todos y cada uno de nosotros: amor, temor, celos, lujuria, odio, venganza, ambición...

---

[70]Bass, B. y Jefferson, J. *La Granja de Cadáveres*. Barcelona: Alba Editorial, 2004, p.66.

El español Jesús Franco fue uno de los primeros creadores del panorama mundial en comprender esta evidencia, asumirla y reiterarla. Así lo muestra el hecho de que en 1961 estrene *Gritos en la noche*, una película pionera por diferentes razones, siendo la fundamental de ellas que supone uno de los primerísimos intentos modernos por convertir al asesino en serie en el nuevo monstruo predilecto del cine de terror. Es cierto que la película, de incuestionable vigor y novedad en su momento, supuso el primer gran éxito para Franco, pero también que él mismo acabaría renegando de ella en la medida en que terminó eclipsando buena parte de la filmografía posterior repleta de altibajos. Y la verdad es que no fueron muchos los que captaron el mensaje artístico pretendido por la película, si exceptuamos al controvertido cineasta italiano Mario Bava.

Bava, a quien todos los expertos consideran padre del *giallo*[71], se inspira con rotundidad en la propuesta de Jesús Franco a la hora de construir una de sus obras maestras, *Seis mujeres para el asesino* (1964), cinta de enorme fuerza visual en la que se desprende, al fin, del ropaje de los monstruos clásicos de la Universal para adentrarse con pie firme en la estética realista pretendida en su día por Hitchcock y aderezar el conjunto con un punto

---

[71] El *giallo* (o «amarillo») es un subgénero cinematográfico de origen italiano que fusiona el *thriller* y el cine de terror convencional. Su nombre se debe a que estas películas, en los comienzos, se basaban en los argumentos de una colección de novelas con las cubiertas amarillas, y fue iniciado, a decir de los especialistas, por Mario Bava con *La muchacha que sabía demasiado* (1963).

de crítica social, muy en línea con lo que empieza a ser el nuevo cine de autor de la época. Mario Bava se atreve a sumergirse en temas enfermizos, tópicamente tabúes, como los locales de alterne, el consumo de drogas, chantajes, dobles vidas, los trapos sucios de la gente aparentemente honrada y la compra-venta de favores sexuales, y todo ello opera para la aparición de un brutal asesino sistemático que se sumerge en este panorama de degradación. Un ecosistema perfecto en el que el cazador ventea, selecciona y liquida a la presa con total impunidad y empleando, por cierto, métodos extremadamente sanguinarios ante el ojo indiscreto y voraz de la cámara.

Aún sobrevivirán algunos intentos muy respetables de emplear las acciones del criminal serial como pretexto para la crítica sociocultural, si bien los derroteros de la industria y de la moda caminan por otra dirección y serán episodios aislados aunque no menos interesantes. El primero de ellos, en 1970, vendrá de la mano del posteriormente aclamado maestro del *gore* Lucio Fulci, quien en su irrepetible filme *La angustia del silencio* pondrá el *giallo* —un terrible asesino de niños asola un deprimido entorno pueblerino— al servicio de la denuncia del ostracismo religioso, del analfabetismo, de la brutalidad y de la ignorancia reinante en los ámbitos rurales. Y por el mismo camino discurrirá la cinta coetánea, aunque estrenada en 1971, de Pedro Olea, *El bosque del lobo*, basada en *El bosque de Ancines*, una novela casi desconocida para la mayoría de los lectores, publicada por Carlos Martínez-Barbeito en 1966.

Tomando como referencia la historia del célebre Manuel Blanco Romasanta, el asesino en serie licántropo que operó en los bosques gallegos durante la segunda mitad del siglo XIX, y con un José Luis López Vázquez estelar que guardaba incluso cierto parecido físico con el auténtico criminal, *El bosque del lobo* es un retrato reflexivo y estremecedor del caciquismo, las penurias, depresiones, servidumbres y vergüenzas de la vida rural española. De hecho, muchos detalles de la novela y del guion fueron modificados a lo largo de la producción a fin de eludir los recovecos de la censura, comenzando por las localizaciones geográficas y los nombres de los protagonistas. No obstante, el resultado final resultó ser un tremendo, cierto que poco amable, pero excepcional y descarnado *biopic* de uno de los asesinos en serie más salvajes de nuestra historia en su ámbito y desde sus motivaciones. Es cierto que esta cinta no definió un estilo como tal y apenas si incitó a los creadores españoles a seguir por este camino difícil y políticamente peligroso, pero no es menos verdad que se trata de una de las producciones de nuestro cine más secretamente imitada y aclamada[72].

---

[72] Cabría mencionar en esta misma línea otras películas como la británica *El estrangulador de Rillington Place* (Richard Fleisher, 1971), producción muy bien realizada y documentada que relata las andanzas del asesino en serie John Reginald Christie o la muy filosófica *Malas tierras* (Terrence Malick, 1973), reflexión psicosocial centrada en las andanzas asesinas de Charles Starweather y su novia, Caryl Ann Fugate. También debemos mencionar *La campana del infierno*

No obstante, la ruta a seguir por el nuevo antihéroe ya había sido prefijada por Bava, consolidada por algunos de sus seguidores imitadores y certificada por la presión del público, lo cual dejó poco espacio a otros modelos creativos que a menudo resultaron puntuales esfuerzos individuales interesantes pero poco consistentes. Mucho tuvo que ver en los derroteros que tomaría la imagen popular del crimen el cineasta mundialmente aclamado, aunque muy irregular, Darío Argento, quien en 1970 estrena una de sus mejores películas, obra maestra del *giallo*, *El pájaro de las plumas de cristal*. Película que no sólo cimenta la nueva imagen a medio camino entre el terror, el *gore* y lo policiaco del asesino en serie moderno, sino que, por lo demás, lo convierte por derecho propio en un referente indiscutible del panorama cultural del fin de siglo. Los protagonistas de las historias ya no son —ni volverán a serlo— las víctimas, sino los verdugos. Incluso llegará a resultar indiferente que apenas si aparezcan en pantalla en la misma medida que personajes omnipresentes en la forma y el fondo de las historias, demonios omniscientes y de una especie desconocida

---

(Claudio Guerin, 1973). Una interesante reflexión acerca de una familia en la que se muestra como una educación culturalmente perversa y castrante puede llegar a deformar la mente del adulto inspirándole a dirigirse justo de forma contraria a la pretendida. Lamentablemente, el sevillano Guerin falleció al final del rodaje de esta película —la cuarta de su carrera— con lo que se truncó una andadura creativa que se preveía harto interesante. Tampoco podemos dejar de citar otra producción nacional interesante en este mismo sentido: *Cría cuervos* (Carlos Saura, 1975).

que inciden, manejan, controlan y manipulan las vidas de todos aquellos que tienen la desgracia de cruzarse en sus caminos… Así ocurrirá en adelante, incluso en aquellas ficciones policiacas que, amparadas en el torpe principio del «a grandes males grandes remedios», tratarán de reencontrarse con la versión más abyecta y cuestionable de la justicia, transformando al defensor de la ley y el orden en otro asesino de gatillo fácil equiparable al psicópata al que persiguen, tal cual *Harry el Sucio* (Don Siegel, 1971).

Así las cosas, prácticamente ningún cineasta o novelista que se adentre en la materia a lo largo de la década de 1970 se atreverá a negar la influencia que la explosión del *giallo* desempeñó en sus propias creaciones. Desde Wes Craven (*La última casa a la izquierda*; *Las colinas tienen ojos*) a Tobe Hooper (*La matanza de Texas*), pasando por el sempiterno John Carpenter (*Halloween*) o el oportunista Sean S. Cunningham (*Viernes 13*), todos ellos reconocerán haber devorado con fruición las películas de Bava, Fulci, Franco o el primer Argento. Terror de serie B, barato, inocente y técnicamente limitado, que en muchos casos ha resistido penosamente el paso del tiempo, pero que ha marcado de forma indeleble con sus tópicos y giros la percepción que en el presente se tiene del criminal sistemático, de la investigación policial, de los vicios adolescentes e incluso de la virtud y la buena educación: películas repletas de vísceras y cuchillas ensangrentadas en las que sólo las jovencitas castas y virginales, que no fuman ni beben, que no practican sexo indiscriminadamente, que se muestran piadosas y solidarias en todo caso y lugar, son capaces de salvar la vida e incluso de liquidar al asesino por brutal, fuerte, deforme y terrible que se le pinte.

La inocencia ha muerto definitivamente, todos estamos en peligro, la sangre corre a raudales y nadie está a salvo en ninguna parte a menos que vaya bien armado. Excepto, por supuesto, los buenos, los temerosos de Dios y los arrepentidos. El mensaje, pues, amplificado por el amarillismo que comienza a apoderarse masivamente de los medios de comunicación es sencillo, casi toma la forma de una consigna, pero no por ello resulta menos contundente: tened cuidado cuando salgáis de casa, pecadores.

Promesas del Este

Tampoco podría entenderse la imagen del crimen y la violencia en el presente sin prestar atención a la creciente influencia que dos productos netamente japoneses, el *manga* y el *anime*, han adquirido en el mercado del entretenimiento occidental, en el que desembarcaron mediados los años setenta y en el que, frente a la opinión que quiso verlos como lluvia primaveral, han echado raíces y crecido al punto de que, en gran medida, puede hablarse ya de una invasión en toda regla. Y no es una cuestión baladí lo que representa este proceso de colonización cultural inversa si se tiene presente que ha sido Occidente quien, por tradición, se ha impuesto culturalmente al resto del mundo. Tal vez los teóricos de la globalización debieran retornar a los clásicos de la antropología para comenzar a pensar en este proceso no como algo unidireccional, sino como un procedimiento de intercambios y préstamos que modifica el aspecto final que ofrecen las culturas en contacto.

En efecto, el manga es un perfecto ejemplo de cómo la influencia occidental es recodificada en términos propios y devuelta a Occidente con otro aspecto y desde otras variables más sugestivas, mediáticas y víricas. De hecho, nuestro formato de historieta penetra en Japón a finales del siglo XIX, coincidiendo con ese proceso de modernización radical que supuso la llamada Revolución Meiji y haciendo que, de súbito, todo lo europeo se pusiera de moda. Los creadores se encuentran con el formato del arte gráfico japonés tradicional y se produce un fusión de ambos elementos que, de pronto, eclosionan en un nuevo estilo dentro del cual aparecen, en torno a la década de 1880, los primeros historietistas japoneses —llamados *mangaka* —, como Okomoto o Kayashi. No obstante, sólo tras la Segunda Guerra Mundial el *manga* comenzará a desarrollar un lenguaje propio y alejado del modelo del cómic norteamericano que le sirvió de referencia, comenzando por la adopción del «bocadillo» como forma de expresión lingüística de los personajes, hasta 1930.

Ocurre que Japón ha perdido la guerra de forma estrepitosa y humillante para sumirse en una posguerra dura, repleta de penurias y privaciones que sólo pueden tolerarse a través de la industria del entretenimiento. Un entretenimiento, por cierto, tutelado por una autoridad invasora que ejerce un feroz control sobre los medios de comunicación y, por tanto, sobre los discursos públicos. Consecuentemente, el japonés medio descubre que la lectura es una vía barata y a menudo poco controlada, por lo que se produce un auge de las bibliotecas, ya sean públicas o de pago. Será en este mundillo del préstamo interbibliotecario que se desarrolle mayoritariamente el mercado del *manga*. En formato libro, a menudo editados por las propias bibliotecas que no dudan en competir con las editoras convencionales, se convierten en uno de los productos más demandados por la sociedad japonesa. Y en medio de esta nueva industria creciente surge la figura de Osamu Tezuka.

Médico de formación y aficionado a las películas de dibujos animados de Walt Disney, Tezuka revolucionará el mundo del *manga* con su primera publicación, *La nueva isla del tesoro*, al introducir en el desarrollo de la historieta el formato cinematográfico y conseguir con ello vender unos ochocientos mil ejemplares de su obra en tiempo récord. Su segunda gran creación, si bien a lo largo de su trayectoria tocará toda clase de formatos y géneros, será el mítico personaje de Astroboy (1947), en el presente todo un icono de la cultura popular japonesa. Muchos imitadores, pues, le saldrán a Tezuka, con lo que el *manga* tal y como hoy lo conocemos se consolidará definitivamente en 1959 cuando comiencen a aparecer los primeros dedicados exclusivamente a adultos, los llamados *gegika*, en los que desaparece por completo la inspiración Disney y se abren paso toda clase de temáticas e historias violentas, sexuales, escatológicas e incluso dramáticas. De este modo, llegado 1960, el público pide *manga* masivamente y los editores trabajan prácticamente a destajo, aunque otorgando a sus creadores una libertad de acción muy amplia.

Como es lógico, el *manga* tuvo su reflejo en el *anime*, erróneamente confundido con el dibujo animado occidental por el gran público, pues la técnica que se empleaba en su producción era originariamente muy distinta. De hecho, el *anime* desembarcaría en Occidente antes que el manga propiamente dicho y vía televisión, cuando muchas emisoras europeas y estadounidenses comenzaran a comprar y emitir teleseries mediada la década de 1970. Así llegaron a nuestras pantallas *Mazinger Z* (Go Nagai), *Astroboy* (Osamu Tezuka) o *Heidi* y *Marco* (ambas de Hayao Miyazaki), y el público occidental asumió aquellas producciones que se emitían siempre en horario infantil primero con extrañeza, luego con fidelidad y, por fin, muy a menudo, con pasión y fervor. Sobre todo tras el éxito explosivo que siguió a la exhibición de la muy seria y adulta película *Akira* (1988), basada en el *manga* homónimo de Katsuhiro Otomo.

El mercado, es cierto, ya estaba maduro cuando todo esto sucede. La invasión del cine japonés, con las aclamadas —y muy premiadas— producciones protagonizadas por sus sempiternos samuráis de Akira Kurosawa al frente, había llenado las pantallas de Occidente con montones de películas en las que Godzilla reducía Tokio a escombros antes de liarse a bofetadas con King Kong, en las que los simios gigantes producidos por la radiación de las bombas aliadas mantenían terribles y sangrientas peleas, en las que terremotos catastróficos asolaban el territorio japonés, o en las que tremebundos monstruos espaciales invadían la Tierra. Pero no sólo eso: los reyes de las artes marciales de China, Corea del Sur, Taiwan y, sobre todo, Hong Kong, con Bruce Lee a la cabeza, ya nos habían convencido sin remedio de que una buena pelea colectiva era la mejor forma de dirimir las diferencias y de que, en realidad, combatir el crimen pasaba siempre por decapitar al criminal con una catana bien afilada o partirle las piernas con un palo.

Como es lógico, la controversia acerca de la violencia y propiedad de sus contenidos persiguió al *anime* —luego al *manga*— prácticamente desde que comenzara a exhibirse fuera de Japón. Para los más críticos siempre ha sido un medio demasiado expuesto al sexo, al crimen y a la violencia que no se corresponde ni lejanamente con los estándares morales occidentales. En efecto, el *manga* y el *anime* son productos generados a partir de otras variables socioculturales y antropológicas, lo cual provoca que a menudo no se produzca una correspondencia entre los géneros y los contenidos que se consideran más o menos aptos para niños y adolescentes en un lugar u otro. Esto ha motivado que, muy a menudo, los *mangas* y *animes* que se editan o exhiben fuera de Japón sean escrupulosamente visionados, revisados, editados y censurados antes de su puesta en el mercado. Tampoco es raro que incluso se reconstruyan las referencias culturales de los contenidos «occidentalizando» el doblaje y las traducciones, lo cual muy a menudo desvirtúa o destruye las intenciones originales de los creadores. Téngase en cuenta que para Occidente, como ya vimos, el cómic y la animación fueron considerados durante muchas décadas formas de transmisión netamente infantiles lo cual, en relación al *manga* y el *anime*, ha dado lugar a grotescos malentendidos, como el de exhibir productos originariamente diseñados en exclusiva para adultos en horario infantil.

El *manga* y el *anime* han despertado en el público de Occidente una especie de pasión por lo oriental que nos ha hecho especialmente receptivos a muchas de las manifestaciones artísticas procedentes del sudeste asiático e incluso hacia su modo de vida, al punto de que esta estética, que se introdujo de manera lenta pero paulatina en nuestro entorno cultural, ha venido para quedarse en la medida en que ha ido permeabilizando todas y cada una de nuestras manifestaciones socioculturales a extremos que a menudo nos resulta difícil imaginar. Basta, de hecho, con salir a la calle para encontrar a muchos jóvenes peinados con una estética que es difícil no identificar con personajes de *manga, anime* e incluso videojuegos japoneses. Más aún, muchas de las cosas que ocurren hoy en día en nuestras películas, teleseries, novelas, videoclip o tebeos —la saga *Matrix* dirigida por los hermanos Wachowsky es el ejemplo superlativo— serían incomprensibles sin la referencia a su inspiración oriental. Hemos de admitir que, sumidos en nuestro proverbial y soberbio etnocentrismo occidental, la mayor parte de nosotros nunca oímos hablar de cosas hoy tan comunes como la Yakuza, las Triadas o los ninjas hasta aquel día, ya lejano, en que se nos ocurrió ir al cine.

El sueño de don Vito

Si hay un lugar de nuestra cultura en el que el criminal ha pasado de villano a héroe, y de concitar odios a despertar admiraciones, con más y mejor eficacia, ese no es otro que la literatura y el cine «de mafiosos». Y fíjese el lector que la propia nomenclatura ya resulta artera en la medida en que oculta un hecho más perverso: la *mafia* no es más que una de las diversas organizaciones dedicadas al crimen organizado que existen en el mundo —ni tan siquiera es la única originaria de Italia— y además no es especialmente más violenta o peligrosa que cualquiera de sus compañeras, a pesar del protagonismo que le concedemos los aficionados al cine y la literatura. Y la culpa de todo esto la tienen, al alimón, Mario Puzo y Francis Ford Coppola. El primero por publicar *El padrino* en 1969, y el segundo por iniciar a partir de esta novela una famosísima saga cinematográfica que vio su primera entrega en 1972 y que ha extendido su influencia incluso al mundo del videojuego.

Pero la relación de la mafia con la cultura es antigua —aunque no tanto como se ha pretendido al querer relacionarla con los orígenes mismos de la sociedad y la cultura sicilianas[73]— y tal vez por ello esté rodeada

---

[73]Los propios mafiosos han querido vestirse de toques legendarios tergiversando su propia historia e influencia en el desarrollo del devenir de los acontecimientos históricos en Sicilia e Italia, pero la verdad es que la primera referencia histórica al concepto de «mafia» apareció en fecha tan relativamente reciente como 1865, cuando el

Evocador fotograma de la mítica *El Padrino*.
Resulta imposible no encariñarse con este capo, ¿verdad?

en tanto que organización criminal por esa tan singular como ilusoria pátina de respetabilidad. Quizá se habrán dado cuenta algunos lectores perspicaces de que en gran cantidad de películas sobre la mafia —o que tratan de temas relacionados moral o socialmente con la mafia—, aparece en algún momento la música que Pietro Mascagni compuso para la ópera *Cavalleria Rusticana*.

por aquel entonces prefecto de Palermo, Filippo Antonio Gualterio, elevó un informe al ministro del Interior italiano en el que denominaba de tal modo a esta asociación criminal organizada (Alatri, P. *Lotte politiche in Sicilia sotto il governo della Destra (1866-74)*. Torino: Einaudi, p. 95, 1954).

Deben creerme si les digo que nada es casual y que se trata de una referencia directa a la filosofía de la mafia en tanto que organización criminal. Durante décadas la historia que se cuenta en esta ópera ha sido la representación más directa del sentir de la mafia siciliana si bien, y paradójicamente, ninguno de sus creadores era de Sicilia. De hecho, el mismísimo Mascagni era de la Toscana: «se creía que la mafia no era una organización, sino un desafiante sentimiento de orgullo y honor, profundamente arraigado en la identidad de todo siciliano»[74]. Es decir, la mafia no existe sino como entidad espiritual... ¿Acaso hay mejor cobertura ideológica para una organización dedicada al crimen organizado que rehuir su propia existencia?

Qué duda cabe, contar como carta de presentación con óperas, buenas novelas, excelentes películas e incluso, ya decimos, algún que otro videojuego, ha servido para que la mafia acabe por revestirse con un traje glamuroso que a menudo nos hace olvidarnos de su ser como entidad criminal. El mafioso de la ficción es una persona enfrentada a conflictos normales, convencionales y no muy distintos de los que hemos de afrontar el resto de las personas a diario: cuestiones de honor, amistad, dinero, amor... Pero en el caso del mafioso de ficción esos conflictos adoptan un aire aventurero y peligroso que siempre se resuelve mediante la osadía, la falta de escrú-

---

[74]Dickie, J. *Historia de la mafia siciliana. Cosa Nostra.* Barcelona: Random House Mondadori, 2006, p. 16.

pulos, el valor y las balas. Por supuesto, esto es necesariamente falso, pero también es un embuste idealizado, heroico y sugerente. Si el mafioso de la ficción nos somete y convence es justamente porque protagoniza una peripecia humana tan dramática como superlativa. A nadie puede extrañar, pues, que a uno de los mayores mafiosos reales de la historia, Tommaso Buscetta, el arrepentido que se convirtió en confidente del mítico juez Falcone, la saga cinematográfica de *El padrino* le resultara apasionante al punto de declararse públicamente fan de la misma. Al fin y al cabo, en la ficción Michael Corleone no era un criminal sino un hombre de familia capaz de lo que fuera con tal de mantener las cosas dentro de su justo orden. Un hombre de honor, conducido por implacables principios morales que determinan todos y cada uno de sus actos por terribles que sean. *Cavalleria Rusticana* en estado puro.

Más allá de la mafia en sí misma, hay siempre algo de singularmente atractivo en las historias del crimen organizado y que nos permite identificarnos con ellas, aceptarlas e incluso comprenderlas. En todas ellas sucede que el criminal es malvado, pero no de una forma acrítica, torpe o estúpida, sino siempre necesaria. El criminal precisa de «hacerse respetar», «mantener un territorio», «capear el acoso de otros hombres tan malos o peores que él», «sostener un negocio», «manejar a sujetos violentos»… Toda una serie de cosas que sería imposible lograr sin puño de hierro y firmeza moral. Igual nos da que se nos haga un panegírico de la Yakuza que de la Camorra porque, en el fondo, todo lo que allí ocurre está predeterminado por grandes principios, por reglamentos inalterables y códigos de conducta que se deben cumplir. El criminal organizado es un hombre con una finalidad y no un simple ladrón o un asesino patológico, y por ello nos resulta más fácil de comprender y más sugerente en la medida en que podemos aplicar sus motivaciones internas a nosotros mismos sin que ello nos provoque grandes disonancias cognitivas.

Esta es la razón de que el crimen organizado se haya transformado en una de las grandes correas de transmisión de la cultura popular contemporánea, cuyos clichés se repiten una vez tras otra, hasta la saciedad, a veces con extraordinaria simplicidad, pero logrando convencer reiteradamente al espectador. Para la mayor parte de nosotros, reconozcámoslo así, sería mucho más sencillo y asumible dirigir una empresa criminal —un negocio tipo cártel del narcotráfico, sometido a reglamentos internos como otro cualquiera al fin y al cabo— que destripar niñas en un sótano, vender heroína a la puerta de un colegio o simplemente robar.

Es imposible no adorar a Marlon Brando cuando, en el papel de don Vito Corleone, convence paternalmente al funerario ultrajado que le pide venganza de que protegerá su honor y satisfará sus deseos. Es imposible, de hecho, no entenderle, no querer ser como él, no compartir sus puntos de vista. Es imposible para el espectador no simpatizar con Jack Nicholson cuando se ve obligado a liquidar a su propia esposa en *El honor de los Prizzi* (John Huston, 1985) para salvaguardar los intereses de la familia… Es de todo punto imposible no simpatizar con Tom Hanks cuando se lanza a una venganza desenfrenada y criminal contra la misma organización que le ha traicionado en *Camino a la perdición* (Sam Mendes, 2002).

¿Quién en el lugar de ellos no haría lo mismo?

Sorprendentemente, quizá paradójicamente, la imagen que se ofrece en la cultura popular del crimen organizado no italo-americano u oriental es bastante menos positiva. Parecería que incluso entre las organizaciones criminales las habría buenas y malas, dignas e indignas, de mejor o de peor clase. Los cárteles del narcotráfico en sus diferentes versiones —ya mejicana, ya colombiana—, o los grupos del Este de Europa, siempre son radicalmente identificados en su representación cultural con las actitudes más sanguinarias, despiadadas, poco honrosas y terribles. Así, mientras que los Yakuza de *Black Rain* (Ridley Scott, 1989) son representados con tintes honorables, como gente de código y tradición milenaria, o las organizaciones criminales italianas del cine de Martin Scorsese gozan siempre de ese aura de lo legendario, de una ética brutal, pero ética al fin y al cabo, sucede que los narcotraficantes sudamericanos representados en *El precio del poder* (Brian de Palma, 1983) y *El fuego de la venganza* (Tony Scott, 2004) o los criminales rusos de *Promesas del Este* (David Cronenberg, 2007) gozan siempre de un toque de tremenda perversión y maldad.

Incluso en el ámbito de la representación cultural del fenómeno terrorista, la industria del entretenimiento establece diferenciaciones propagandísticas, tópicas y a menudo ridículas: siempre que es necesario poner en pantalla a un terrorista atolondrado, fanático y chapucero, se recurre a un árabe... Pero la realidad es más bien otra, pues el peor golpe que el etnocéntrico y pagado de sí mismo Occidente ha recibido en toda su historia, el 11S, le fue propinado por esos que supuestamente nunca hacen nada bien. Son evidentes los prejuicios culturales y las obvias pinceladas de discriminación sociopolítica con los que el arte trata a unos y a otros. No es un hecho nuevo, pero sí interesante y que abre la puerta a toda clase de reflexiones.

La cuadratura del círculo

Es sorprendente, pero eso mismo que ha ocurrido en la ficción con los criminales organizados ha venido a suceder en el presente con el resto del elenco de héroes, antihéroes, villanos, malvados, bondadosos, justos e injustos. Se han hecho indiscernibles e incluso intercambiables. Al fin y al cabo, si don Vito Corleone —el cabeza de una familia dedicada al crimen en sus más diversas manifestaciones, no lo olvidemos— podía caer simpático, ¿por qué no podía hacerlo un asesino caníbal como el Hannibal Lecter creado por el novelista Thomas Harris? En efecto, todo ha sido cuestión de redefinir los términos.

La década de los ochenta, entre hombreras y música tecno, fue la primera tras la constatación de ese final de la inocencia al que nos hemos referido por extenso y, consecuentemente, supuso también el final del absolutismo moral en lo intelectual, de las doctrinas cerradas, y el primer período histórico, por tanto, en el que el relativismo y el escepticismo se convirtieron en una opción ideológica y existencial real e indiscutible. Nunca antes en la historia de la cultura occidental se había podido reconocer públicamente que «todo vale» y, en realidad, esa constatación era el resultado directo de las condiciones impuestas por un sistema de producción regulado únicamente por la política del beneficio. Semejante imperialismo de las condiciones materiales, tarde o temprano, tenía que afectar a lo ideológico, al penetrar en la política, y a lo ético, al adueñarse de la vida pública. En un sistema en el que todo se mide por parámetros de productividad, eficacia, capacidad de transformación y cuentas de resultados caben pocas florituras intelectuales que no estén destinadas de un modo u otro al aumento de la productividad. Por consiguiente, a medida que la década de los ochenta fue avanzando y se sacrificaron en el altar de los negocios los fundamentos morales e intelectuales de la cultura occidental, fueron también desapareciendo los grandes pensadores, las grandes creaciones, las ideas definitivas y las grandes cuestiones para, finalmente, verse todo ello reemplazado por cuentos de posmodernidad, soluciones coyunturales y puntuales, el «tente mientras cobro» ético y otras filosofías de trapillo. La inteligente parodia que Groucho Marx realizara sobre los tiempos modernos había triunfado: «tengo estos principios, pero si no le gustan tengo estos otros».

La caída del muro de Berlín y el final del régimen soviético, agotados por una maquinaria de producción occidental con la que simplemente no podían competir en modo alguno desde un Estado burocratizado e inmovilista, sólo trajeron más de lo mismo en tanto en cuanto quedaba certificada la probada eficacia de esta nueva cultura basada en estadísticas, gráficas, números, paradigmas económicos, políticas de consumo, gobiernos poco intervencionistas, depredación bancaria, desigualdades internacionales, explotación irracional de los recursos naturales y pseudolibertades reguladas y controladas.

Este panorama afectó a la cultura popular y su relación con el crimen de múltiples maneras, pero la fundamental fue la de relativizar el papel ético-moral de los personajes de ficción al convertir sus actos no en una cuestión de cercanía a la bondad y la justicia, sino también en un asunto de intereses. Esto sucedió muy claramente, ya lo hemos anticipado, en el cine que se adentraba en los territorios del crimen organizado —ya fuera este de carácter familiar, empresarial o gubernamental—, pero se plasmó de manera muy clara en el papel de los héroes. Así, mientras que en 1940 se presentaba a Superman y Batman como paradigmas de la justicia inmaculada —al igual que en España, por ejemplo, se nos mostró a Purk, El Cachorro, El Guerrero del Antifaz o el Capitán Trueno—, y si en 1960 Stan Lee tomaba el control de Marvel para preocuparnos por los problemillas existenciales de posadolescentes como Peter Parker o de complicadas familias como Los 4 Fantásticos, ahora resulta que el público se ha acostumbrado al relativismo y ha dejado de torcer el gesto ante un cubo de sangre y vísceras de pescado bien tirado frente a una cámara, por lo que se revolucionan los paradigmas.

Los policías del nuevo cine de acción que harían las delicias de los aficionados, por ejemplo, dejaron de ser esos luchadores contra el crimen de antaño, ejemplares y honorables, para transformarse en émulos brutales de los mismos criminales a los que perseguían. Ya se mencionó antes a ese tal Harry Callahan, apodado «el Sucio», —al que Clint Eastwood encarnó hasta en cinco ocasiones, la última de ellas en 1988—, pero él sólo fue la punta del iceberg. El anticipador de una nueva escuela de héroes populistas con olor a pólvora, gatillo fácil, barba cerrada y mucho músculo que no dudaban en transgredir las leyes que habían jurado defender si con ello se alcanzaba el fin pretendido. El nuevo héroe de los ochenta era Chuck Norris atizando a los delincuentes patadas voladoras sin compasión, era Charles Bronson pateando puertas y volando cabezas, era Arnold Schwarzenegger haciendo reventar cualquier cosa con un lanzagranadas… El fin de la inocencia había traído consigo el triunfo de los bárbaros. El nuevo héroe era un mito descerebrado del *pressing-catch*, con lo que los héroes y los villanos se habían fusionado no ya porque sus creadores los dotaran de detalles, matices y precisiones que hicieran dudar al espectador, sino porque había ocurrido justamente lo contrario; todo se había simplificado a tal punto que ya no había recodos ni aristas que analizar y comprender. Lo único que separaba al bueno del malo era el motivo por el que cada uno de ellos ejercía la violencia.

Y esa barbarie civilizada lo inundó todo a lo largo y ancho de la sociedad. El cine, la radio, la prensa, la televisión, el cómic… Fue el nuevo modelo de castigador fascistoide en el que se convirtió Batman de la mano de Frank Miller, la inspiración del tebeo independiente europeo y, por tanto, la fuente que encontraron los británicos Alan Moore y David Gibbons para desarrollar el argumento de la historieta definitiva, *Watchmen*, una obra decisiva en el devenir de la cultura popular contemporánea que por su contenido parece realizada ayer mismo pero que, no debemos olvidarlo en la medida en que dibuja con nitidez meridiana el signo de los tiempos, se publicó por vez primera en 1986. Y ni tan siquiera en el formato actual de novela gráfica recopilada, sino como una serie limitada de doce números, lo cual supone un detalle nada desdeñable: la historia no fue concebida de una vez sino que, al contrario, fue avanzando, evolucionando, desarrollándose y adquiriendo de manera lenta y paulatina su formato final.

Tampoco es casual que tuvieran que ser dos autores británicos los que certificasen la muerte de los héroes. La industria del entretenimiento estadounidense se había estado alimentando de autores extranjeros prácticamente desde su nacimiento, el cine es el más perfecto ejemplo histórico de ello, pues está repleto de apellidos europeos o de seudónimos que los encubrían, pero sólo a partir de 1970 esta oleada de creativos no norteamericanos había comenzado a desembarcar en el mundo del cómic. Quizá esta y no otra había sido la razón de la mutua incomprensión histórica que se había establecido en este ámbito a ambos lados del Atlántico. No obstante, cuando estos autores —casi siempre británicos en una primera fase— desembarcaron en las grandes empresas como

Marvel y Detective Comics, se produjo un giro creativo muy fructífero que llevó a los héroes a direcciones nuevas, experimentales y a menudo muy interesantes.

Alan Moore, por cierto, nunca fue un hombre convencional. De mentalidad ácrata, aspecto extravagante, no pocas rarezas comportamentales y un concepto artístico y literario muy singular, desarrolló una larga trayectoria en el cómic independiente británico, con títulos y personajes sonados en su momento, como *V de Vendetta* y *Marvelman*, que motivaron que los estadounidenses de DC se fijasen en él para insuflar oxígeno a algunas series en decadencia que caminaban hacia la desaparición. Lo hizo bien por lo que todo lo demás era cuestión de tiempo y oportunidad. Esta llegó cuando Detective Comics adquirió los derechos de varios personajes abandonados por editoriales extintas o con dificultades —caso de Charlton o Tower— y encargó a Moore un formato para revitalizarlos… La propuesta era jugosa porque permitía prácticamente comenzar desde cero en el desarrollo creativo de toda una línea editorial nueva, algo muy similar a lo que ya había podido hacer en sus días en la industria independiente. Su primera idea para el comienzo —lo que luego será el germen de *Watchmen*— fue sencilla: la historia debería comenzar matando a uno de los héroes… Y el entonces editor jefe de DC, Dick Giordano, todo un viejo zorro del mundillo del cómic profesional, se reunió con él, recondujo su potencial creativo y le puso ciertos límites: no se puede matar a un personaje que ha costado dinero, pero sí se puede asesinar a un personaje de creación propia que no ha costado ni un centavo y por el que, además, se cobrarán todos los derechos de autor si la cosa marcha. Así fue cómo la idea de partida de Alan Moore se modificó y exprimió para adoptar otro formato; ¿qué ocurriría en el mundo si los héroes fuesen reales? ¿Y cómo serían esos héroes? ¿Y qué consecuencias tendrían sus actos?... Las bases de *Watchmen* estaban consolidadas. Pero el desarrollo, en gran medida, hubiera sido imposible sin la meticulosa y comprometida reconstrucción artística que Dave Gibbons realizó de los complicados y detalladísimos guiones que Moore le proporcionaba con enorme lentitud.

Gibbons, antes que cualquier otra cosa, tenía que descifrar aquel galimatías: entretenerse en subrayar las páginas repletas de texto en mayúsculas y sin puntos con rotuladores de diferentes colores y conseguir que aquel maremagno de palabras apretadas que Moore vomitaba adquiriese un sentido narrativo y visual concreto, convincente de cara al lector, que hiciera el asunto digerible. Y es curioso que el dibujante se inspirase precisamente en los cómics de la competencia —especialmente en *Spiderman* y el *Doctor Extraño* de Steve Ditko— para encontrar el formato adecuado. Puede que precisamente gran parte del acierto de *Watchmen* resida en el hecho de que, ante y sobre todo, parece un cómic de superhéroes convencional, de toda la vida, y solo a medida que se profundiza en el interior de la historia se descubre que no lo es en absoluto, pues Moore, en tanto que hombre de gran cultura y conocimiento del medio, puso todos sus recursos al servicio de una historia compleja, repleta de capas dentro de capas, de dobles sentidos, de inagotable lectura y enorme profundidad. Algo que el mundo del cómic, a menudo dominado por una insoportable ñoñería o un discurso tan plano como escasamente inteligente, no había visto jamás y que ha tratado de imitarse a menudo a posteriori si bien con escaso éxito.

En efecto, la reflexión vigorosa de *Watchmen* hizo que los héroes —el concepto de «superhéroe» prácticamente no aparece a lo largo de toda la historia— se tornaran demasiado humanos, demasiado reales, personas que combatían el crimen embutidas en trajes de colores que, no obstante, tenían vidas, complejos irresueltos, ideologías inaceptables, problemas emocionales, tabúes, vergüenzas, sueños incumplidos, temores... Los héroes no eran diferentes de los demás y tampoco estaban muy lejos de los malos pervertidos y psicóticos contra los que luchaban. Ni tan siquiera un mundo con héroes reales sería diferente en el fondo porque sería este mundo, el mismo mundo. Incluso el título de la historia es una derivación retorcida e irónica de la conocidísima cita del poeta romano Juvenal y que este, a su vez, realiza por inspiración socrática y platónica: *«Quis custodiet ipsos custodies?»* ('¿quién guarda a los guardias?')[75]... «Who watches the watchmen?»... Guardias, vigilantes, *Watchmen*. Eso es lo más interesante de todo: el final de la época dorada ha terminado y los héroes vigilantes que la sociedad había aclamado como la solución definitiva a todos sus males eran ahora considerados un peligro, la causa

---

[75]Juvenal. *Satira VI*, 346-348.

de buena parte de sus problemas. Tal vez, aventura una interpretación nada inocente de la historia, porque esa sociedad que se sentía protegida por los vigilantes ha descubierto que no existe gran diferencia entre sus protectores y aquellos males de los que supuestamente pretendían protegerla.

Vayamos más lejos: ¿qué clase de mundo insensato pondría su seguridad en manos de justicieros enmascarados a los que nadie podría perseguir por sus actos? El vigilante y el justiciero, por muy heroicos que quieran presentarse, se manejan en la ilegalidad, pisotean las leyes y derechos que dicen defender, hacen imposible el trabajo policial, se toman la justicia por su mano indiscriminadamente... Moore y Gibbons nos enfrentan a nuestros propios mitos: lleváis —nos insisten— décadas adorando a tipos que en el fondo no son otra cosa que simples delincuentes. Criminales incontrolados que en cualquier momento se volverán contra vosotros, que os harán daño sin que podáis defenderos, sin que podáis responderles, pues ni tan siquiera sabéis quiénes son. Y esto es lo mejor de todo: lo que valía para los héroes enmascarados vale también —ya lo anticipó el propio Moore en *V de Vendetta*— para los superpolicías de gatillo flojo de la ficción, para los salvapatrias de turno, para todos aquellos que desde sus respectivas posiciones sociales, creyendo proteger la justicia, la libertad y la dignidad, lo único que hacen, o pretenden hacer, es pisotearlas a diario, pues sólo el extremismo político cree sin ambages que la ley y el orden pueden ser defendidos saltando indiscriminadamente por encima de ellas. En efecto, en opinión de Moore y Gibbons, el círculo de la posmodernidad ya se había cerrado y Occidente se enfrentaba de nuevo a sus viejas cuestiones, demonios históricos, harto difíciles de responder. Cuestiones perentorias para el futuro que, entre crisis y crisis, aún no ha respondido. Explica en sus memorias de forma magistral y concluyente uno de los héroes, ya retirado, de Moore:

> Sí, posiblemente algunos de nosotros tuviésemos nuestros problemas sexuales. [...] También es verdad que otros éramos inestables y neuróticos. [...] Sí, estábamos locos, éramos maniacos y nazis así como el resto de cosas que nos llamaba la gente. Pero hacíamos algo en lo que creíamos. A través de nuestros esfuerzos particulares intentábamos hacer que nuestro país fuese un lugar mejor y más seguro en el que vivir. Uno a uno, trabajando individualmente, hicimos mucho bien en nuestras comunidades como para que nos eliminasen de un plumazo, acusándonos de ser aberraciones sexuales o psicológicas.[76]

La pregunta subsiguiente es, lógicamente, si ha habido historia más allá de la lección magistral ofrecida por *Watchmen* o simplemente nos hemos limitado a sufrir un bombardeo constante de los mismos clichés socioculturales que se implantaron en la década de 1980 y cuya

---

[76]MOORE, A. y GIBBONS, D. *Watchmen*, 2. DC Comics, 1986. Traducción propia.

filosofía interna quedó finalmente al descubierto con el cómic de Moore y Gibbons.

La industria del entretenimiento, desde entonces, ha generado un movimiento envolvente, en espiral, que reitera estas fórmulas una y otra vez para empujar al público a entretenerse con remozadas historias de vampiros, zombis, caníbales, superhéroes y toda suerte de criminales salvajes, monstruos tópicos y justicieros brutales. Pocas son las variaciones en el fondo en la medida en que tan sólo se modifican las formas. El género —sea cual sea el acabado que adopte— no es nuevo, viene y va, ha sufrido múltiples transformaciones, deconstrucciones y reconstrucciones a lo largo del tiempo. A la sombra de fenómenos masivos de interés y calidad variopintos como *Pesadilla en Elm Street*, *El silencio de los corderos*, o *Seven*, la literatura, el cine, el cómic y el videojuego han puesto de moda un sadismo criminal creciente que nunca se fue del todo, pero que tampoco antes resultó tan interesante de cara al gran público. Basta acercarse a la triste —por «videoclipera» e inconsiste— revisión que Oliver Stone realizó de los asesinatos de Charles Starkweather y Caryl Fugate, *Asesinos natos* (1994), para entender a qué nos referimos: estética de concierto *rock*, violencia a todo trapo y prácticamente ningún guion. Una vomitona de imágenes destinada a provocar mucho impacto emocional y casi ninguna reflexión.

Algunos medios de comunicación tachan este fenómeno —en el caso de sagas como *Crepúsculo*, *Resident Evil*, *Scream*, *Saw* o *Sé lo que hicisteis el último verano*— de terror insano para adolescentes, y advierten a voz en cuello de que banalizar la violencia es peor a largo plazo que la pornografía. Para justificar este punto de vista apocalíptico se utilizan como coartada las viejas, pero siempre remodeladas para la ocasión, afirmaciones contradictorias de sociólogos, psicólogos y psiquiatras. Ya hemos visto a lo largo de este libro cuáles y cuántas. Y ante la confusión que generan estos informes inconcretos en la opinión pública, quienes detentan la responsabilidad del gobierno, perdidos en una evidente falta de referencias y generando tremendas controversias, prohíben películas como ocurrió en un primer momento con *Saw VI* en nuestro país, bajo el pretexto de que hacen una apología enfermiza de la violencia.

Profundicemos un poco en la singularidad de este hecho: la controvertida saga cinematográfica *Saw* —cuya primera entrega, dirigida por el australiano James Wan, se estrenó en 2004— se basa en las andanzas de un singular asesino en serie, Jigsaw, cuyo retorcido mérito consiste en que no asesina a nadie de facto sino que, antes bien, idea miles de maneras truculentas, macabros rompecabezas, que la víctima debe tratar de resolver con eficacia a fin de no ser ella misma la que mate, se automutile o suicide mediante los métodos más morbosos que quepa imaginar. Jigsaw, el único asesino en serie que es capaz de actuar incluso después de muerto y cuyo éxito lo ha conducido a acumular un total de casi cuatro millones de espectadores solo en España, obra de tal modo como el nuevo epítome contemporáneo de la sangre y el sadismo, tal cual en su día lo fue el célebre Leatherface de la no menos triunfal *La matanza de Texas*. Las incongruencias socioculturales y políticas en lo relativo al modo de tratar el asunto *Saw*, no obstante, se hacen evidentes cuando se conoce que fue la distribuidora Buenavista —empresa de la factoría Disney— quien puso la cinta en el mercado. El conflicto irresoluble entre realidad, ficción, negocio y ética está servido otra vez.

La cosa se complica cuando pensamos en el éxito de los nuevos relatos de horror que parecen imponerse en las listas de los más vendidos. Hecho atestiguado por las ventas millonarias de libros como *Zombi. Guía de supervivencia* o *Guerra mundial Z*, escritos ambos por Max Brooks, hijo del humorista y cineasta Mel Brooks y de la célebre actriz Anne Bancroft. Textos que tratan el tema de los muertos vivientes completamente en serio y que ofrecen una supuesta protección completa contra ellos. Libros que han revitalizado un género en franca decadencia desde que George A. Romero lo refundase con su mítica *La noche de los muertos vivientes* (1968) y originado un auténtico vendaval de nuevas publicaciones, muchas de ellas españolas y alguna de bastante calidad, y ese es el caso de la colección que edita la mallorquina Dolmen, que tratan de aprovechar el filón comercial.

Nada hay que permita hacernos pensar que la representación artística influye en la violencia real, aun a pesar de que se han dado casos de chicos que se han arrojado desde un quinto piso porque querían volar como Superman, u otros en los que jóvenes debidamente asesorados por sus abogados afirmaron haber matado tras visionar subproductos cinematográficos como *Scary movie*. Lo que sí puede afirmarse con precisión es que, por mucho cine de terror que los adolescentes visionen, difícilmente se transformarán en caníbales como Issei Sagawa y Francisco García Escalero, o se convertirán en mutiladores como Jeffrey Dahmer o Andrei Chikatilo. Y las estadísticas son tan abrumadoras en este sentido, pues son millones los aficionados a estos géneros por cada uno de estos individuos que, a menudo, ni tan siquiera se reconocen aficionados a este tipo de entretenimientos.

Así, Sagawa, hombre muy culto y no dado a las vulgaridades, que estudiaba literatura nada menos que en La Sorbona y era muy aficionado al arte; en García Escalero encontramos a un vagabundo que ni leía ni iba al cine ni escuchaba música ni había visto un videojuego en toda su vida, pero vivía eternamente sumido en la niebla provocada por un cóctel explosivo de alcohol y flunitrazepam[77]; al enfrentarnos al caso de Dahmer topamos con un fan incondicional de sagas cinematográficas tan poco incitadoras al crimen como la mundialmente famosa *Star Wars*; y Chikatilo, por su parte, era un respetabilísimo miembro del Partido Comunista de la Unión Soviética cuyo peor defecto público y privado, quizá, residiera en el furor extremo con el que defendía sus posiciones ideológicas.

---

[77] En España se comercializa en farmacias bajo prescripción médica con el nombre de *Rohipnol*, y es un potente hipnótico de la familia de las benzodiazepinas que se indica en los casos de insomnio crónico e inducción anestésica, si bien podría emplearse como medicamento contra la ansiedad. Genera elevada dependencia y su uso como droga hipnótica fácil de adquirir es tan habitual que en países como Estados Unidos nunca ha sido aprobado legalmente.

La cuestión de partida entonces no reside —o no debiera residir— en tratar de demonizar las diversas manifestaciones de la cultura popular en la medida en que puedan resultarnos más o menos aceptables desde las visiones éticas o estéticas mayoritariamente aceptadas, que es lo que habitualmente se hace desde multitud de foros, y a menudo con intereses poco claros. Antes al contrario, deberían obviarse los rodeos poco útiles para tratar de preguntarnos por las cuestiones de principio: ¿Por qué el delito? ¿Qué motiva a un individuo a sentir placer mutilando a otro? ¿Qué impulso conduce a unos niños a la aberración de torturar a otro más pequeño hasta la muerte? ¿Por qué un asesino no se conforma con quitar de en medio a su víctima, sino que además se toma graves molestias para cuartearla con un hacha o una sierra, e incluso consumir parte de ella? ¿Por qué, a menudo, el criminal experimenta la necesidad irrefrenable de repetir sus experiencias a todo trance y con total independencia de las futuribles consecuencias? ¿Tiene el delincuente otra opción? Y si la tiene… ¿Por qué no la toma?

No hace mucho, la anécdota rodó entre el profesorado durante algún tiempo, que un alumno de doctorado se acercó a nuestro departamento con el interés de realizar su tesis en torno a la influencia de los videojuegos violentos en la conducta agresiva de la infancia. Un tópico, por supuesto, pero se le apoyó a la espera de que encontrase alguna clase de correlación significativa desde la que poder empezar. El doctorando, bien dirigido, estuvo varios meses pasando pruebas, haciendo entrevistas, seleccionando su muestra, realizando experiencias de exposición… Y ocurrió lo que muchos supusimos en un primer momento: las correlaciones eran tan extremadamente bajas que bien se podía decir que los chicos que jugaban a los videojuegos con asiduidad eran exactamente igual de agresivos, en situaciones idénticas, que aquellos sometidos a una educación más estricta y con un acceso bajo o nulo a esta forma de entretenimiento. Finalmente, el alumno desistió y la tesis no se realizó jamás, pues no había motivo real para ello. El doctorando lo tuvo muy claro: la agresividad de la mayoría de los chicos era más alta de lo deseable pero, sin duda alguna, procedía de otra parte.

Seguimos buscando.

Epílogo

Muchas veces lo he dicho ya en los últimos años y en muy diversos foros: el crimen está de moda. No me canso de repetirlo. No es caso de que se delinca mucho o poco con respecto a otras épocas, cuestión objeto de permanente revisión y disputa en la que nunca habrá acuerdo porque a todas las generaciones les parece que la vida que les ha tocado vivir es la mejor de las posibles, sino porque, en efecto, lo está dentro de la cultura popular. El crimen copa las teleseries de máxima audiencia televisiva, la mayor parte de las producciones cinematográficas, concentra el interés de la mayoría de los aficionados a los videojuegos y el cómic, y es argumento de muchos de los libros de ficción que más se venden. Buena parte de los programas de televisión más vistos ocupan una gran porción de sus argumentos con el crimen y sus manifestaciones, y proliferan por todas partes documentales de todo tipo y forma que tocan el mundo del crimen desde diferentes vertientes. Hay quien dice —tan tontamente como en su día dijeron que los jóvenes querían estudiar medicina porque había más series de televisión protagonizadas por médicos— que el ascenso progresivo de los estudios y estudiantes de Criminología en España es resultado de esta dinámica mediática, pero se trata de una falacia que pretende justificar males como la incapacidad de muchos profesionales para interesar a los jóvenes por sus formas de vida. En realidad el crimen siempre ha mandado de un modo u otro en una porción importante de la cultura popular, ya lo hemos visto, porque al ser humano le interesa. La única diferencia real entre el pasado y el presente reside, simplemente, en la libertad con la que hoy nos permitimos hablar de él.

Si hace décadas un medio de comunicación pionero en la información de sucesos en España, como lo fue el recordado semanario *El Caso*, se encontraba con la traba gubernativa que le impuso el régimen franquista de poder hablar, tan sólo, de un crimen cometido en España cada semana, hoy en día se han invertido los términos: a menudo se informa tanto de los mismos crímenes que no sólo da la impresión de que son los únicos que se cometen, sino que además parece que se cometen más de una vez. Hay quien dice que esto es malo porque pervierte el buen juicio social e incluso puede suscitar la tendencia al llamado crimen de repetición, pero la verdad es que, a pesar de la ingente cantidad de estudios realizados acerca de los contenidos violentos en las diferentes manifestaciones de la cultura popular y su posible impacto sobre el espectador, no se ha conseguido llegar a respuestas concisas, ya lo vimos con los videojuegos, que aclaren el asunto.

Hay quienes manifiestan haber encontrado una correlación directa entre la violencia audiovisual, las actitudes y las conductas violentas, entretanto otros ponen en cuestión este correlato y entienden que, sin más, la violencia y el crimen forman parte del mercado del entretenimiento y la información. Pero lo cierto es que, tanto el fundamentalismo beligerante de los primeros como la banalización complaciente de los segundos, no cuentan con evidencias sólidas y, además, suelen referirse básicamente a la violencia explícita. Habría por consiguiente tres tendencias teóricas fundamentales: 1) Manifestar que sólo es comprobable la relación entre los medios y los comportamientos violentos cuando estos surgen de forma prácticamente inmediata o paralela al estímulo inicial. 2) Mantener que los «efectos subliminales» —si es que existen— pueden perdurar en estado latente durante años para desencadenarse en situaciones que de forma directa o remota guarden parecido con el estímulo de partida. Y 3) Inclinarse por la opción de la *catarsis*, apoyando la idea de que la mente cuenta con defensas cognitivas que neutralizan en buena medida —y hasta ciertos límites de tolerancia— la exposición a contenidos violentos.

En realidad, la violencia puede ser presentada a los medios a través de multiplicidad de canales y formas que no tienen por qué ser evidentes. Cualquier persona que tenga tiempo y ganas de realizar el experimento de sentarse frente al televisor durante un par de horas, acompañada de un cronómetro y una libreta en la que anotar los contenidos ofrecidos en el medio, así como los tiempos otorgados a los mismos, descubrirá que la violencia, el crimen y el delito se presentan con mucha mayor frecuencia que otros temas. Y, más todavía, que suelen aparecer encubiertos, amasados incluso entre las situaciones más amables. Se puede inducir prejuicios o emociones en el espectador de maneras terriblemente burdas, pero no por ello menos efectivas. O llevar al lector a establecer cientos de inducciones erróneas sobre cualquier acontecimiento, manejando el lenguaje con habilidad. Ya se ha mostrado que en un elevado número de producciones audiovisuales exhibidas en todo el mundo, cuyos argumentos estaban plagados de violencia o situaciones con trasfondo violento, los personajes negativos eran generalmente representados por actores de minorías étnicas, personas con toda suerte de discapacidades, de baja extracción social o practicantes de conductas poco saludables como fumar.

Incluso las noticias, documentales y reportajes suelen llegar al individuo fuera de contexto, sin antecedentes que permitan al lector-espectador establecer su relación con el pasado e inferir, por tanto, sus consecuencias futuras. A estas píldoras informativas se les da, por lo demás, un tratamiento sesgado, homogéneo y fomentador de una corriente de pensamiento único que cruza la sociedad entera de manera transversal. Así, por ejemplo, la brutalidad con la que el ejército ruso reprimió el independentismo checheno se presenta sistemáticamente como algo justificable, mientras que las acciones de los chechenos se observan como *golpes terroristas*. Y esto sin un análisis preciso que advierta al lector-espectador de la masacre sistemática que está teniendo lugar en Chechenia desde hace años con el silencio cómplice de la Comunidad Internacional. Todos pudimos ver a los niños de aquella escuela de Beslan hasta la saciedad, pero nunca jamás se nos mostró a los niños chechenos.

En efecto, y así lo reconoce en privado un elevado número de periodistas, vivimos en una sociedad en la que los medios de comunicación marcan, definen, alumbran u ocultan los criterios de realidad. El público se limita a soportar el espectáculo mediático sin ser consciente de ello en la misma medida en que se ha convertido en una entidad cuantificable a la que se denomina, de forma aséptica, *audiencia*. Pero, personalmente, no creo en la simplificación de culpar de todo ello al mensajero. La mayor parte de los periodistas, presentadores e informadores están asimismo sujetos a la manipulación que imponen los sistemas materiales e ideológicos a través de los cuales funcionan los propios medios, y que les son impuestos desde arriba.

Esto propicia repercusiones psicológicas inmediatas en un espectador que, de forma ya inconsciente, trata de defenderse a través de una progresiva insensibilización ante las conductas violentas y las manipulaciones del espectáculo mediático-cultural. La agresividad desatada y el convencimiento de que «se nos engaña» constantemente se han convertido en algo cotidiano. Así, tal y como propone el llamado «paradigma de la vacunación», la mayoría de los consumidores de productos audiovisuales está ya tan convencida de que se le manipula o pretende manipular, que desarrollan una defensa psíquica equivalente al proceso de la vacunación biológica. Esto motiva, por ejemplo, que pese a los denodados esfuerzos de la Dirección General de Tráfico por concienciar a los individuos en el uso sistemático del cinturón de seguridad, las cifras demuestren que la mayor parte de las personas que mueren en accidentes de tráfico lo hacen, precisamente, por no llevar puesto el cinturón. La insensibilización progresiva de los espectadores genera, por tanto, tendencias manifiestas de resistencia al cambio de actitud sea cual sea el mensaje propuesto. Tanto se nos asusta, tanto se nos coacciona, tanto se nos miente que, sencillamente, aletargamos nuestra conciencia para sobrevivir psicológicamente al abuso.

La defensa psicológica del consumidor ante la agresión sistemática de los medios de difusión de contenidos culturales es algo que ya no admite discusión. Forma parte, incluso, de los programas electorales de los partidos políticos. Autoridades, educadores y organizaciones de todo tipo abogan por los derechos del ciudadano ante los medios en aras de una sociedad más igualitaria y más libre. Son cientos las medidas y directivas que se legislan y aplican en todos los países avanzados a fin de luchar contra los excesos mediáticos. El problema, no obstante, es que tales excesos no sólo no desaparecen sino que, al contrario, se perpetúan, crecen y complican en una estrategia nítida de la fabricación de la trampa frente al texto de la ley. De hecho, y contrariamente a lo pretendido, las denuncias suelen degenerar en el efecto contrario y promueven una publicidad masiva de aquello que precisamente se quiere evitar. Se trata de un círculo vicioso que comienza en los medios y termina en la amplificación del mensaje que se produce en los propios medios cuando el asunto adquiere forma de polémica más o menos sensata.

No obstante, estas grandes manifestaciones culturales destinadas a asustar a las masas mientras se entretienen suelen diluirse en el terreno de la diversión, y solo las oleadas de moralina de determinados sectores adquieren tintes aún más inquietantes que aquellas manifestaciones a las que pretenden combatir. La violencia social, expresan algunas líneas ortodoxas de la sociología y la psicología, se debe a una perversa estructuración social, a la desintegración de la familia, a la injusticia de clase, al mal ejemplo, al sistema educativo y toda la letanía de elementos que se cita en estos casos. Tantos que quizá el problema se resolvería antes afirmando algo que pocos se atreven a sostener: que la cultura occidental es básicamente violenta, tiene un elevado nivel estructural de injusticia y a menudo funciona bastante mal en el plano institucional. Y es cierto que ocasionalmente un niño o adolescente desequilibrados han imitado acciones que han visto en el cine o en los videojuegos, pero no es menos verdad que se trata de un problema minoritario y bastante alejado de la corroboración empírica que sería exigible para realizar afirmaciones tan rotundas como se hacen a menudo.

Gerald Jones, quien fuera autor de cómics antes de adentrarse en el esfuerzo de comprender cómo afecta la violencia representada en la cultura al público infantil, escribió uno de los libros más inteligentes que he tenido el gusto de leer, repleto de ideas y sugerencias que nadie ha parecido dispuesto a tratar de comprender. Escribe en un pasaje:

> No nos solemos preguntar si algunos juegos o concursos predisponen a nuestros hijos a la codicia, o si las canciones de amor aumentan la posibilidad de que se estanquen en relaciones que no funcionan. Pero cuando se trata de violencia intentamos convertir un millón de juegos, sueños y

relatos en estudios estadísticos. Nos hacemos preguntas absurdas y ambiguas del tipo: «¿Cuál es el efecto de la violencia mediática en los niños?», como si la violencia fuera un fenómeno aislado y sencillo del que las peleas en un ruedo y los asesinatos en masa fueran meras variaciones, como si no existiera diferencia entre los telediarios, *Reservoir Dogs* y el pato Lucas, como si los niños fueran los árboles de una huerta que pudieran crecer de manera idéntica cuidando sólo de algunos aspectos externos. Según se ha demostrado, muchas son las fuerzas que pueden fomentar la agresividad: el fervor religioso o político, la competitividad en los deportes, en el amor, las noches calurosas de verano. [...] Normalmente no condenamos estas influencias como algo perjudicial porque las entendemos mejor, entendemos por qué a la gente le gustan y los beneficios que nos reportan. Pero nos falta entender las fantasías agresivas y el ocio que habla a los niños.[78]

La respuesta a esta cuestión, obviamente, no está en el miedo, la moralidad, la sorpresa, la indignación, el adoctrinamiento ideológico o la simple regulación interesada. Sólo la encontraremos, insisto, en el camino del conocimiento.

---

[78] Jones, G. *Matando monstruos. Por qué los niños necesitan fantasía, superhéroes y violencia imaginaria.* Barcelona: Crítica, 2002, p. 34.

BIBLIOGRAFÍA

ÁLVAREZ-URÍA, Fernando. «El delito de cuello blanco». *Nómadas, 1*. Madrid: Universidad Complutense de Madrid, 2000.

ANDERSON, C. A. y DILL, K. E. «Video games and aggressive thoughts, feelings, and behavior in the laboratory and in life». *Journal of Personality and Social Psychology,* 2000; 78(4), p. 772-790.

BENSLEY, L. y VAN EENWYK, J. *Video games and real-life aggression: review of the Literature.* Olympia, (WA): Washington State Department of Health, 2002.

BERGREEN, Laurence. *Capone: the man and the era.* New York: Simon & Schuster, 1996.

BLACKSTOCK, Colin. *«Killing "incited by video game"».* *The Guardian,* 2004: 29 de julio.

BOURGOIN, Stéphane. *Asesinos.* Barcelona: Planeta, 1993.

De Bray, Eduardo y Sempau, Ramón. *El capitán Dreyfus: un proceso célebre* (2.ª ed.). Barcelona: Casa Editorial Maucci, 1900.

Burton, Robert. *The anatomy of melancholy*. New York: New York Review Books Classics, 2001.

Caballero, Fernando y Gómez, Juan. *Introducción a Frank Zappa*. Lleida: Milenio Editorial, 2004.

Dickie, John. *Historia de la mafia siciliana. Cosa Nostra*. Barcelona: Random House Mondadori, 2006.

Domínguez, Manuel. *El último pirata del Mediterráneo: La escuadra la mandan los cabos*. México D. F.: Roca, 1976.

Douglas, John y Olshaker, Mark. *Journey into darkness*. New York: Simon & Schuster, 1997.

Egenfeldt-Nielsen, Simon, et al. *Playing with fire: How do computer games influence the player?* Dinamarca: Unesco Clearinghouse on Children, Youth and Media, 2004.

Fondebrider, Jorge. *Licantropía. Historias de hombres lobo en Occidente*. Buenos Aires: Adriana Hidalgo Editora, 2004.

Foucault, Michel. *Vigilar y castigar. Nacimiento de la prisión*. Madrid: Siglo XXI, 2001.

Gennat, Ernst. «Die Duesseldorfer Sexualverbrechen». *Kriminalistische Monatshefte*, 1930: p. 2-7; p. 27-32; 49-54; p. 79-82.

GLUECK, Sheldon y GLUECK, Eleanor. *Physique and delinquency*. New York: Harper & Bros, 1956.

GLUCKSMANN, André. *El discurso del odio*. Barcelona: Taurus, 2005.

HERMAN, Gary. *Historia trágica del rock*. Barcelona: Ediciones Robinbook, 2009.

HERNANDO, David. *Batman. El resto es silencio*. Palma de Mallorca: Dolmen, 2004.

HERÓDOTO. *Los nueve libros de la historia*. Libro IV. Madrid: Sarpe, 1983.

HOOTON, Earnest. *The American criminal: an anthropological study*. Cambridge (MA): Harvard University Press, 1939.

HOSKYNS, Barney. *Tom Waits, la coz cantante. Biografía en dos actos*. Barcelona: Global Rhythm Press, 2009.

JACKSON, John. A. *Big beat heat: Alan Freed & The early years of rock and roll*. Farmington Hills (MI): Schirmer Books, 1995.

JONES, Gerald. *Matando monstruos. Por qué los niños necesitan fantasía, superhéroes y violencia imaginaria*. Barcelona: Crítica, 2002.

KENNEDY, Dolores. *William Heirens: his day in Court. Did an innocent man confess to three grissly murders?* Los Angeles (CA): Bonus Books, 1991.

Kobler, John. *Capone.* Cambridge (MA): Da Capo Press, 1992.

Ladaria, Luis F. *Antropología teológica.* Madrid: Publicaciones de la Universidad Pontificia de Comillas, 1987.

Lagace, Patrick. «Killer loved Columbine game». *Toronto Sun,* 2006: 14 de septiembre.

Lerner, Bertha. *Democracia política o dictadura de las burocracias: una lectura de Max Weber con miras al porvenir.* México D. F.: Fondo de Cultura Económica, 1993.

López, Guillermo. «La primera guerra mediática: la prensa en la guerra de Cuba». En: Calvo Pérez, Julio (ed.). *Contacto interlingüístico e intercultural en el mundo hispano* (vol. 2). Valencia: Universidad de Valencia, 2001. p. 803-811.

MacDonald, Helen. *Human remains. Episodes in human dissection.* Melbourne: Melbourne University Press, 2005.

Marín, Rafael. *W de Watchmen.* Palma de Mallorca: Dolmen, 2008.

Mathews, V. P.; Kronenberger, W. G.; Wang, Y.; Lurito, J. T.; Lowe, M. J. y Dunn, D. W. «Media violence exposure and frontal lobe activation measured by functional magnetic resonance imaging in aggressive and nonaggressive adolescents». *Journal of Computer Assisted Tomography,* 2005; *29* (3): 287-292.

Moyano, Antonio Luis. *Cine y música malditos*. Madrid: EDAF, 2003.

Murrell, Jesse L. «Cincinatti Rates the Comic Books». *Parents' Magazine*, 1950: 38-39(febrero).

Navarro, Antonio José (coord.). *El giallo italiano*. Madrid: Nuer Ediciones, 2001.

Ness, Eliot y Fraley, Oscar. *The untouchables*. Cutchogue (NY): Buccaneer Books, 1996.

Panadero, David G. *Terror en píldoras. Las películas episódicas de terror.* (2.ª ed.) Madrid: Grupo Kelton & Revista *Prótesis*, 2010.

Pérez Fernández, Francisco. *Imbéciles morales. Consideraciones históricas de la mente criminal.* Jaen: Ediciones del Lunar, 2005.

—, *Duendes en el laberinto. Un estudio acerca de los asesinos sistemáticos.* Villanueva de la Cañada (Madrid): Universidad Camilo José Cela, 2007.

—, *Historia de la psicología*. Villanueva de la Cañada (Madrid): Universidad Camilo José Cela, 2010.

Ressler, Robert y Schachtman, Tom. *Whoever fights monsters*. New York: St. Martin's Press, 1992.

Sánchez Soler, Mariano. *Descenso a los fascismos*. Barcelona: Ediciones B, 1988.

Santiago, José Andrés. *Manga. Del cuadro flotante a la viñeta japonesa*. Santiago de Compostela: DX5 Digital & Graphic, 2010.

Schodt, Frederik L. *Manga! Manga! The world of Japanese comics*. Tokyo: Kidausha International, 1997.

Schwarz, Ted. *Joseph P. Kennedy: the Mogul, the Mob, the Statesman and the making of an American myth*. New York: Wiley, 2003.

Scot, Reginald. *The discoveries of witchcraft*. Mineola (NY): Dover Publications, 1989.

Sternheimer, Karen. *Connecting social problems and popular culture. Why Media is not the answer*. Boulder (Colorado): Westview Press, 2009.

Simsolo, Noël. *El cine negro*. Madrid: Alianza, 2007.

Sutherland, Edwin. H. *White collar crime: the uncut version*. New Haven (Connecticut): Yale University Press, 1985.

Terrise, Javier y Torné, Gonzalo (eds.). *Jack el Destripador. Obra Selecta*. Barcelona: Elipsis Ediciones, 2008.

Szigethy, Anna y Graves, Anne. *Vampiros. De Vlad el Empalador a Lestat el vampiro*. Madrid: Ediciones Júcar, 2009.

Uña Juárez, Agustín. *San Agustín*. Madrid: Ediciones del Orto, 1993.

VIDAL, José Luis. *El círculo cerrado. Cobertura informativa de los conflictos internacionales de Estados Unidos en un siglo (1898-1991). Poder político y censura.* Tesis doctoral (dirs.: RODRÍGUEZ, J. V. y AGUADO J. M.). Murcia: Universidad de Murcia, 2006.

VV. AA. *Rechtsextremistische Musik.* Colonia: Bundesamt für Verfassungsschutz Presse-und Öffentlichkeitsarbeit, 2007.

WERTHAM, Fredric. *The show of violence.* New York: Doubleday & Co, 1949.